Canyin
Fuwu Yu
Guanli

国家文化产业资金支持媒体融合重大项目

上海市高校教学名师主讲课程教材
省级精品课程教材

21世纪新概念教材：
"换代型"系列·高等职业教育旅游管理类专业教材新系

第6版

餐饮服务与管理

李勇平　编著

东北财经大学出版社
Dongbei University of Finance & Economics Press

大连

图书在版编目（CIP）数据

餐饮服务与管理 ／ 李勇平编著. —6版. —大连：东北财经大学出版社，2021.2（2023.7重印）

（高等职业教育旅游与酒店管理专业教材新系）

ISBN 978-7-5654-4078-6

Ⅰ．餐… Ⅱ．李… Ⅲ．①饮食业-商业服务-高等职业教育-教材 ②饮食业-商业管理-高等职业教育-教材 Ⅳ．F719.3

中国版本图书馆 CIP 数据核字（2021）第 028087 号

东北财经大学出版社出版

（大连市黑石礁尖山街217号　邮政编码　116025）

网　　址：http://www.dufep.cn

读者信箱：dufep@dufe.edu.cn

大连永盛印业有限公司印刷　东北财经大学出版社发行

幅面尺寸：185mm×260mm　　字数：346千字　　印张：17.25

2021年2月第6版　　　　　　2023年7月第3次印刷

责任编辑：许景行　吴　奂　　　　　责任校对：菲　比

封面设计：冀贵收　　　　　　　　　版式设计：钟福建

定价：42.00元

总序："换代型系列"中的"新系"教材建设

　　"21世纪新概念教材：'换代型'系列"中的"高等职业教育旅游管理类专业教材新系"，是反映当代世界职业教育改革发展趋势，通过"博采众长"而"避其所短"产生的一种新型职业教育教材建设模式。该系列从初创至今，经历了砥砺奋进的不断优化过程。

　　一、中国旅游管理教育历史回眸

　　在我国，旅游管理教育已经走过了二十多年的历程。二十多年，对于人生而言，可以说已经走近成熟了。然而，对于一个学科的发展来说，这么短的时间恐怕只能够孕育学科的胚芽。万幸的是，这二十多年不同于历史进程中的一般二十多年。由于我们坚持了改革开放的政策，我们的视野由此而得到扩展，我们的信心由此而得到强化，我们的步伐也由此而得以加快。所以，虽然只有二十多年，但在中国的教育园地和学科家族中，旅游管理经过有效的分化与发展，已经形成了学科体系的基本雏形。如今，旅游管理类专业把中等职业教育作为起点，并设有高职高专、普通本科和研究生教育（包括硕士和博士研究生教育）。这样完整的教育层次系统，展示了旅游管理教育发展的历程和成果，同时也提出了学科建设中的一些迫切需要解决和面对的问题，其中最重要的一点，就是如何在不同的教育层次和不同的教育类型上对教育目标和教学模式进行准确定位。当旅游管理高等教育领域中开始出现职业教育这种新的教育类型时，这一点就尤其显得突出了。

　　我国改革开放后得以重建的高等教育体系向来注重的是学科教育，一直没有给高等职业教育以足够的重视。困扰教育家们的问题似乎不是学科教育和职业教育的关系问题，而是在学科教育体系中如何区别普通专科教育与本科、研究生教育的层次和定位问题。二十多年的教育实践证明，人们在这三个层次上所做出的定位努力没有得到应有的效果。相反，在几乎所有的专业领域，都或多或少地存在着一种倾向，即专科教育仅仅是本科教育的简单压缩，而研究生教育仅仅是本科教育的有限延伸。这种状况导致了人才培养的低效率，也由于人才规格的错位而造成了人才使用上的浪费，甚至引起社会用人单位与教育机构之间在这个问题上的矛盾。

　　正是由于存在着这种带有普遍性的问题以及解决这种问题的动力，我国高等教育近年来的改革在这方面才有了比较大的突破：高等普通专科教育向高等职业教育转轨。这种转轨使高等职业教育在一定程度上提高了层次，引起了社会的重视，从而使高等职业教育成为高等教育体系中的重要类型。高等职业教育的登堂入室，创造了一种有效的社会氛围，也反过来促使普通专科教育不得不重新审视自己所一贯坚持的教育思想和教学模式，正视自己所面临的问题，并抓住历史的机遇。换言之，普通专科改弦更张的内力和外力都已经具备了。这种转型，是一种全方位的转换，而不是局部的调整。它涉及培养目标的重新定位、教学模式的重新选择和教学条件的有效变更。从培养目标上看，高等职业教育将更加突出人才规格的专业技能性和岗位指向性；从教学模式上看，要着力体现专业设置的职业性、教学内容的实用性和教学过程的养成性；而从教学条件上看，则必须实现教学主体的双元化（即产业部门和教育部门的有效合作）、教师队伍的"双师身份"，并拥有完备的实训手段。只有在以上几个层面实现全面转型，高等职业教育才能培养出合格的人才。在这方面，德国的双元制教学模式、加拿大的以能力培养为中心的CBE教学模式、澳大利亚的TAFE职业教育模式以及国际劳工组织的MES（职业技能模块组合）教学模式，都有值得我们借鉴的东西。

然而，比较发达国家的高等职业教育实践，我国的高等职业教育近年来并没有完全摆脱传统的学科教育模式的束缚，有的专业领域的高等职业教育与原来的普通专科教育相比，可谓换汤不换药。目前的旅游管理类专业高等职业教育在很大程度上就是这样一种情况。中国在旅游管理类专业实行高等职业教育是在全国职业教育工作会议召开后，是与其他一些专业同时步入职业教育领域的。由于中国旅游管理类专业的普通高等教育二十多年来所追寻的教育模式也一直是学科教育的模式，由于人们对旅游管理类高等职业教育的性质认识不清，由于整个社会还不能建立起对旅游高等职业教育的有效支持机制，由于转型后的普通专科院校在实施职业教育时缺乏相应的软件和硬件条件，甚至由于一部分高等职业教育机构的办学动机错位等原因，脱胎于这种背景的职业教育，就自然难以脱离学科教育的定式，难免出现教育的低效率状况。其结果是导致这样一种局面：当前的旅游管理类专业的高等职业教育不过是由一些"新生的"或"转型的"教育机构承办的传统的学科教育的翻版。这种翻版在教师的知识背景、教学设计的结构安排、教材的选择和使用以及实验室建设等方面都有所体现。这种教育模式的后果，不仅仅是教育资源的浪费和学生受教育机会的丧失，而且是旅游产业发展机会的丧失。

解决这个问题，实际上是一个系统性的工程，非一朝一夕之功所能奏效。高等职业教育思想的改变，教师的培养，尤其是全社会的职业教育体制和机制的构建及完善，都需要一个过程。但是，这里也有可以马上做起的工作，那就是教材的建设。

二、教材建设：从"高等专科"到"高等职业"

教材是教育实施过程的重要载体之一。尽管教材建设也同样需要有成果的积累，但在一定情况下，教材建设的先进性、前瞻性和科学性是可以实现的。尤其是第二次世界大战以后发达国家在旅游教育领域所积累的经验，如职业教育和普通学科教育间的差别以及实现这种差别教育的制度性建设，在职业教育领域已经取得的多方面成果，在职业教育的人才规格、培养目标、教育特色等方面形成的认识，在教材建设中所探索出的先进经验等，这些都可以成为今天我国旅游管理类高等职业教育发展的基本参照和经验宝库。东北财经大学出版社现在推出的这套旅游管理类专业高等职业教育教材，正是在这种认识和思想主导下完成的一个大动作。这套教材的问世，其意义将不仅仅局限在高职教学过程本身，而且会产生巨大的牵动和示范效应，将对旅游管理类专业高等职业教育的健康发展产生积极的推动作用。

目前推出的这套"高等职业教育旅游管理类专业教材新系"，是在原"高等专科旅游管理专业系列教材"的基础上不断优化改版形成的。原专科教材由于定位准确、风格明显、作者队伍精干，已得到全国各大专院校的普遍认可。而为了适应蓬勃兴起的高等职业教育的需要，改版教材无论是在指导思想上还是在内容的组织上，又都做了彻底的调整。改版教材的相继编写，充分体现了全体编者对旅游管理类高等职业教育规律和特征的认识，对旅游管理类专业高等职业教育的规格、层次、教育对象的特点的把握，对职业教育与普通学科教育的区别的理解，以及对发达国家职业教育的借鉴。同时，这套教材也体现了我国高校教师在感受20世纪90年代世界范围内兴起的以满足旅游者个性化需求为导向的"新旅游"这一时代脉搏之后所做出的积极反应，从而使这套教材有了更超前的视野。这种独特而新颖的教材编写思路，最终还通过在教材形式建设上颇具匠心的处理而进一步得以体现，使这套教材成为一种能打破传统学科教学模式、适合高职教育的目标和学生特点，同时反映教材编写样式之世界潮流的全新的"换代型"教材。凡此种种，都足以说明这是一套有特殊奉献的高质量教材。坦率地说，这套教材的问世，应该是目前旅游管理类专业高等职业教育领域的一件幸事。

三、与时俱进中的模式转换

习近平总书记在党的二十大报告中指出："教育、科技、人才是全面建设社会主义现代化国家的基础性、战略性支撑。教育是国之大计、党之大计。培养什么人、怎样培养人、为谁培养人是教育的根本问题。"这是以习近平同志为核心的党中央对新时代教育事业的总体战略部署，也是新时期中国高等职业教育课程与教材建设的指导思想。

本系列各版教材在研究和落实新时期国务院和教育部关于高等职业教育定位相关文件精神与要求的基础上，在以下方面沿着"21世纪新概念教材：'换代型'系列"的方向不断前行：

1.人才培养目标定位

以新时期"就业－创业"、"与生涯对接"和"人才竞争"为导向，借鉴发达国家高等职业教育关于"职业教育与学术教育有机结合"的课改经验，"克服高职各类专业的同质化倾向"，将高等职业教育旅游管理类专业人才培养目标由"教高〔2006〕16号"（培养"面向生产、建设、服务和管理第一线高素质技能型专门人才"），经过"教职成〔2011〕9号"、"教高〔2012〕4号"和"国发〔2014〕19号"等文件的一般定位（培养"高端技能型人才"、"应用技术型人才"乃至"技术技能型人才"），提升到"职业知识"、"职业能力"与"职业道德"并重的"高等复合应用型"人才培养目标上来；同时，对照《国家中长期教育改革和发展规划纲要（2010—2020年）》关于"创新人才培养模式""着重培育学生的主动精神和创造性思维"等新时期教育要求，将"问题思维"和"创新意识"培养纳入新版教材的人才赋型机制中。

2.优化结构布局

以"'职业知识'、'职业能力'和'课程思政①'"为"职业学力"的三大基本内涵，以"健全职业人格"为整合框架；各章"基本训练"的基本题型与体现"基本内涵"的"学习目标"，以及穿插"同步思考"、"同步案例"、"同步业务"、"课程思政"和"教学互动"等诸多功能性专栏的教学内容相互呼应。

3.着眼"双证沟通"与"互补"

在把国家职业资格标准融入专业课程内容与标准的同时，一方面着眼于高等职业学历教育与职业培训的重要区别，强化了对学生"职业学力"的全面建构，另一方面通过同步反映行业领域、国内外高职教育教学及课程改革新发展、新标准、新成果，弥补国家职业资格标准的相对滞后性。

4.兼顾各种教学方法

将"学导式教学法"、"案例教学法"、"问题教学法"、"讨论教学法"、"项目教学法"及"工作导向教学法"等诸多先进教学方法具体运用于专业课程各种教学活动、功能性专栏和课后训练的教材设计中。

5.应对"知识流变"

联合国教科文组织的研究表明：进入21世纪，不少学科知识更新周期已缩短至2～3年，处于知识结构表层的应用类学科知识尤其如此。这意味着学生在高职院校学习的相当多知识在毕业后已经过时。为应对日益加速的"知识流变性"，自2012年起将"自主学习"视为与"实训操练"同等重要的能力训练：在奇数各章"学习目标"的"职业能力"中用"自主学习"子目标替换先前各版"实训操练"述项，并相应调整了其章后"基本训练"中"能力题"的子题型。

6.落实"分层教学"

自2016年起，研究落实《教育部办公厅关于建立职业院校教学工作诊断与改进制度的通知》（教职成厅〔2015〕2号）中提出的"分层教学"要求，即在案例教学和实践教学中通过"教学环节'多元化'"和"组建'学习团队'"等途径，落实"分层教学"要求。

7.融合纸质教材与二维码数字资源

自2018年起，阶段性落实教育部关于"进一步推进职业教育信息化发展"，"推广……移动学习等信息化教学模式"（教职成〔2017〕4号）和"推进教育教学与信息技术深度融合"（《教育部2018年工作要点》）等文件要求精神，增加二维码教学资源，解决传统教材所缺少的"互联网+"移动学习，即纸质教材与二维码数字资源融合的问题。

---

① "课程思政"系由本书先前各版"职业道德与企业伦理"专栏和章后"善恶研判"题型升级而来；相比先前各版，其思想政治教育内容外延更广、内涵更深。

8.落实"三教"改革

2020年起，全面落实《国家职业教育改革实施方案》（国发〔2019〕4号）、《教育部 财政部关于实施中国特色高水平高职学校和专业建设计划的意见》（教职成〔2019〕5号）、《职业院校教材管理办法》（教材〔2019〕3号）和《职业教育提质培优行动计划（2020—2023年）》（教职成〔2020〕7号）等文件要求与精神，重点落实"三教"改革中的"教材、教法"改革，以及"在立德树人根本任务方面，进一步创新思想政治教育模式，将社会主义核心价值观融入专业课教材"的要求。

9."二十大精神"进教材

自2022年起，加快推进党的二十大精神进教材、进课堂、进头脑，将研究和落实"立德树人，培养德技并修的大国工匠和高素质技能人才"的"人才强国战略"作为新时期教材改革的根本任务。

四、阶段性成果

东财版"21世纪新概念教材：'换代型'系列·高等职业教育旅游管理类专业教材新系"自20世纪90年代末全套推出到2023年，绝大部分已出七版，两种推出第八版，平均印刷三十余次，其中八种入选"普通高等教育'十一五'国家级规划教材"，两种分别入选"教育部普通高等教育精品教材"和"中国旅游协会旅游优秀教材"，四种入选"'十二五'职业教育国家规划教材"，五种入选"'十三五'职业教育国家规划教材"，三种入选"'十四五'职业教育国家规划教材"，深受广大高职院校师生的欢迎与喜爱。

五、结语

教材改革与创新是一项系统工程，旨在培养"高等复合应用型人才"的高等职业教育旅游管理类专业教材的改革与创新更是如此。我们试图在深入调查研究、系统总结国内外教材建设先进经验的基础上，与时俱进地不断推出具有我国高等职业教育特色、优化配套的旅游管理类专业的新型教材。

期待广大专家、学者和读者们继续给我们以宝贵的关怀与支持，使本系列教材通过阶段性修订，与我国新时期高等职业教育旅游管理类专业教学及课程改革发展始终保持同步。

"高等职业教育旅游管理类专业教材新系"项目组
1999年12月初稿
2023年6月修订

第六版前言

本高职高专教材自2018年3月第五版出版发行以来已两年有余。继续承蒙全国高职高专旅游管理专业，尤其是酒店、餐饮管理专业老师与同学们的厚爱，使用面及发行数量仍然保持着增长的状态。为不负广大使用者，教材需要不断与时俱进。

本次修订在继续保持第五版简明实用的结构、良好的界面及操作性较强的设计风格基础上，主要在以下两方面做了更新：

（1）在每一章的开始部分以"二维码资源"形式插入了说明每章主旨内容的"思维导图"；在各章每节末尾，同样以"二维码资源"形式附上与该节内容相关的"延伸阅读"。

（2）增加了一些切合当今餐饮服务与管理发展情况的新内容、新知识和新要求。

根据教育部职成司近期文件精神及使用者与出版社的要求与建议，第六版在2023年重印之际做了如下补充修订：

（1）推进二十大精神进教材、进课堂、进头脑，部分章节结合教学内容，以二维码形式增加了学习宣传二十大精神的"同步链接"。

（2）将各章原"职业道德与企业伦理"专栏和章后"善恶研判"，统一升级为"课程思政"。

（3）同步更新了各章的"学习目标"，并优化了章后部分题型的设计。

与前五版的情况相似，这一版能够更新付梓，与许景行编审及编辑的辛勤付出是密不可分的，在此一并谢过！

上海师范大学旅游学院

上海旅游高等专科学校

李勇平

2020年12月

2023年7月

第五版前言

承蒙全国高职高专旅游管理类专业广大师生的厚爱，本书第四版自发行以来一如之前受到广大师生的欢迎与使用，如今已经第33次印刷。现根据本书使用者和出版社的建议，进行了第五版的修订工作。

此次修订工作根据"与时俱进"的原则，从内容与形式两个方面展开：

1.内容方面

在内容方面，本书力求体现餐饮业的新发展和"餐饮服务与管理"教学研究的新成果。这些新发展和新成果包括：

（1）近十年来出现的科技成果（如网络订餐、移动支付等）、消费习惯（如外卖送餐）等新内容，皆融入第五版教材之中。

（2）将国家改革开放初、中期的一些习惯做法，如外宾用餐时可能涉及使用外汇支付等内容，从教材中删去。

（3）更换部分章的篇头"引例"、"同步案例"、"业务链接"、"同步思考"和"基本训练"的"案例分析"等资料。

2.形式方面

在形式方面，本书尽可能依照最新的课程理念更新教材结构。

（1）同步提升高等职业教育旅游管理类专业的人才培养目标定位。借鉴发达国家高等职业教育关于"职业教育与学术教育有机结合"的课改经验，将高等职业教育旅游管理类人才的培养目标提升到"职业知识"、"职业能力"与"职业道德"并重的"高等复合应用型"人才培养目标上来，将"问题思维"和"创新意识"培养纳入新版教材的人才赋型机制中。

（2）兼顾"衔接"和"层次区别与提升"。在教学重点、课程内容、能力结构等方面，既细化了高职教材与中职教材的有机衔接，也研究和探索了前者不同于后者的层次区别与提升。

（3）兼顾"理论"、"实务"、"案例"和"实训"等教学与训练环节，循序渐进地展开高职教材内容。

（4）扩展"职业学力"建构的基本内涵。将学生"职业学力"基本内涵的建构，由先前的"职业知识"和"职业能力"两者并重，扩展到"职业知识"、"职业能力"和"职业道德"三者并重，促进健全职业人格的培养。

（5）兼顾各种教学方法。将"学导式教学法""案例教学法""问题教学法""讨论教学法""项目教学法""工作导向教学法"等诸多先进教学方法具体运用于专业课程的各种教学活动、功能性专栏和课后训练的教材设计中。

（6）优化各章"基本训练"的题型。例如，将"自主学习"视为与"实训操练"同等重要的能力训练，在部分奇数章后"基本训练"的"能力训练"中增加了"自主学习"子题型；各章后"基本训练"中增加了旨在强化学生职业道德意识的"善恶研判"等子题型。

受本人的能力及学识所限，本书的错误与纰漏在所难免，欢迎各位同仁、业内专家、读者批评指正。

本书能够出到第五版，主要归功于东北财经大学出版社的许景行教授，他不辞辛劳地做了大量的工作，这里再次表示衷心的感谢！

上海师范大学旅游学院　上海旅游高等专科学校

李勇平

2018 年 1 月 28 日

第四版前言

承蒙全国高职高专旅游专业广大师生的厚爱和关照，本书第三版自 2008 年 8 月发行以来，一如既往地受到了读者的欢迎，根据出版社的反馈意见，此次来做本书第四版的修订工作。

本次修订的第一个指导思想是要对全书进行"瘦身"。前两版的修订使本书的"身材"越来越"胖"，外形也越来越厚实，分量也越来越重，但在一定程度上已经影响到"她"继续作为一本教材了。本着基本够用的原则，此次对第三版教材中那些可有可无的内容、已显过时的内容、实用性不是太强的部分以及西餐部分的内容进行了删除。即便这样，实际删除的量仍然不是太多，恐挂一而漏万。第二个指导思想是随着时间的推移，对教材补充了一些行业新近发展情况的统计数据。第三个指导思想则是在书的最后将"主要参考书目"的名称变更为"主要参考书目与网站"，增加了参考书籍与相关行业协会的网址，便于开阔学习者的眼界。

本书的定位仍为供高职高专旅游专业的在校学生学习餐饮管理课程时使用，其他如体例、特色、实用性等方面的内容基本沿袭第三版的风格。

如同前几次修订时一样，在本版教材的编写中，东北财经大学出版社的许景行教授仍然不辞辛劳地给了大量的帮助与指导，在此再一次表示诚挚的感谢。

鉴于诸多原因，尤其是本人的学识和能力有限，书中的不足之处在所难免，欢迎专家、同行、读者和餐饮行业人士不吝指教。

上海师范大学旅游学院　上海旅游高等专科学校

李勇平

2010 年 5 月于上海

第三版前言

《餐饮服务与管理》是为我国高职高专学生编写的"旅游与酒店管理专业"系列教材之一。本书于2000年9月第一次付梓，承蒙教育界同行及酒店业同仁的密切关注与认可，经修改后于2002年1月出版了第二版，由于时间仓促及其他一些原因，前两版的书稿出版后，总觉得有太多不尽如人意之处。此次修订，恰好本人有较为充裕的时间，可以细细推敲。

此次修订继续保持了前两版的成功之处，即依据酒店餐饮经营管理与服务的客观规律，以管理理论为指导，以餐饮实际业务活动为基础，以实用的管理和操作方法为主要内容，坚持理论与实际相结合，定性研究与定量分析相结合，全面、系统地介绍了酒店餐饮服务与管理的各种要素及其运行的程序与内在联系，力求做到基础理论简明扼要、业务内容具体形象、结构层次系统连贯、操作方法实用简单。

第三版教材分为三编，即餐饮概述、餐饮服务和餐饮管理。教材结构的这种划分主要意图在于：其一，可以使内容的模块特点更加突出；其二，在进度方面力争由浅入深，形成循序渐进的梯度；其三，就全书而言，既可以做到三个编目分开使用，各自自成一体，又能整合使用，合三为一，形成一个完整的体系。第三版由前两版的9章扩展为11章。此外，"餐饮生产管理"一章中新增了"管事部的运行与管理"一节。其他细节方面的增删，不在此赘述。

为方便教学，本书第三版配有网上资源，即"附录1　章后习题参考答案与提示"，"附录2　综合案例分析提示"和"附录3　综合实训教学建议"，并制作了与主教材相配套的教学课件，使用本教材的任课教师可登录东北财经大学出版社网站（www.dufep.cn）下载这些文件。

本书涉及的专业内容已在上海师范大学旅游学院全日制本科班、上海旅游高等专科学校全日制大专班和校内外的成人在职培训班多次讲授，具有较强的可操作性。

如同前两版一样，在本版教材的编写过程中，东北财经大学出版社的许景行教授一如既往地给予了具体的指导和帮助，在此表示诚挚的谢意。

鉴于编者的学识及能力所限，书中不足之处在所难免，欢迎专家、同行、读者批评指正。

上海师范大学旅游学院　上海旅游高等专科学校

李勇平

2008年6月于上海

目　录

第一编　餐饮概述

第1章　餐饮业概述

学习微平台

思维导图1-1

- **学习目标**
- 1.1 餐饮业发展概况
- 1.2 餐饮企业的表现形式及基本特点
- **本章概要**
- **基本训练**

● **学习目标**

通过本章的学习，应当达到以下目标：

职业知识：学习和把握"餐饮业概述"的相关概念、中国餐饮业发展概况、外国餐饮概况、当代人对餐饮的要求、中国餐饮企业的表现形式及基本特点、美国餐饮企业的表现形式及基本特点，以及"业务链接"等知识；能用其指导本章"同步思考"、"教学互动"和"基本训练"中"知识训练"各题型的认知活动，正确解答相关问题。

职业能力：点评"西方国家（尤其是美国）餐饮业向用餐者收取小费的现象"，训练专业理解力与评价力；运用本章知识研究相关案例，培养在"餐饮业概述"的特定情境中分析问题与多元表征的能力；参加"独立餐饮机构与酒店（宾馆）餐饮机构异同调研"实训，训练相应的专业技能；通过搜集、整理与综合关于"中国内地各类餐饮企业的表现形式及基本特点"的前沿知识，撰写、讨论与交流《"中国内地各类餐饮企业的表现形式及基本特点"最新文献综述》，培养在"餐饮业概述"中"自主学习"的通用能力。

课程思政：结合本章教学内容，依照相关规范或标准，对"课程思政1-1"专栏和章后"课程思政-1"等案例情境中的企业或其从业人员服务行为进行思政研判，培养高尚的道德情操，树立社会主义核心价值观。

引例：2019年全年餐饮收入46 721亿元完美收官

背景与情境： 2020年1月17日国家统计局发布的数据显示，2019年全年餐饮收入46 721亿元，同比增长9.4%。全年餐饮收入突破4.6万亿元，与中国烹饪协会的预判吻合。

2019年12月，全国餐饮收入为4 825亿元，同比增长9.1%；限额以上单位餐饮收入为914亿元，同比增长6.1%。全国餐饮收入增速相较上年同期上升0.1个百分点，限额以上餐饮收入增速同比上升0.6个百分点。餐饮市场增幅高于整个消费市场增幅（8.0%）1.1个百分点。

中国烹饪协会分析，2019年1—12月份，全国餐饮收入增速相较上年同期下降0.1个百分点；限额以上单位餐饮收入为9 445亿元，同比增长7.1%，限额以上餐饮收入增速同比上升0.7个百分点，大中型品牌餐饮企业发展势头好。餐饮市场增幅高于整个消费市场增幅（8.0%）1.4个百分点。

资料来源 佚名. 2019年全年餐饮收入46 721亿元完美收官〔EB/OL〕. 〔2020-06-18〕. http：//www.ccas.com.cn/site/content/204225.html.

1.1 餐饮业发展概况

餐饮业（catering）是通过即时加工制作、商业销售和服务性劳动，向消费者专门提供各种酒水、食品、消费场所和设施的食品生产经营行业。按欧美《标准行业分类法》的定义，餐饮业是指以营利为目的的餐饮服务机构。在我国，据《国民经济行业分类注释》的定义，餐饮业是指在一定场所，对食物进行现场烹饪、调制，并出售给顾客主要供现场消费的服务活动。

在中国，餐饮业主要分为旅游饭店、餐厅（中餐、西餐）、自助餐和盒饭业、冷饮业和摊贩五大类。具体又分为三种类型：便利型大众餐饮市场、高档型餐饮市场、气氛型餐饮市场。便利型大众餐饮市场都是大众消费；高档型餐饮市场在二线、三线城市非常多，尤其在三线城市里；气氛型餐饮市场居于高档和低档之间，主要是一些主题餐厅、气氛餐厅。

俗话说："民以食为天。"食物是人类赖以生存的最重要的物质条件之一。人类饮食的发展同人类本身的发展一样历史悠久，它经历了由低档饮食活动向高档饮食活动、由简单粗糙的饮食产品向复杂讲究的饮食产品逐步发展的过程。饮食活动中的礼仪、礼节、观念、习俗也应运而生。

1.1.1 中国餐饮业发展概况

1）考古发现与先祖们的饮食活动

考古工作者经过考古发掘，揭示了大约在170万年前，生活在今天中国这块土地上的人类祖先已经开始有意识地利用火来加工、烧烤食物，并用火来取暖驱寒。在长江中下游地区的考古发现进一步显示，在六七千年以前，生活在今天浙江省余姚市河姆渡地区的先人已经开始大面积种植水稻并饲养牲畜，食物的生产改善了人们的物质生活，为餐饮业的形成奠定了物质基础。

2）最早的聚餐形式——筵席

何为筵席？唐朝以前的古人用餐时席地而坐，"筵"和"席"都是铺在地上的坐具。郑玄为《周礼》所做的注中说："铺陈曰筵，藉之曰席。"其意思是说，直接铺在地上的叫"筵"，铺在"筵"上供人坐的叫"席"，所以"筵席"是坐具的总称，酒食置于筵席之前。记述战国、秦汉之间礼制的《礼记》一书中有这样的记载："铺筵席，陈尊俎，列笾豆。"其中"尊""俎""笾""豆"都是古代用于祭祀和宴饮的礼器，分别用来盛放酒、牛羊肉、果脯、腌菜。这样，"筵席"又含有进行隆重、正规的宴饮的意思。"筵席"这个名词正是在这个意义上沿用下来的，后来专指比较正式的聚餐活动。

3）夏、商、周三代——王室餐饮日臻精致、奢华

历史的车轮驶入夏、商、周三代，餐饮业逐渐成为一个独立的行业。菜肴的丰盛与精致程度足以令今人叹服。从周代起，中国出现了烹调食谱，《周礼》中记录了我国最早的名菜——八珍。从《楚辞》中我们也可以看到，所举的酒类和食品已相当丰富，如《楚辞·招魂》中所列的一份菜单，记有：清炖甲鱼、火烤羊羔、醋熘天鹅、煲煮野鸭、煎炸大雁和小鸽、卤鸡、肉羹等。

从现代人的眼光来看，周代的就餐礼仪与程序是极其讲究的。这从就餐时使用的筵席和鼎的数量就可以看出来。就使用的筵席而言，规定"天子之席五重，诸侯之席三重，大夫再重"；就盛装菜肴的鼎而言，规定"天子九鼎，诸侯七鼎，大夫五鼎"。后来，鼎不仅是盛装食物的用具，亦成了王权的象征，故有"问鼎"一说。

商周时期，音乐助餐已经出现。《周礼》中云："以乐侑食。膳夫授祭，品尝食，王乃食。卒食，以乐彻于造。"可见，餐后将剩余的食物撤入厨房这一过程也是在音乐伴奏下完成的。

宫廷中专职服务人员及服务机构的出现，在周代已具有相当的规模。宫廷宴会由尚食、尚酒等内侍人员担任服务人员，为防止下毒，其先尝食而后献食。据专家统计，周朝王室管理饮食的机构有22个，服务人员有2 332人。

4）汉代与西域的交往促进了餐饮业的发展

自汉代以来，餐饮业有了很大的发展，"熟食遍地，肴旅成市"。汉朝与西域的通商贸易使西部少数民族的饮食习俗传入中原，又将中原的饮食文化带至西部。长安市内少数民族客商所建的高档客栈附近也出现了大批饮食店。

5）唐宋尤其是南宋时期餐饮业已具相当规模

唐朝以后的餐饮宴席已从席地而坐发展成为坐椅而餐。北宋著名画家张择端的《清明上河图》以不朽的画卷向后人展示了当时汴梁（今河南开封）人的市井生活，酒楼、茶馆成为画面的重要组成部分。当时的酒店可将三五百人的酒席立即办妥，可见规模之大、分工之细、组织之全。南宋时期，杭州的饮食店种类繁多，有直卖店（只卖酒）、茶酒店、包子酒店、散酒店（普通酒店）、巷酒店、面食店、荤素从食店、茶坊、北食店、南食店、川饭店、罗酒店（山东、河北风味）等；从等级上讲有高级酒店、花园酒店、普通酒店、低档酒店

和走街串巷的饮食挑子。在西湖上，当时还出现了提供餐食的游船，其中最大的游船可同时容纳百十人聚餐。这种把宴会与休闲游玩结合在一起的做法一直延续到今天。

6）晚清以后的五口通商使沿海城市出现了西菜馆

西方侵略者用坚船利炮冲开了中国的国门之后，也带来了西方的经济、文化及生活习惯等，西餐在中国的沿海城市（如广州、福州、厦门、宁波、上海）以及大都市天津、北京等地纷纷登场。

学习微平台

延伸阅读1-1

同步思考1-1

背景与情境：改革开放以来，粤菜异军突起，迅速被各地的人们接受和认可，并成为高档宴饮活动的首选菜系。在随后的时间里，粤菜不断变革、发展，牢固占据着中国高档菜系"大哥大"的位置。

问题：粤菜何以发展并保持着如此强的生命力？

理解要点：

（1）广东的区位优势。

（2）粤菜在选料、烹饪、服务上的传统做法。

（3）广东人敢为天下先的文化习惯。

1.1.2 外国餐饮概况

1）古埃及餐饮概况

古埃及人崇尚节制和俭朴，吃得较简单，但十分好客。如果有男客在家中用餐，则由妇女陪伴进餐。

古埃及的等级观念在餐厅的装修和家具上可以得到充分的反映。农夫与普通手工艺人只使用简单的陶器，坐在未经修饰的长条凳上，在低矮的泥屋中进餐；富人的餐厅如同宫殿，有水池和花园环绕，室内富丽堂皇，餐桌上使用绣花织物，家具中有镶嵌着黄金或大理石的软垫扶手椅，餐饮用具有精美的雕花木勺或象牙勺、玻璃杯，以及用金、银或当时最珍贵的铜制成的碗。

2）古希腊餐饮概况

古希腊人对餐饮业的主要贡献体现在以下两个方面：

第一，为了使食用的鹅足够肥硕，采用填食的方法喂养鹅，这与北京填鸭非常相似；

第二，发明了冷盘手推车，厨师将大蒜、海胆、面包片、海扇贝和鲟鱼装在盘子里，然后放在车上推入餐厅，供人们选择、享用。

3）古罗马餐饮概况

古罗马人对当今餐饮文明的最大贡献就是创造了西餐的雏形。西餐起源于今日的意大利，从专业角度来看，就餐时人们使用的餐巾也是由古罗马人引入餐馆的。此外，在餐馆的餐桌上放置玫瑰花、举行重大宴会时叫报每道菜的菜名等做法，均由古罗马人最早在餐厅中采用。

4）中世纪以后的法国餐饮概况

中世纪以后的法国对世界餐饮业发展的贡献主要表现在如下两个方面：

第一，法国人使得西餐的发展达到顶级程度，法式西餐的选料、烹饪、服务都非常讲究。

第二，历史上，路易王朝中的好几位国王都非常重视和讲究西餐的烹饪、服务，因此法式西餐具有华贵、高雅的特点。

一个国家餐饮业的发展，除了会受到传统文化的影响外，也会受到科学技术、经济发展水平的影响。20世纪以来，随着科学技术的进步和经济的发展，交通工具发生了巨大的变化，世界变得越来越小，人们便捷地往返于世界各地，不同的餐饮习惯相互交融。目前，中餐的烹饪、调味和服务中不少行之有效的方法就是从西方引进的，这极大地促进并丰富了中餐烹饪及服务的发展。因此，了解并熟悉各国的餐饮历史和习惯，对餐饮从业人员来说是十分有益的。

同步思考 1-2

背景与情境： 如今在中国，西餐不仅在一线城市（北京、上海、广州、深圳等）如火如荼地发展，在二、三线城市也是如此。

问题： 西餐对今日中餐的发展有何影响？具体有哪些表现？

理解要点： 从中餐的选料、烹饪、调味、服务等方面来考虑。

1.1.3　当代人对餐饮的要求

随着生活水平的日益提高，人们对餐饮的要求也在不断变化，这主要体现在以下几个方面：

1）餐饮营养方面：全面、均衡

随着生活水平的提高，一些人开始大量摄入富含糖类和脂肪的食物，从而导致肥胖症、心脑血管疾病患者数量猛增。目前，人们已经意识到了不良餐饮习惯的危害，正在通过控制脂肪的摄入量等方法来全面、均衡地安排饮食。

2）餐饮卫生方面：高标准、严要求

我国肝病的发病率远高于西方发达国家，这主要是餐饮生产人员及生产、就餐环境的卫生状况低下所致。1988年上海市流行的甲型肝炎、2003年暴发的"非典"疫情、2020年开始肆虐全球的"新冠"肺炎疫情，以及近年来反复出现的"禽流感"等，导致众多餐馆、饭店门可罗雀，经营业绩一落千丈。许多餐饮企业已经意识到了这些问题，在当地卫生主管部门的指导和帮助下，积极改善餐厅的卫生状况、用餐环境、用餐方式，如倡导使用公筷、公勺等。

3）餐饮经营方面：绿色和安全

餐饮经营的绿色和安全体现在餐饮企业营运的全过程中，即从菜式的确定、原料的采购、菜肴的生产加工到餐饮服务等诸环节，不仅要体现出经营者、消费者、监管者（政府）三者的共赢共利，还要体现出整个经营活动对人类社会健康、可持续发展的贡献程度。

学习微平台

延伸阅读 1-2

4）餐饮服务方面：规范化和个性化

目前的餐饮企业已基本能够对大多数无特殊要求的就餐者提供统一、规范的服务，满足就餐者对餐饮服务的基本需求。然而，一些就餐者也对餐饮企业提出了特别的服务需求，如要求厨师代为加工自带的原料，或者要求厨师按自己的口味加工菜单上的菜肴，或者要求自带酒水用餐，这些都对餐饮企业的服务工作提出了新的要求。

课程思政1-1

"地沟油"引起的思考

背景与情境： 2010年3月19日，"地沟油"调查负责人武汉工业学院（现武汉轻工大学）教授何东平召开新闻发布会，建议政府相关部门加紧规范废弃油脂收集工作，这再次引起了人们对食品安全问题的担忧。

据了解，"地沟油"是餐厨废油脂的一种，另两种餐厨废油脂分别是泔水油和煎炸老油。这三类餐厨废油脂都可通过加工来改变其感官性质，但其内都含有多种有毒有害成分，不宜食用。上海、重庆、南京等地已制定了有关法规，以加强对食品生产经营单位废弃食用油脂的管理。

资料来源 沈翀，李鹏翔，张华. 何东平详解地沟油调查真相［EB/OL］.［2010-04-02］. http://finance.sina.com.cn/consume/20100402/13087684286.shtml.

问题： 从思政角度研判本案例。

研判提示： "地沟油"事件既伤害了千千万万的用餐者，是导致胃癌、肠癌的元凶，又损害了企业的良好形象，影响了行业的正常发展。

1.2 餐饮企业的表现形式及基本特点

餐饮企业是指以经营餐饮服务为主的企业。它包括以餐饮为主的酒店、宾馆、纯餐饮酒楼、专业餐饮会所、快餐、小吃店等餐饮经营形式。

不同的餐饮企业，其经营档次、目标市场、餐饮产品等不尽相同。本节首先介绍中国餐饮企业的表现形式及基本特点，然后介绍以美国为代表的西方国家餐饮企业的表现形式及基本特点。

1.2.1 中国餐饮企业的表现形式及基本特点

1）高档酒楼

高档酒楼是以高端消费者为主要客户群体的就餐场所。商务宴请、私人盛宴往往会在这类酒楼里进行。高档酒楼通常拥有一流的硬件设施，提供的餐饮产品和服务极富特色，消费标准也较高。

2）酒店（宾馆）餐厅

酒店（宾馆）餐厅是设在酒店（宾馆）内的用餐场所。酒店（宾馆）餐厅的类型比较复杂，通常有咖啡厅、中餐零点餐厅、西餐零点餐厅、中餐宴会厅、西餐宴会厅，以及其他种类的餐厅（因酒店不同而各异）等。酒店（宾馆）餐厅提供的餐饮产品和服务规范、高档，消费水平较高。

3）火锅店

火锅店是以燃料加温锅具内的汤汁并使之沸腾，然后将食物放入汤汁中涮一下即可食用的餐饮经营场所。火锅店经营场所的面积由几十平方米至上千平方米不等，火锅的口味也千差万别，但大多数以辣味为主，尤其以巴蜀风味的火锅店最受欢迎。火锅店经营的产品比较单一，经营管理与服务相对简单，价格也能被大众所接受。火锅店在扩张时多以连锁形式进行。

4）快餐店

快餐店是指在点餐之后食物很快就供应出来，并且服务维持在最低限度的一种餐饮场所。快餐店通常位于交通要道，如车站、码头、机场、主要商业街区等，提供的餐食简洁、方便且价格便宜。

5）小吃街

小吃街一般位于主要商业街区或闹市中心。其经营特点是将某一地区乃至全国的名优小吃聚集在一个空间之内，食客们能够非常方便地挑选自己中意的美食，产品价格一般较公道。

6）团体供餐机构

团体供餐机构也称机构性餐饮企业，是专为企事业单位或重大活动、会议、展览、赛事等提供餐食服务的餐饮机构。操作时，可以由提供此种服务的餐饮企业派出经营管理人员及生产服务人员进入被服务者指定的场所，负责餐饮设施的运行并提供生产服务工作，也可以由提供此种服务的餐饮企业在自己的生产场所将餐饮产品加工好，然后运送到被服务者指定的场所。团体供餐是社会分工专业化在餐饮服务领域中的体现，它最早兴起于美国，发展到今天已能为学校、企业、机关、医院、监狱、军队等提供餐饮服务。

同步案例1-1

从"北京奥运会"看中国的"团餐企业"水平

背景与情境： 万众瞩目的2008年北京奥运会取得了圆满成功，但对中国餐饮业及餐饮从业人员来说却留下了永远的伤痛。北京获得2008年奥运会举办权后，中国餐饮业摩拳擦掌，欲借奥运舞台一展中国饮食产品的绚丽多彩，但奥运参赛人员的餐饮供应采取竞标方法，几轮竞标下来，中国餐饮企业竟然无一胜出。奥运餐饮供应被一家总部位于美国费城的团餐企业——爱玛客公司拿下。

资料来源 根据相关资料整理。

问题： 为何在被誉为"烹饪王国"的中国举办奥运会，奥运餐饮供应却花落他家？

分析提示： 后经作者了解，中国餐饮企业竞标失败的主要原因是餐饮卫生管理水平不高。当然，还有一些其他问题。

7) 西餐馆

西餐馆是主要提供西式菜肴的餐饮机构，集中于我国的大中城市。其表现形式主要有酒店西餐厅和社会西餐馆两种。

8) 饮品店

饮品店是主要提供咖啡、甜品、商务套餐等的餐饮机构，如现今比较流行的星巴克（Starbucks）等。饮品店一般开在商业活动较发达的中心城市，其目标客户是商务人士，产品价格一般较贵。

9) 茶餐厅

茶餐厅源于中国香港地区，其比快餐厅的层次略高，价格能够被一般用餐者所接受，基本做到了现点、现烹、现卖，经营地点多选择在商务办公区及中高档居民住宅区，营业时间较长。

这里需要注意的是，近年来随着网络技术的迅速发展，消费者通过网络订餐并获得送餐服务已经成为一种时尚，并出现了不少专门从事网络订餐服务的O2O平台。

业务链接1-1

"餐馆""酒楼""饭店""酒店""宾馆"等概念的联系与区别

总体而言，在中国，餐馆、酒楼、饭店、酒店、宾馆等都是指提供餐饮或住宿加餐饮等服务的场所。

餐馆、酒楼一般只有餐饮供应；饭店、酒店、宾馆通常既提供住宿服务，也提供餐饮服务（其中，饭店既可以指同时提供住宿与餐饮服务的场所，也可以指仅提供餐饮服务的场所）。英语中把提供住宿加餐饮等服务的场所称为"Hotel"，把仅提供餐饮服务的场所称为"Restaurant"。

1.2.2 西方国家餐饮企业的表现形式及基本特点（以美国为例）

综合美国酒店及餐饮教育专家的观点，美国的餐饮企业可以分为以下几类：

1) 社会餐馆

（1）全套服务餐馆（Full Service Restaurant）

全套服务餐馆的餐位数通常为75~200个，一般位于城市或乡村的交通要道，提供餐桌式服务（Sit-down Table Service），并以法式服务居多，菜式类别齐全，消费水平较高。

（2）主题餐馆（Theme Restaurant）

主题餐馆的餐位数通常为100~400个，一般位于商业中心区及次交通繁忙地区，提供餐桌式服务，消费水平较高。

（3）咖啡店（Coffee Shop）

咖啡店的餐位数通常为35~300个，一般位于交通繁忙地区，主要有餐桌、卡座、吧台等设施，消费水平中档。

（4）自助餐厅（Cafeteria）

自助餐厅的餐位数通常为 100~400 个，一般位于购物中心，服务较简单，通常由用餐者自己挑选食物。

（5）快餐馆（Fast Food Restaurant）

快餐馆的餐位数通常少于 100 个，一般位于交通要道，供应食品有限，提供的服务不多。

2）酒店餐饮机构

（1）酒店餐厅（Hotel Dining Room）

酒店餐厅通常位于一流（度假）酒店内，提供餐桌式（通常为法式）服务，消费水平较高。

（2）酒店咖啡厅（Hotel Cafe）

大部分酒店都有咖啡厅，咖啡厅通常位于酒店大堂附近，提供宽松、随意的服务，价格适中，营业时间往往是酒店所有餐厅中最长的。

（3）酒店宴会厅（Hotel Banquet Hall）

大部分酒店都拥有宴会厅，以进行重要的餐饮活动。

（4）客房用餐服务（Room Service）

客房用餐服务是为住在酒店的客人提供的，在所住客房用餐的服务。客房用餐服务提供的菜单上所列菜式少于餐厅，收费高于餐厅。

教学互动 1-1

背景资料：在酒店，客房用餐服务是在客人因各种原因不方便去餐厅用餐，但又需要用餐时，满足其需求的重要途径。

互动问题：

1）客房用餐服务由酒店的哪个部门负责完成？

2）负责该项服务的部门还需要得到哪个部门的哪些业务支持？

要求：

1）学生课前通过各种途径，找寻相应答案，作为互动准备。

2）教师不直接提供上述问题的答案，而是引导学生结合本节教学内容和互动准备知识，就这些问题进行独立思考、自由发表见解，组织课堂讨论。

3）教师把握好讨论节奏，对学生提出的典型见解进行点评。

同步链接 1-1

3）团体供餐机构

前面已介绍，此处不再赘述。

4）俱乐部餐厅

此类餐厅位于各种类型的俱乐部内，收费较高。

5）餐饮外卖服务

餐饮外卖服务提供包括宴会在内的餐饮上门服务，收费一般较高。

本章概要

□ 内容提要

本章共分两节：第一节首先介绍了中外餐饮业的发展情况，然后阐明了当代人对餐饮的要求；第二节首先介绍了中国餐饮企业的表现形式及基本特点，然后以美国为例介绍了西方国家餐饮企业的表现形式及基本特点。

通过介绍，希望学习者能够知道餐饮业发展的昨天，把握餐饮业前进的今天，迎接餐饮业将要来临的明天。

□ 主要概念和观念

▲ 主要概念

筵席　酒店（宾馆）餐厅　茶餐厅

▲ 主要观念

筵席与宴席　古罗马人对西餐发展的贡献　当代人对餐饮的要求

□ 重点实务

中国餐饮企业的表现形式　酒店中餐饮机构的表现形式

基本训练

□ 知识训练

▲ 复习题

1）中国古代各朝代的餐饮发展分别有什么特点？

2）在西餐的发展过程中，相关国家的贡献主要体现在哪些方面？

3）当代人对餐饮的要求有哪些？

4）中国餐饮企业的表现形式主要有哪些？

5）以美国为代表的西方国家的餐饮企业有哪些表现形式？

▲ 讨论题

1）中国餐饮业长久发展的文化动因是什么？

2）中国古代餐饮中的"礼"是如何表现的？

3）西餐源于古罗马，为何兴盛于法国？

4）你如何看待中国团体供餐机构的发展前景？

5）你如何看待网络订餐+送餐的餐饮新业态？

□ 能力训练

▲ 理解与评价

点评西方国家（尤其是美国）餐饮业向用餐者收取小费的现象。中国的餐饮企业是否也可以收取小费？

▲ 案例分析

训练项目

案例分析-Ⅰ

相关案例

置于酒店顶层的咖啡厅

背景与情境：有一家新开张的酒店，因当初设计时没有在底层留有足够的空间，于是将咖啡厅设在了整个酒店建筑的顶层。同期，整个酒店的生意不错，唯独这间咖啡厅经过半年的运转，虽然服务人员与管理人员都十分努力，但生意仍然十分冷清。

问题：

1）同期酒店的生意不错，为何咖啡厅的生意却不好？

2）咖啡厅的生意不理想与其所处空间位置有关吗？

3）如何改善这间咖啡厅的经营状况？

训练要求：

1）形成性要求

（1）学生分析案例提出的问题，拟定《案例分析提纲》；

（2）小组讨论，形成《案例分析报告》；

（3）班级交流、相互点评和修改各组的《案例分析报告》，教师对经过交流和修改的各小组的《案例分析报告》进行点评；

（4）在校园网的本课程平台上展出经过修改并附有教师点评的优秀《案例分析报告》，供学生借鉴。

2）成果性要求

以经过班级交流和教师点评的《案例分析报告》为最终成果。

▲ 实训操练

训练项目：独立餐饮机构与酒店（宾馆）餐饮机构异同调研

训练任务：比较独立餐饮机构与酒店（宾馆）餐饮机构的异同。

训练要求：分别访问几家独立的餐饮机构和酒店（宾馆）下属的餐饮机构，弄清它们之间的共性与区别。

训练步骤：

1）将班级学生分成若干组，每组确定1个负责人。

2）各组学生结合实训内容，在两类餐饮机构中选定若干家进行调研，调研的重点在"异同"。

3）各组将通过调研所获得的"异同"情况因子，按权重大小进行排序。

4）全班以组为单位进行交流、讨论。

5）老师进行概括、归纳、总结。

6）形成各组的实训报告，并借助各种平台进行展示、交流。

▲ 自主学习

自主学习-Ⅰ

训练步骤：

1）将班级同学组成若干个"自主学习"训练团队，每队确定1个负责人。

2）各团队根据训练项目的需要进行角色分工。

3）通过校图书馆、院资料室和互联网，查阅"文献综述格式、范文及书写规范要求"和近三年以"中国内地各类餐饮企业的表现形式及基本特点"为主题的前沿学术文献资料。

4）综合和整理以"中国内地各类餐饮企业的表现形式及基本特点"为主题的前沿学术文献资料，依照"文献综述格式、范文及书写规范要求"，撰写《"中国内地各类餐饮企业的表现形式及基本特点"最新文献综述》。

5）在班级交流各团队的《"中国内地各类餐饮企业的表现形式及基本特点"最新文献综述》。

6）在校园网的本课程平台上展出经过修订并附有教师点评的各组《"中国内地各类餐饮企业的表现形式及基本特点"最新文献综述》，供学生相互借鉴。

□ 课程思政

训练项目

课程思政-Ⅰ

相关案例

火锅里面竟然有罂粟壳

背景与情境： 一位读者来电反映：我和朋友一起去北环那边吃火锅，吃了一会儿，在锅里发现了一个东西，当时以为是颗红枣，就拣出来放在旁边的盘子里，快吃完的时候，朋友夹起来一看，这不是罂粟壳吗！当时我还说不会的，这家火锅店挺有名的，应该不会干这种事情。我把这个东西带回家给我的家人看，结果爸妈都说像罂粟壳。我还上网查了一下，基本肯定就是罂粟壳。

资料来源　张卫华. 火锅店吃到"罂粟壳"那只是调味"草果"[EB/OL]. [2012-09-26]. http://dfcn.mzyfz.com/detail.asp?cid=260&dfid=18&id=86251.

问题：

1）企业追求利润与坚守伦理道德有矛盾吗？

2）试就此类火锅店的行为做出思政研判。

3）在火锅中投放罂粟壳有什么作用？

4）通过网上或图书馆调研等途径，搜集你做思政研判的相关依据。

5）该案例对你有何启示？

训练要求：

1）形成性要求

学生以班级小组为单位组建学习团队，研判案例提出问题，拟出《思政研判提纲》；小组讨论，形成团队《思政研判报告》；班级交流，教师对各团队《思政研判报告》进行点评；在校园网的本课程台上展出经过修订并附有教师点评的各团队《思政研判报告》，供学生相互通借鉴。

2）成果性要求

以经过班级交流和教师点评的团队《思政研判报告》为最终成果。

第2章　餐饮企业的地位、任务和经营特点

学习微平台

思维导图2-1

● 学习目标

通过本章的学习，应当达到以下目标：

职业知识：学习和把握"餐饮企业的地位、任务和经营特点"的相关概念，餐饮企业的地位，餐饮企业的任务，餐饮生产、餐饮销售和餐饮服务的特点，以及"业务链接"等知识；能用其指导本章"同步思考"、"教学互动"和"基本训练"中"知识训练"各题型的认知活动，正确解答相关问题。

职业能力：点评"工业企业与餐饮企业在运营上的异同"，训练专业理解力与评价力；运用本章知识研究相关案例，培养在"餐饮企业的地位、任务和经营特点"的特定情境中分析问题与多元表征的能力；参加"关于餐饮服务中的'同步性'的体验"实训，训练相应的专业技能。

课程思政：结合本章教学内容，依照相关规范或标准，对"课程思政2-1"专栏和章后"课程思政-II"等案例情境中的企业或其从业人员服务行为进行思政研判，培养高尚的道德情操，树立社会主义核心价值观。

引例：宾馆餐饮经营的再定位

背景与情境：中国的宾馆业（酒店业）与中国的改革开放几乎同时起步的。在起步阶段，由于当时社会上的大多数酒店档次低、服务差、经营管理落后，因此宾馆行业凭借自身高雅的环境、优厚的待遇，成为年轻人就业的向往之处。宾馆餐饮也因其高档的产品、一流的服务，在餐饮业中独占鳌头，成为高档餐饮的代名词。随着改革开放的日益深入，公款餐饮消费的日益萎缩，以及大量国有商业系统酒店的转制，民营高档餐饮企业如雨后春笋般成长起来，宾馆餐饮在高档餐饮层次一枝独秀的局面已成为历史。宾馆餐饮在日趋激烈的竞争中，必须对自己进行再定位。

资料来源　根据作者的工作观察与积累所得。

上述案例表明，随着社会和行业的发展，各种餐饮机构都要与时俱进，不断调整其市场定位、经营理念、管理和服务方式，这样才能在激烈的市场竞争中取胜。

2.1　餐饮企业的地位

餐饮企业不仅要满足客人对餐饮产品和服务的需求，还要在社会上树立良好的企业形象，为企业创造较好的经济效益。

1）餐饮企业可以生产出满足人们基本生活需要的产品

告子曰："食、色，性也。"民以食为天，人类为了维持生命和健康，必须摄取食物。西方著名心理学家马斯洛将人类的需求从低到高分为五个层次，其中生理需求（包括饮食需求）是最基本的需求。餐厅、宴会厅、酒吧，乃至音乐茶座、KTV包房等，都为消费者提供了美味可口的食品和幽雅的就餐环境。

2）对酒店而言，餐饮部的收入是其总收入的重要组成部分

餐饮部是酒店获得收入的重要部门之一。餐饮部的收入在酒店总收入中所占的比重，会受到酒店本身的经营理念、经营传统、所处地理位置、内部装潢设计和档次等主、客观条件的影响。目前，对我国南方沿海经济发达地区的酒店而言，其餐饮收入已大大超过客房收入，占整个酒店营业收入的1/2以上，这同西方发达国家的酒店餐饮收入所占比重是一致的。因为酒店的客房数量是固定不变的，所以酒店客房的最高收入是一个常量；而餐饮部的最高日收入是一个变量。

3）对酒店而言，餐饮部的管理水平和服务水平会直接影响其声誉

餐饮服务水平是宾客能够直接感受和体会到的，而决定餐饮服务水平高低的内在因素则是酒店餐饮管理水平的高低。餐饮管理水平制约了餐饮服务水平，而餐饮服务水平是餐饮管理水平的最终表现。

酒店餐厅的服务人员与宾客直接接触，其一举一动都会在宾客心目中留下深刻的印象。餐饮管理水平和服务水平高，不仅能留住本店客人，还会吸引本地居民，同时带动酒店其他部门的销售。因此，餐饮部的管理水平和服务水平会直接影响酒店的声誉。

学习微平台

延伸阅读2-1

课程思政 2-1

明星餐厅高开低走，接连关门

背景与情境： 2014 年，著名青年作家韩某与友人创立了"很高兴遇见你"餐饮品牌，主营创意菜。一年内，通过加盟和直营的方式，该品牌迅速在全国开设了多家分店。也正因为扩张速度如此之快，"很高兴遇见你"一时声名鹊起。

通过加盟的方式，"很高兴遇见你"实现了快速扩张，但这也对其品牌管理能力提出了考验。如果一味地加盟扩张，而不对加盟商进行约束和管理，迟早是要吃亏的。"很高兴遇见你"就这样栽了大跟头。

"很高兴遇见你"武汉分店因为鼠患问题和无证经营问题被强制关停，这家餐厅已不是第一次出问题了；宁波分店涉嫌无证经营被罚款 28 万元后，又因经营不善关门；苏州分店遭遇装修公司讨薪问题被新闻报道；深圳分店因后厨卫生脏、乱、差被《法治时空》节目报道，如此等等。

"很高兴遇见你"在急速扩张的同时，忽略了最重要的经营管理，导致服务、卫生等相关问题接连发生。店越多，口碑越差。

资料来源　佚名. 明星餐厅纷纷关门，给做餐饮的你什么样的启示？[EB/OL]. [2017-11-02]. http://www.sohu.com/a/202041433_100012929.

问题： 从思政角度评析本案例。

研判提示： 不负责任地恣意扩张，实际上也是一种不道德的行为。

4）对酒店而言，餐饮部的经营活动是其营销活动的重要组成部分

在日趋激烈的酒店市场竞争中，餐饮部一直充当着酒店营销的先锋，居于极其重要的地位。与酒店其他营业部门相比，餐饮部在竞争中更具有灵活性、多变性和可塑性。就现代酒店而言，如果是同星级的，那么其客房设施标准相对比较接近，餐饮和其他服务设施则常被客人作为挑选酒店时考虑的重要因素，因此餐饮部的经营活动是酒店营销活动的重要组成部分。例如，锦江国际（集团）有限公司所属的酒店大部分是在中华人民共和国成立前建造的，虽然设备、设施等已进行过更新改造，但在硬件方面与同星级的新建酒店相比，仍存在着一些不足。在这种不利条件下，锦江人扬长避短，发挥自己经营历史悠久、具有众多特色的优势，使每家酒店的餐饮都独树一帜，从而吸引了众多客人光顾。

5）餐饮企业是吸纳劳动力的重要部门

餐饮企业能够提供的工作岗位较多，并且这些岗位对员工素质的要求并不苛刻，因此餐饮企业是吸纳社会劳动力的重要部门，客观上为社会减轻了一定的就业压力。

同步思考 2-1

背景与情境： 在国内外不少地方，尤其是沿海经济发达地区，酒店餐饮的营业收入比酒店客房的营业收入要高，但酒店餐饮的利润却比酒店客房的利润低。

　　问题： 为什么有些酒店的餐饮收入高于客房收入，餐饮利润却低于客房利润？

　　理解要点： 从餐饮总成本与客房总成本的构成内容不同的角度去理解。

2.2　餐饮企业的任务

　　餐饮企业主要承担着向宾客提供优质菜肴、饮料、点心和服务的重任，并通过满足用餐者的合理需求创造更多的经济效益。

　　1）向宾客提供以菜肴为主的有形产品

　　这是餐饮企业最基本的任务，也是首要任务。各种档次、风格的餐饮企业都必须依据自己的市场定位和经营策略，向宾客提供能够满足其需要的优质实物产品。

　　2）向宾客提供恰到好处的服务

　　餐饮企业生产、提供有形产品，但要使这些有形产品最终转化为商品，还必须依赖于餐饮服务人员的服务。宾客在购买餐饮产品的同时，更希望获得迅速、周到的服务，以及友好、愉快等精神方面的享受。

　　需要注意的是，这种服务必须是恰到好处的。恰到好处的服务首先应该是及时的，其次应该是有针对性的，最后必须是与客人的心理需求相吻合的。

　　3）增收节支，搞好餐饮经营管理

学习微平台

延伸阅读2-2

　　增加餐饮收入与餐饮利润是餐饮企业的主要目标。餐饮企业应依据所在地的市场变化情况以及自身的状况，设定经营范围、服务项目和产品品种。餐饮企业可以充分利用各种节日、会议、重大活动等进行推销，通过举办各种食品节、推出新颖的餐饮产品和用餐方式等，提高餐饮产品的销售量；也可以采用扩大用餐场所、提高接待能力等手段扩大经营；还可以通过提供外卖、上门服务等方法，扩大餐饮服务范围，以达到增加餐饮收入的目的。

　　对酒店餐饮部来说，餐饮成本较高，其中餐饮原料成本将占到餐饮总成本的50%左右。餐饮产品从原料到成品经历的环节较多，成本控制的难度较大，因此造成的浪费和损失也较多，这就需要酒店餐饮部制定严密、完整的操作程序和成本控制措施，并加以监督、执行。

　　业务链接2-1

酒店餐饮收入应该并且可以超过客房收入

　　在西方国家以及中国南方沿海经济发达地区的酒店，餐饮设施比较齐全，餐饮营业面积也较大。这些酒店的餐饮收入所占比重同样较大，其中很多酒店的餐饮收入已经超过了其客房收入。

产生这种现象的原因是多方面的。首先，这些地方的经济发达，居民生活水平一般较高，居民经常在外就餐；其次，这些地方的居民对饮食消费比较讲究；最后，这些地方的酒店迎合了居民的这些生活需求，主动为他们提供服务。这一现象为国内许多地方的酒店做大餐饮经营提供了很好的示范。

4）要为酒店树立良好的社会形象

酒店餐饮部接触的客人面广、量大，并且是直接接触、面对面服务，因此其给宾客留下的印象最深，会直接影响宾客对整个酒店的评价。因此，餐饮部还要为酒店树立良好的社会形象。

2.3　餐饮企业的经营特点

本节拟从餐饮生产、餐饮销售和餐饮服务三个方面阐述餐饮企业的经营特点。

2.3.1　餐饮生产的特点

餐饮企业既生产有形的实物产品，如各类美味佳肴，又生产无形的服务产品，如良好的进餐环境和热情周到的接待服务等。与其他产品的生产相比，餐饮生产具有以下特点：

1）餐饮生产属于个别定制生产，产品规格多、批量小

餐厅销售的菜肴基本上是在客人进入餐厅后，经客人选点后制成的。这与工业产品不同，工业产品一般是大批量生产的、统一规格的、预先生产好的。这就给餐饮产品的质量管理和统一标准带来了一定的难度。

2）餐饮生产过程时间短

餐饮产品基本上是现点、现做、现消费，客人从点菜到消费的时间相当短暂。一家生意兴隆的餐厅，只有依靠经验丰富的厨师，才能满足客人对时间的苛求。

3）餐饮生产量难以预测

与工业产品的生产不同，只有客人上门，餐厅才会有生意可做，而客人到来的时间、人数、消费要求等在很多情况下是难以准确预估的，因此餐饮生产量的随机性很强。

4）餐饮原料、成品容易变质

餐饮原料、成品在属性上均属于食品类，门类众多，且大多数原料是鲜活产品，具有很强的时间性和季节性，处理不当极易腐烂变质。餐饮原料及成品的质量与时间呈反比关系。

5）餐饮生产过程的管理难度较大

餐饮生产过程中涉及的业务环节很多，包括食品原料的粗加工、切配、烹饪等，任何一个环节出现差错，都会影响产品的质量，因此餐饮生产过程的管理难度较大。

同步思考2-2

背景与情境：许多服务企业由于具有与工业企业相似的特征，因此采取了与工业企业类似的管理方法，部分餐饮企业的厨房便是如此。但是在管理实践中，餐饮企业的厨房并不能原封不动地照搬工业企业的管理方法。

问题：同工业品的生产加工相比较，厨房产品的生产加工过程中少了哪个环节？这一环节对餐饮经营有什么影响？

理解要点：从厨房产品是否需要储存的角度来考虑。

2.3.2 餐饮销售的特点

1）餐饮销售额受餐饮经营空间大小的限制

餐饮企业接待宾客的人数会受到餐饮经营空间大小、餐位数量多少的限制。因此，在已确定的硬件条件下，餐饮企业只有改善就餐环境，提高服务质量，才能提高餐饮销售额。

2）餐饮销售额受就餐时间的限制

人们的就餐时间大致相同。就餐时间一到，餐厅宾客盈门；就餐时间一过，则餐厅门可罗雀。餐饮就餐时间呈现明显的间歇性。因此，餐饮企业应在正常就餐时间之外做文章，如延长营业时间、提供送餐服务等，这样才能提高餐饮销售额。

教学互动2-1

背景资料：2016年，全国餐饮收入增长约10%，但互联网餐饮收入增长约300%。

互动问题：互联网餐饮是否能够弥补餐厅场地面积有限所致的销量瓶颈？

要求：同"教学互动1-1"的"要求"。

3）餐饮经营毛利率较高，资金周转较快

中、高档餐饮企业的综合毛利率一般都较高。以三星级酒店为例，其餐饮综合毛利率一般在50%左右，四星级和五星级酒店的餐饮综合毛利率更高，在70%左右。如果餐饮企业能够做好有关费用的管理，则可获得相当高的纯利润。此外，餐饮原料大部分是当天采购、当天生产，餐饮成品也是当天销售，因此餐饮企业的资金周转较快。

业务链接2-2

"毛利"与"毛利率"

对餐饮企业来说，毛利是指销售收入减去食品原料成本后的余额，因其中还含有商品流通费、税金等项目，故被称为毛利。毛利率通常是指毛利在销售收入中所占的比重。

4）餐饮经营中的固定成本占有一定比重，变动成本所占比重更大

对各种餐厨设备、储存设备的投资，使得餐饮经营活动中的固定成本占有一

定比重。此外，餐饮变动成本，如部分员工的薪酬，水、电等的费用，餐饮原料的采购费用等，则占有更大的比重。因此，餐饮企业的员工必须尽量减少原材料的消耗，降低各项费用指标，以节支的方法，达到增收的目的。

同步案例2-1

一听"天价"可乐

背景与情境：一个炎热的夏天，某一线城市郊区乡镇的一位村主任去市里办事，事毕恰好路过一家五星级宾馆，炎热的天气使他什么都没想就进入了宾馆的大堂吧。服务员热情地招呼其入座，并询问他要喝些什么，这位村主任看看周围，见有人在喝可乐，便说："来一听可乐。"饮毕，服务员递上账单，村主任吓了一大跳，一听可乐的售价居然为50元。

资料来源　根据相关资料整理。

问题：这家宾馆对可乐的收费是否合理？

分析提示：这家宾馆在给可乐定价方面并无过错。一听可乐在不同的消费场所，可以卖不同的价格，在五星级宾馆当然可以卖到50元。因为宾馆不仅提供了一听可乐，还提供了相应的服务，以及饮用可乐的场地及环境等。高档宾馆的食品毛利率较高，饮品的毛利率更高。

2.3.3　餐饮服务的特点

餐饮服务可分为直接对客的前台服务和间接对客的后台服务。前台服务是指在餐厅、宴会厅、酒吧等营业场所面对面为宾客提供的服务；后台服务则是指在客人视线不能及的地方，如厨房、管事部等，为直接对客服务提供的保障性服务。前台服务与后台服务相辅相成，后台服务是前台服务的基础，前台服务是后台服务的继续和展现。只有高质量的菜肴，没有良好的前台服务不行；只有良好的前台服务，没有高质量的菜肴也不行。因此，美味佳肴只有配以恰到好处的服务，才会受到宾客的欢迎。

餐饮服务大致有如下特点：

1）无形性

同其他任何服务一样，餐饮服务也很难量化，宾客能感觉到服务的好坏，但不能对服务进行量化的描述。餐饮服务的无形性还指餐饮服务只能在宾客购买并享用了餐饮产品后，才能依据其生理与心理的满足程度来评估餐饮服务质量的优劣。

餐饮服务的无形性给餐饮经营带来了诸多困难，并且提高餐饮服务质量是一项永无止境的工作，这就需要餐饮企业将前台服务与后台服务一起抓，将服务态度、服务技能、产品质量一起抓，以全方位提高餐饮服务水平。

2）一次性

餐饮服务的一次性是指餐饮服务只能当次使用、当场享受。这同酒店的客房、飞机的座位一样，如果客房当日未租出去，或飞机没坐满，那么酒店或航空公司所失去的收入是无法弥补的。因此，餐饮服务人员应接待好每一位宾客，在餐饮服务过程中注意自己的言行举止，给宾客留下良好的印象，争取宾客再次光顾，使头回客成为回头客，使回头客成为常客。

学习微平台

延伸阅读2-3

3）同步性

餐饮服务的同步性是指餐饮企业绝大多数产品的生产、销售和消费都是同步进行的，餐饮产品的生产和销售过程也就是宾客的消费过程。餐饮服务的好坏，会立即受到宾客的检验。因此，这种面对面地直接服务和消费的特点，对餐饮企业的物质条件、工艺技术、人员素质及服务质量等提出了更高、更直接的要求。

4）差异性

餐饮服务的差异性可以从两个方面反映出来：一方面，餐饮服务人员由于受到年龄、性别、性格、受教育程度及工作经历等条件的限制，因此他们为宾客提供的服务肯定不完全相同；另一方面，同一名服务人员在不同的场合、不同的时间、不同的情绪下，其服务方式、服务态度等也会存在一定的差异。因此，餐饮企业应制定餐饮服务质量标准、操作程序标准、督导监管标准，使员工的服务尽可能规范化、标准化，在管理方面也要做到制度化。

同步链接2-1

本章概要

□ 内容提要

本章共分三节，第一节介绍了餐饮企业的地位，第二节介绍了餐饮企业的任务，第三节从餐饮生产、餐饮销售、餐饮服务三个方面阐述了餐饮企业的经营特点。这些内容构成了学习餐饮服务与管理理论的基础与必要条件。

□ 主要概念和观念

▲ 主要概念

餐饮固定成本　餐饮变动成本　餐饮毛利率

▲ 主要观念

餐饮企业的地位　餐饮企业的任务　餐饮服务的特点

□ 重点实务

餐饮生产的特点　餐饮销售的特点

基本训练

□ 知识训练

▲ 复习题

1）现代餐饮企业的地位如何？

2）现代餐饮企业的任务有哪些？

3）现代餐饮企业在经营方面的特点有哪些？

▲ 讨论题

1）谈谈人们前往餐厅用餐的原因。

2）为什么说餐厅为宾客提供的服务应该是"恰到好处"的？

3）餐饮服务的差异性是怎样表现的？

□ 能力训练

▲ 理解与评价

点评工业企业与餐饮企业在运营上的异同。

▲ 案例分析

训练项目

案例分析–Ⅱ

相关案例

餐饮服务的"一次性"

背景与情境：20世纪90年代中期，某一线城市的一家五星级酒店宴会厅内，该市的一位副市长身着白色西服套装，正在主持一个宴会，款待西方的一位政要。宴会进程已过半，宾主双方的交谈渐入佳境，气氛相当热烈。此时，值台服务员正在上菜，不知什么原因，服务员手中的餐盘翻倒在了侃侃而谈的副市长的身上。顷刻间，宾主与服务员均满脸通红，十分尴尬。宴会厅经理与其他服务员赶紧将洒在副市长身上的菜及汤汁擦去，并立刻找了一件合身的西装给副市长换上，宴会得以继续进行。在宴会即将结束的时候，值台服务员手捧干净如初的白色西服出现在宴会厅，副市长接过西服时认真地说："你们的餐饮服务，当然还包括后面的补救措施及速度，将使我永远难忘！"

资料来源　根据教学案例整理。

问题：

1）餐饮服务的"一次性"在反面是如何体现的？

2）餐饮服务的"一次性"在正面是如何体现的？

3）如果你是那位值台服务员，你会如何处理？

训练要求：同第1章"基本训练"中本题型的"训练要求"。

▲ 实训操练

训练项目：关于餐饮服务中的"同步性"的体验

训练任务：体验餐饮服务中服务主、客体之间的"同步性"。

训练要求：通过角色模拟，体验餐饮服务中服务主、客体之间的"同步性"。

训练步骤：

1）将班级学生分成若干组，每2～3人为一组，每组确定1个负责人。

2）各组学生结合餐厅用餐体会，1人扮演用餐者，1人扮演服务员，1人扮演观察员，进行用餐服务过程的演绎，然后进行角色轮换。

3）每位同学在小组内分别就自己所扮演的角色进行交流、讨论。

4）小组选派代表在班级内进行交流、讨论。

5）老师进行概括、归纳、总结。

6）形成各组的实训报告，并借助各种平台进行展示、交流。

□ 课程思政

训练项目

课程思政 - Ⅱ

相关案例

世界著名餐饮企业不光彩的一面

背景与情境： 使用"代号"和"暗语"与"上司"单线联系，乔装打扮，不能向家人或朋友透露行踪，还要学会跟踪和"甩"掉对手。这是 2012 年央视"3·15"晚会前，央视记者卧底各个行业调查的写照。

2012 年央视"3·15"晚会，在麦当劳卧底的记者曝光了北京三里屯麦当劳店将过期食品再次重复保存，以及生牛肉饼掉在地上后员工捡起继续用的黑幕。在暗访中，麦当劳员工对记者称"油煎一下细菌就都死了，没事儿"。央视曝光之后，麦当劳在第一时间对三里屯门店进行了停业整顿，并对涉事员工进行了详细调查。

资料来源　司马屹杰. 这些年，谁在曝光麦当劳和肯德基的丑闻 [EB/OL]. [2014-07-22]. http://roll.sohu.com/20140722/n402628108.shtml.

问题：

1）过期食品继续保存，是否违反职业道德与企业伦理？

2）生牛肉饼掉在地上后继续使用，是否违反职业道德与企业伦理？

3）请对案例中企业的行为做出你的思政研判。

训练要求： 同第 1 章"基本训练"中本题型的"训练要求"。

第3章 餐饮企业的组织结构及主要岗位的职责

学习微平台

思维导图3-1

- ● **学习目标**
- 3.1 社会餐饮企业的组织结构及主要岗位的职责
- 3.2 酒店餐饮部的组织结构、主要岗位的职责及与其他部门的关系
- ● **本章概要**
- ● **基本训练**

● 学习目标

通过本章的学习，应当达到以下目标：

职业知识：学习和把握"餐饮企业的组织结构及主要岗位的职责"的相关概念、社会餐饮企业的组织结构和主要岗位的职责、酒店餐饮部的组织结构和主要岗位的职责、酒店餐厅的表现形式、酒店餐饮部与其他部门的关系，以及"业务链接"等知识；能用其指导本章"同步思考"、"教学互动"和"基本训练"中"知识训练"各题型的认知活动，正确解答相关问题。

职业能力：点评"客人在所住客房用餐后使用的餐具应由哪个部门收回"，训练专业理解力与评价力；运用本章知识研究相关案例，培养在"餐饮企业的组织结构及主要岗位的职责"的特定情境中分析问题与多元表征的能力；参加"社会餐饮企业与酒店餐饮部的组织结构与岗位设置异同调研"实训，训练相应的专业技能。

课程思政：结合本章教学内容，依照相关规范或标准，对章后"课程思政-Ⅲ"案例情境中的企业或其从业人员服务行为进行思政研判，培养高尚的道德情操，树立社会主义核心价值观。

引例：一正八副的酒店领导班子

背景与情境： 因工作关系，笔者与酒店的接触较多。笔者了解到，20世纪90年代，华南某省和中原某省的两家市属酒店领导班子，均为酒店总经理1名、酒店副总经理8名的超常配备。俗话说："一个和尚挑水喝，两个和尚抬水喝，三个和尚没水喝。"当众人都成为领导的时候，往往意味着任何人都不能成为真正意义上的领导，其结果必然是人浮于事、内耗不断。华南某省的那家酒店现已破产、解体。

资料来源　根据相关案例整理。

上述案例表明，"火车跑得快，全靠车头带"。一个企业能否取得成功，其组织结构合理与否起着决定性作用。

3.1　社会餐饮企业的组织结构及主要岗位的职责

3.1.1　社会餐饮企业的组织结构

社会餐饮企业是指由酒店以外的其他组织所开设的餐饮机构，常见的形式有酒楼、快餐店、小吃店等。社会餐饮企业的规模大小相差悬殊，小到只有两三个人的夫妻店，大到可同时供数千人用餐的超大型酒楼。一般而言，社会餐饮企业的组织结构由两部分组成，即负责餐饮服务的前台与负责并保障餐饮前台运行的后台。社会餐饮企业的组织结构如图3-1所示。

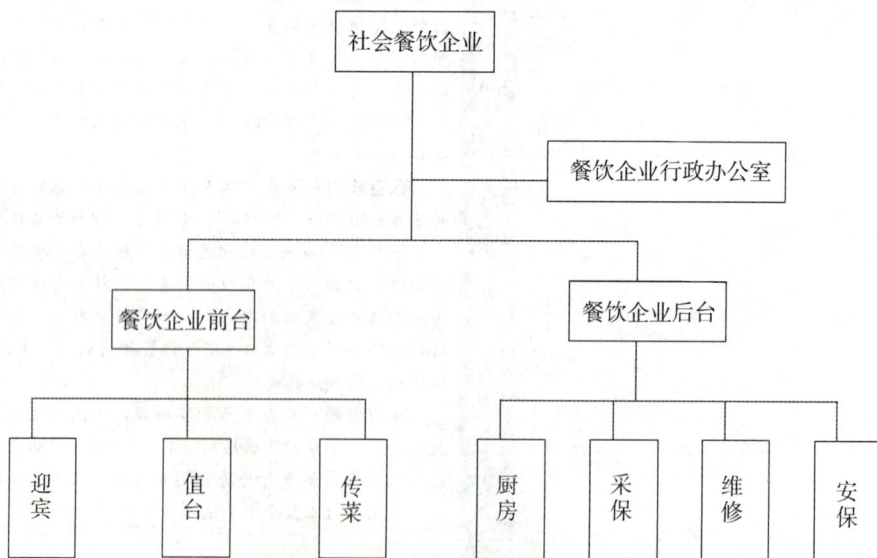

图3-1　社会餐饮企业的组织结构图

业务链接3-1

餐饮服务前台

在中国，一个正常运行的餐饮企业通常由两部分构成，即直接从事餐饮服务的前台和保障餐饮前台正常运行的后台。

前台服务人员包括迎宾员、值台服务员、传菜服务员三种类型，主要负责用餐客人的迎接和领位服务、点菜服务、用餐过程中的桌面服务、菜肴及用具等的传送服务。最近几年，在一些大型餐饮企业中，又出现了专职点菜师岗位，专门负责接受并引导客人的点菜工作。

3.1.2　社会餐饮企业主要岗位的职责

社会餐饮企业的主要工作岗位可以分为两大类，即直接面对用餐客人的服务性工作岗位和位于餐饮企业后台，制作餐饮产品、保证餐饮企业正常运营的生产与保障性岗位。

1）前台服务性工作岗位的职责

（1）迎宾员的岗位职责

迎宾员也称领位员，其主要职责如下：

① 掌握每天的预订信息和餐桌安排，了解当日菜点情况，准确、周到地为客人提供服务。

② 热情主动，礼貌迎客。根据餐桌安排和空位情况，以及客人的不同特点，引领客人到相应的餐桌，保持和各台位服务员的联系。

③ 主动征求客人的意见，微笑送别客人。

④ 参加餐厅餐前准备工作和餐后清扫整理工作。

⑤ 参加班组例会和业务培训，不断提高服务质量。

（2）值台服务员的岗位职责

值台服务员的岗位职责如下：

① 按照餐厅的服务工作程序和质量要求，做好餐前准备、餐间服务和餐后整理清扫工作。

② 了解每天的客源情况，宴会预订、用餐预订和餐桌安排情况，及时、准确、有针对性地提供服务。

③ 掌握当日菜点的供求情况，酌情向客人介绍菜肴和酒水，做好促销工作。

④ 认真听取客人对服务质量和菜点质量的意见，做好信息反馈工作。

⑤ 保持餐厅的环境整洁，确保餐具、布件清洁完好和物料用具完备。

⑥ 做好餐厅财产设备的使用和清洁保养工作。

⑦ 搞好员工之间的团结协作，积极参加业务培训，不断提高业务水平。

（3）传菜服务员的岗位职责

传菜服务员的岗位职责如下：

① 按照餐厅服务规程和质量要求做好送单、传菜工作。

② 负责开餐期间菜单、菜肴和酒水的传递，配合服务员做好菜肴的促销工作。

③ 配合做好餐厅开餐前的准备工作，负责餐厅和厨房之间通道的清洁工作，做好传菜用具和各种调料品的准备工作。

④ 掌握当日菜点的供应情况，熟悉餐厅台位布置，熟记台号，传递点菜单

迅速、正确，按点菜先后次序准确无误地上菜。

⑤ 协助值台服务员及时清理和更换餐具、酒具，做好餐后整理、清扫工作。

⑥ 妥善保管点菜单，以便事后复核审查。

⑦ 积极参加培训，发挥主动性，搞好员工之间的团结协作，完成上级交办的其他任务。

业务链接3-2

餐饮服务后台

餐饮后台的工作主要是保障餐饮前台的工作正常运行。餐饮后台的工作部门主要包括：负责餐饮产品制作的厨房；负责食品原料采购和保管的采保部门；负责硬件设施及设备正常运行维护及保养的工程部门；负责企业日常运行的安全保卫部门；企业的其他行政部门。

2）后台生产与保障性岗位的职责

（1）厨师的岗位职责

厨师的岗位职责如下：

① 按照工作程序与标准及上级的指派，优质、高效地完成菜点的制作，并及时供应餐厅销售。

② 按照工作程序与标准做好开餐前的准备工作。

③ 保持本岗位工作区域的环境卫生，做好本岗位工具、设备、设施的清洁、维护和保养工作。

④ 完成上级指派的其他任务。

（2）物品采购人员及仓库保管人员的岗位职责

物品采购人员的岗位职责如下：

① 根据采购主管分配的采购申请单选择供应商、报价。

② 依据批准后的采购订单取得付款票据，实施购买。

③ 具体办理提货、交验、报账手续。

④ 保存采购工作的必要原始记录，做好统计，定期上报。

⑤ 随时了解市场情况，提供市场信息，努力降低采购成本。

仓库保管人员的岗位职责如下：

① 负责填写采购申请单，注明各种物资的名称、数量，写明库存量、月用量、申购量，确认无误后交上级审批。

② 货物入库必须严格检验，检查货物的数量、规格及质量，符合要求后方可入库。

③ 物品装卸要轻拿轻放，分类摆放整齐，杜绝不安全因素。

④ 加强对库存物品的管理，落实防火措施，保证库存物品完好无损、存放合理、整齐美观。

⑤ 到货后要及时入账、准确登记。

⑥ 发货时要按规章制度办事，领货手续不全不发货，如有特殊原因，必须

学习微平台

延伸阅读3-1

得到仓库及其他相关领导的审批后方可出库。

⑦ 发货后要及时按发货单办理物品出库手续，登记有关账卡。

⑧ 与用料部门保持联系，了解物品的使用情况，迅速、高效地完成本职工作。

⑨ 积极配合财务部门做好每月的盘点工作，做到物卡相符、账卡相符、账账相符。

⑩ 下班时要及时检查库房有无安全隐患，关闭电源，锁好库门，按照规定放好仓库钥匙。

（3）工程设备维护与保养人员的岗位职责

工程设备维护与保养人员的岗位职责如下：

① 确保水、电、气等的正常供给并控制其能耗。

② 负责工程设备的选择与评估。

③ 负责工程设备的日常管理。

④ 负责工程设备的安装与调试。

⑤ 负责工程设备的维护、保养与修理。

⑥ 负责工程设备的技术管理。

⑦ 负责工程设备的配件管理。

⑧ 负责工程设备的改造、更新。

⑨ 负责经营区建筑、装饰的养护与维修。

⑩ 负责建筑的改建、扩建与新建。

（4）安保人员的岗位职责

安保人员的岗位职责如下：

① 执行、落实国家安全保卫工作的方针、政策和有关法律、法规及企业的规章制度。

② 协助领导对员工进行有关防火、防盗的教育。

③ 将安全岗位责任制落实到人，保证用餐客人的人身及财产安全。

④ 配合国家有关机关对违法犯罪活动进行调查取证。

⑤ 对企业的重点部位制定安全管理制度，加强检查并加以落实。

⑥ 认真贯彻消防法规，学习宣传防火、灭火知识，并定期开展消防演练。

⑦ 维护企业的营运秩序。

同步思考3-1

背景与情境：若干年前，杭州菜风生水起，在杭州经营杭州菜的一些大型餐馆生意兴隆。为了提供专业、高效的对客服务，这些餐馆率先在行业内设立了专职点菜员岗位，挑选那些责任心强、长相好、头脑灵活，口齿伶俐的女孩，经过专业培训后，担任此项工作。经了解，专职点菜员的工作业绩远超值台服务员。

问题：为什么专职点菜员的工作业绩能够超过值台服务员？

理解要点：从有关劳动专业化分工的理论中去寻找答案。

3.2 酒店餐饮部的组织结构、主要岗位的职责及与其他部门的关系

3.2.1 酒店餐饮部的组织结构

餐饮部是酒店经营部门中最重要的部门之一，所辖面很广，各营业点分散于酒店的不同区域、楼面；它是酒店唯一生产实物产品的部门，集生产、销售、服务于一身，管理过程全、环节多；它拥有的员工数居酒店首位，且工种多、员工文化程度差异大。在酒店业盛行着这样的说法：餐饮部是酒店最难管理的一个部门。这种说法是有一定道理的。

酒店餐饮部的规模不同，其组织结构也不尽相同。

1）小型酒店餐饮部的组织结构

小型酒店餐饮部的组织结构比较简单，分工也很简单。小型酒店餐饮部的组织结构如图3-2所示。

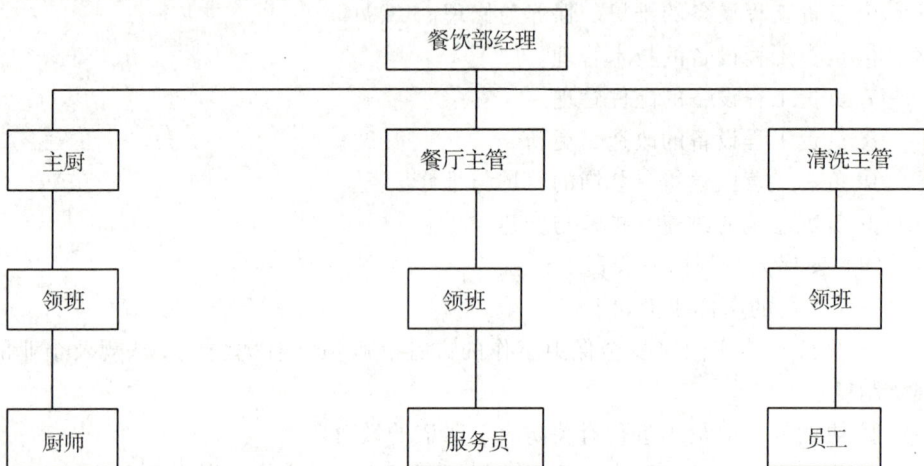

图3-2　小型酒店餐饮部的组织结构图

2）中型酒店餐饮部的组织结构

与小型酒店餐饮部相比，中型酒店餐饮部的分工更加细致，功能也较全面。中型酒店餐饮部的组织结构如图3-3所示。

3）大型酒店餐饮部的组织结构

大型酒店餐饮部的组织结构复杂、层次多、分工细致。大型酒店餐饮部的组织结构如图3-4所示。

教学互动3-1

背景资料： 国内外大型星级酒店几乎都在餐饮部设立了"餐饮总监"一职，总领餐饮部的日常运行管理。

互动问题： 在何种情况下，酒店餐饮部会设立"餐饮总监"一职？

要求： 同"教学互动1-1"的"要求"。

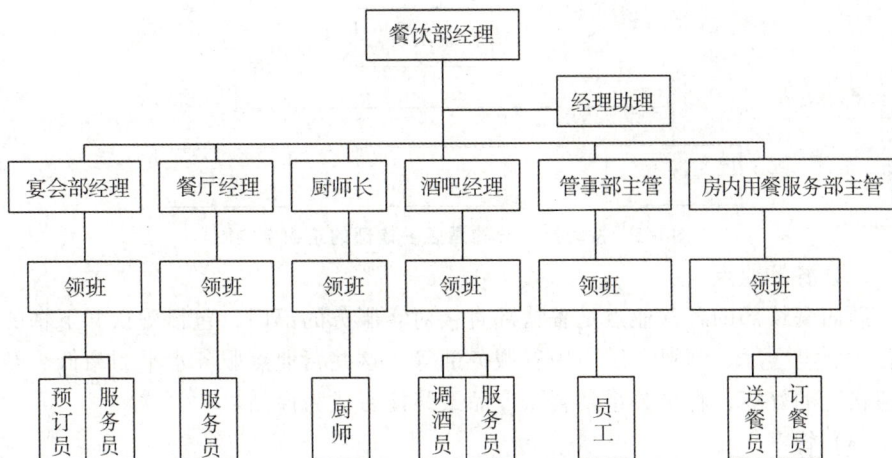

图3-3 中型酒店餐饮部的组织结构图

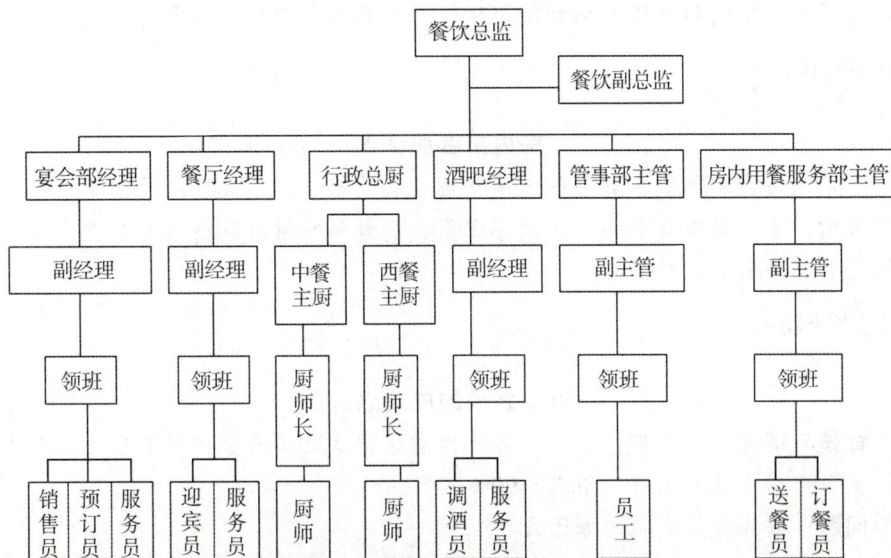

图3-4 大型酒店餐饮部的组织结构图

3.2.2 酒店餐饮部主要岗位的职责（按功能划分）

前面我们按照酒店规模的不同，列举了小型、中型和大型酒店餐饮部的组织结构图。如果进一步研究，我们不难发现，无论酒店餐饮部的规模是大是小，其基本功能都是相同或相似的。

1）按功能划分的酒店餐饮部的组织结构

按功能划分的酒店餐饮部的组织结构如图3-5所示。

2）各部门的职责

各部门的职责如下：

（1）厨务部

厨务部负责餐饮产品中的菜肴、点心等的烹饪加工。从过程上看，从原料的初加工到菜肴出品，均由厨务部负责。

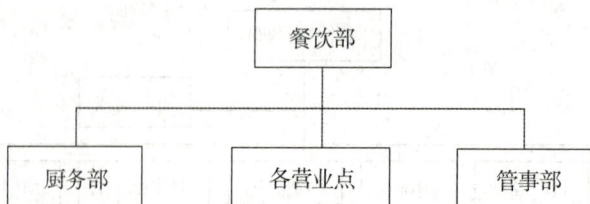

图3-5　按功能划分的酒店餐饮部的组织结构图

（2）各营业点

酒店餐饮部的各营业点是餐饮部直接对客服务的部门，包括餐饮部下辖的各类餐厅、宴会厅、酒吧、房内用餐服务部等。这些营业点服务水平的高低、经营管理状况的好坏，直接关系到餐饮产品最终能否成为商品。

（3）管事部

管事部是餐饮经营的后勤保障部门，担负着为前台和后台正常运转提供物资用品的重任，同时负责以及后台的卫生清洁和贵重餐具的保管和保养工作。

业务链接3-3

房内用餐服务部

酒店的房内用餐服务部一般隶属于酒店餐饮部，其主要任务是向需要在客房内用餐的客人提供膳食服务。在业务方面，用餐结束后餐具的收拾、撤出等工作需要得到客房服务人员的帮助。

同步案例3-1

锦江之星的成功之道

背景与情境：近年来，全国知名快捷酒店锦江之星的整体发展取得了长足进步，客房年均出租率保持在80%～90%。

问题：锦江之星成功的原因是什么？

分析提示：锦江之星成功的原因，除了准确的产品市场定位之外，简洁的组织结构设置也功不可没。锦江之星的所有门店一般只设两个部门，即营业部与管理部。营业部负责前厅、客房、餐饮等对客服务部门的运行、服务与管理；管理部负责后台运行，以及前台运行的后勤保障工作。

由于酒店的前厅、客房、餐饮等对客服务部门统一由一个部门管理，因此保证了酒店在对客服务方面能够以一种声音、一样的行为出现。

3.2.3　酒店餐厅的表现形式

酒店餐厅常见的表现形式有：

1）咖啡厅（Coffee House）

咖啡厅是酒店中营业时间最长（高星级酒店一般24小时营业），以供应中西餐及本地小吃为主的餐厅。

2）中餐厅（Chinese Restaurant）

中餐厅在供应食物的品种、装潢、服务等方面，都具有中国特色。酒店中的中餐厅因提供的菜肴所属地区不同而风格各异。

3）西餐厅（Western Restaurant）

顾名思义，西餐厅即专门供应西餐的餐厅，一般设在中高级酒店，从提供的产品、餐厅的装修、服务员的服装、使用的餐具到服务的方式等，都体现了欧美国家的风格。国内酒店的西餐厅主要提供美式服务。

4）多功能厅（Multifunction Room）

多功能厅是用于举行各种宴会、酒会、自助餐和其他各种会议等活动的场所，一般可分割为大小不同的区域。

5）风味特色餐厅（Flavor Restaurant）

风味特色餐厅是供应本地或本酒店特色菜肴的餐厅，如海鲜厅、野味厅或日本餐厅、韩国餐厅、意大利餐厅等。

6）其他种类餐厅（Other Kinds of Restaurants）

其他种类餐厅的表现形式多样，如花园餐厅、池畔酒吧、旋转餐厅、屋顶餐厅、休闲餐厅等。

虽然酒店餐厅的表现形式多种多样，但无论采用何种形式，餐饮销售对酒店来说都是非常重要的，因此酒店应尽可能地利用每种有潜力、能盈利的餐饮形式。除了酒店本身的住客以外，酒店还应该尽全力招徕同一市场上的其他顾客和本地有消费能力的消费者来酒店餐厅用餐。

3.2.4　酒店餐饮部与其他部门的关系

1）酒店餐饮部同前厅部的关系

酒店餐饮部与前厅部之间的关系主要体现在内部信息的沟通和工作的协调上，具体表现为：

（1）根据前厅部提供的住客量预测餐饮日常销量。

（2）根据前厅部提供的团队用餐单安排团队客人的餐饮活动。

（3）根据前厅部提供的贵宾入住通知及接待规格在贵宾的客房中放置水果、花篮、点心及"欢迎卡"等。

（4）根据前厅部提供的住店客人的信用信息，决定是否允许其赊账等。

（5）主动向前厅部提供大型餐饮活动、重要宴会等方面的信息。

2）酒店餐饮部同销售部的关系

酒店餐饮部与销售部的关系主要体现在以下三个方面：

（1）与销售部互通信息，向销售部提供各种餐饮促销资料。

（2）主动了解销售部掌握的就餐客人对餐饮状况的建议和投诉。

（3）承接由销售部接订的各种餐饮消费活动。

3）酒店餐饮部同采购部的关系

酒店餐饮部与采购部的关系主要体现在以下两个方面：

学习微平台

延伸阅读3-2

（1）餐饮部根据自己的业务活动需要，向采购部提出有关餐饮原料的质量、数量、价格等方面的要求。

（2）主动与采购部沟通，提出有关设备、器具等方面的要求。

4）酒店餐饮部同财务部的关系

酒店餐饮部与财务部的关系主要体现在以下两个方面：

（1）协助财务部做好餐饮日报，以便及时、准确地掌握实际经营情况。

（2）及时向财务部说明餐饮成本的实际情况，协助财务部做好餐饮成本的控制与监督工作。

5）酒店餐饮部同工程部的关系

酒店餐饮部与工程部的关系主要体现在以下两个方面：

（1）协助工程部做好设备的日常保养和维护工作。

（2）有重大接待任务时，应提前通知工程部，协助工程部对宴请场地进行修整。

本章概要

□ 内容提要

本章共分两节，第一节介绍了社会餐饮企业的组织结构及主要岗位的职责，第二节介绍了酒店餐饮部的组织结构、主要岗位的职责及与其他部门的关系。

这些内容有助于初学者从组织层面上对餐饮企业有一个基本、完整的了解。

□ 主要概念和观念

▲ 主要概念

餐厅迎宾员　餐厅值台服务员　餐厅传菜服务员

▲ 主要观念

社会餐饮企业各岗位的职责　酒店餐饮部各岗位的职责

□ 重点实务

不同规模酒店餐饮部组织结构的异同　酒店餐饮部与其他部门的关系

基本训练

□ 知识训练

▲ 复习题

1）餐饮企业的前台主要由哪些岗位组成？

2）从功能上看，酒店餐饮部还可分为哪些部门？

3）酒店餐厅有哪些表现形式？

4）酒店餐饮部与采购部的关系主要体现在哪些方面？

▲ 讨论题

1）酒店餐饮部设立"管事部"的目的是什么？

2）酒店餐饮部内的"客房用餐服务部"是如何开展工作的？

3）除了教材中提及的酒店餐厅形式，酒店内还有哪些餐厅形式？

□ 能力训练

▲ 理解与评价

客人在客房用餐后，使用的餐具应由哪个部门收回？请从业务的角度进行评价。

▲ 案例分析

训练项目

案例分析-Ⅲ

相关案例

餐具的减少

背景与情境： 一家新开张的商务酒店的餐饮管事部发现，餐具每天都在减少。经过调查发现，部分餐具从客房用餐服务部出去后，留在了客房楼层内，没有及时收回酒店餐饮部，从而造成了餐具减少。

资料来源　根据相关案例整理。

问题：

1）为什么这家商务酒店的部分餐具滞留在客房楼层内？

2）高星级酒店在客房用餐服务方面是如何开展工作的？其进入客房的餐具是如何收回的？

3）这家商务酒店应如何改进客房用餐具的服务与管理？

训练要求： 同第1章"基本训练"中本题型的"训练要求"。

▲ 实训操练

训练项目：社会餐饮企业与酒店餐饮部的组织结构与岗位设置异同调研

训练任务：选择一家社会餐饮企业和一家酒店餐饮部，了解其组织结构及岗位设置，并比较其异同。

训练要求：

1）找出两者之间的共同点。

2）指出两者之间的不同点。

训练步骤：

1）将班级学生分成若干组，每5人为一组，每组确定1个负责人。

2）各组学生结合实训要求，至少进入两家企业进行实地走访。

3）每位同学各司其职，进行观察了解，形成自己的结论。

4）小组选派代表在班内进行交流、讨论。

5）本课程任课老师进行概括、归纳、总结。

6）据此形成各组的实训报告，并借助各种平台进行展示交流。

□ 课程思政

训练项目

课程思政-Ⅲ

相关案例

利益驱动下的餐饮外卖

背景与情境： 随着网络的发展，外卖开始走进人们的日常生活。然而，由于餐饮外卖食品安全事故时有发生，因此餐饮食品安全成为全社会关注的焦点。部分餐饮企业无视职业道德与企业伦理，在利益的驱动下，生产的食品不仅严重危害了消费者的健康与生命，而且影响了整个餐饮行业的健康与可持续发展。

资料来源　佚名. 餐饮行业质量问题的现状及对策研究——以餐饮外卖为例 [EB/OL]. [2017-05-11]. https://wenku.baidu.com/view/f9cbc331c4da50e2524de518964bcf84b9d52d9c.html.

问题：

1）本案例中存在哪些思政问题？

2）试对上述问题做出你的思政研判。

训练要求： 同第1章"基本训练"中本题型的"训练要求"。

第二编　餐饮服务

第4章　餐饮服务基本功

学习微平台

思维导图4-1

● 学习目标

通过本章的学习，应当达到以下目标：

职业知识：学习和把握"餐饮服务基本功"的相关概念，托盘的种类、用途及操作方法，餐巾的作用、种类及规格，餐巾折花的种类和基本手法，中西餐宴会摆台，中西餐零点摆台，酒水准备和示酒，酒杯准备，开酒瓶，斟酒及其顺序，以及"业务链接"等知识；能用其指导本章"同步思考"、"教学互动"和"基本训练"中"知识训练"各题型的认知活动，正确解答相关问题。

职业能力：点评"进行白葡萄酒斟倒时，酒瓶外最好使用餐巾包裹的做法"，训练专业理解力与评价力；运用本章知识研究相关案例，培养在"餐饮服务基本功"的特定情境中分析问题与多元表征的能力；参加"餐饮服务基本功的体验"实训，训练相应的专业技能。

课程思政：结合本章教学内容，依照相关规范或标准，对章后"课程思政-IV"案例情境中的企业从业人员服务行为进行思政研判，培养高尚的道德情操，树立社会主义核心价值观。

引例：危险的操作

背景与情境：某餐厅一桌吃火锅的客人正在就餐，看锅下的火小了，就招呼服务员添些酒精。服务员走过来，看火好像灭了，就直接把酒精倒在了酒精炉里。结果火苗呼地一下窜了出来，客人吓得急忙跳开，险些把桌子碰翻。服务员急忙拿湿毛巾压上，才把火熄灭。

资料来源 张永宁. 饭店服务教学案例［M］. 北京：中国旅游出版社，1999.

4.1 托盘

托盘是餐饮服务人员运送各种物品的基本工具，各种餐具、饮品、菜肴等无不用托盘运送。正确有效地使用托盘，可以减少服务人员搬运餐饮物品的次数，提高服务质量和工作效率。

托盘操作时，要求讲究卫生、稳重安全、托平走稳、汤汁不洒、菜形不变。

本节重点介绍托盘的种类、用途及操作方法。

4.1.1 托盘的种类及用途

托盘有大、中、小三种规格，一般用金属或胶木制成，可以满足不同的运送需要，其形状通常有圆形、长方形、正方形、椭圆形等，使用时以圆形居多。大长方形托盘一般用于运送菜点、酒水和盘碟等较重物品。大圆形托盘一般用于展示饮品及分菜、送咖啡或冷饮等。小圆形托盘主要用于递送账单、收款等。

使用托盘运送物品时，应选择与所负载物品大小相称的托盘。

如果所使用的托盘不是防滑托盘，则应用一块湿的托盘巾或者一块湿的餐巾垫在托盘上，以起到防滑作用，这是使用托盘时必不可少的一道程序。

4.1.2 托盘的操作方法

托盘的操作方法按其承载物品重量的不同，分为轻托和重托两种。

1）轻托

学习微平台

延伸阅读4-1

轻托也称胸前托，就是运送比较轻的物品（一般重量在5千克以下）。轻托一般在客人面前操作，因此操作过程的熟练、优雅及准确程度十分重要。轻托还是评价服务人员服务水平高低的标志之一。

轻托适用于中、小型托盘，其操作方法如下：

（1）理盘

根据所托物品选择好托盘，将托盘洗净、擦干，在托盘内垫上干净的垫布，垫布要用清水打湿拧干、铺平拉齐，这样既整洁美观，又可防止盘内物品滑动。

（2）装盘

根据所托物品的形状、体积和使用的先后顺序合理安排，以安全稳妥、便于运送和取用为原则。

托盘操作的主要技巧是把托盘拿平，并在托运过程中随时保持托盘的平衡。为了使托盘平衡，托盘上各种物品的摆法便有了许多讲究。盘内的物品应摆放整齐，横竖成行。当几种物品同装时，一般是重物、高物放在托盘的里侧，轻物、低物放在托盘的外侧；先上桌的物品在上、在前；后上桌的物品在下、在后。盘内物品的重量分布要均匀，这样托盘才能安全稳妥，才能便于服务人员运送和进行有条不紊的服务。

（3）起托

起托时，一般使用左手，方法是左手向上弯曲，小臂垂直于左胸前，肘部离腰部约15厘米，掌心向上，五指分开，以大拇指指端到手掌的掌根部位和其余四指托住盘底，手掌自然形成凹形，掌心不与盘底接触，平托于胸前，略低于胸部。

还有一种方法是：左脚朝前，把左手和左肘放到与托盘相同的平面上。如果有必要，可屈膝和弯腰，用右手把托盘放到左手和左肘上，使托盘最外面的边放在左肘上，而托盘其余部分仍留在原来所在的平面上；伸平左手和左肘，把整个托盘放在左手和左肘上；用右手调整托盘上各种物件的位置，确保托盘安全平衡。

起托时应严格按照操作规范的要求操作。需要注意的是，用大拇指按住盘边，以另外四指托盘底，是对宾客不礼貌的举动，是不符合起托操作规范的。

（4）行走

行走时，要头正、肩平，上身挺直，目视前方，脚步轻快，动作敏捷，注意力集中，使托盘随着步伐在胸前自然摆动，以菜汁、酒水不外溢为限。

行走的步伐可归纳为以下五种：

① 常步：步距均匀，快慢适当，为常用步伐。

② 快步：步距大，步速较快。

③ 碎步：小快步，步距小，步速快。

④ 跑楼梯步：身体向前弯曲，重心前倾，用较大的步距，一步跨两级台阶，一步紧跟一步，上升速度要快而均匀，巧妙利用身体和托盘运动的惯性，保持托盘平衡，这样既快又节省体力。

⑤ 垫步：一般在需要侧身通过时使用，右脚侧一步，左脚跟一步，一步紧跟一步。

同步案例4-1

餐厅值台服务时的穿着有讲究

背景与情境： 女服务员小王自学校毕业来到餐厅后，经过培训，很快就成为餐厅的服务好手。小王人长得漂亮，身材又好，穿一双高跟皮鞋，更显得婀娜多姿。可是有一次，在做一次重要的宴会服务时，小王却在众目睽睽之下一个趔趄将手中的托盘打翻，出现了重大服务差错。

资料来源　根据相关案例整理。

问题： 试分析导致小王出现服务差错的原因。

分析提示：问题出在小王的高跟鞋上。高跟鞋虽然能为体态增色，但是也给服务留下了隐患，因此餐厅服务人员在岗时应着黑色布鞋或平跟鞋。

（5）卸盘

行至目的地后，应将托盘小心地放到工作台上，千万不要在没有放好托盘之前就急于取出托盘上的东西，否则很容易引起托盘重心偏移，致使托盘翻盘。

用轻托的方式给宾客斟酒时，要随时调节托盘的重心，勿使托盘翻掉而将酒水洒在宾客身上。

随着托盘内物品的不断变化，托盘重心也会不断变化，所以左手手指应不断移动，以重新掌握好托盘重心。

从托盘上拿取物品时，要尽量从两边交替取下。

2）重托

（1）重托的概念

重托是托载分量较重的菜点、酒和盘碟的方法，重托运送物品的重量一般在10千克左右。重托的盘子常与菜肴接触，易沾油，使用前要仔细检查和擦洗。

（2）重托的操作方法

重托的操作方法与轻托相似，其不同主要表现在起托时。用双手将盘子的边移至台面外，用右手拿住托盘的一边，左手伸开五指托住盘底，掌握好重心后，用右手协助将盘托起，同时左肘向上弯曲，将托盘擎托于肩外上方，做到盘底不搁肩、盘前不近嘴、盘后不靠发，右手或自然摆动，或扶住盘的前内角，并随时准备避开他人的碰撞。

（3）重托的操作要求

重托时，要求上身挺直、两肩平行，行走时步履轻快、肩不倾斜、身不摇晃，遇障碍物让而不停；起托、后转、行走、卸盘时要掌握重心，保持平稳；动作表情要显得轻松自然；装载要力所能及，不要在托起后随意增加或减少盘内的物品（不然易翻盘）；放托盘时，要屈膝，但不能弯腰。

目前，酒店一般已不太用重托，而改用小型手推车运送重物，这样既安全又省力。虽然如此，重托仍应作为服务员的基本技能加以练习，以备不时之用。

同步思考4-1

背景与情境：中、西餐服务中均会用到托盘，但现代西餐服务中使用托盘的频率远低于中餐服务。

问题：为什么现代西餐服务中使用托盘的频率远低于中餐服务？

理解要点：这是因为西餐服务时更讲究服务过程中服务人员服务技巧、个人风采的展现，所以许多操作都是徒手进行的，以使服务更具观赏性、生动性。

4.2　餐巾折花

餐巾，也称口布，最早起源于西方国家，传入我国已有近百年的历史了。

本节重点介绍餐巾的作用、种类和规格，餐巾花的种类，以及餐巾折花的基本手法等。

4.2.1　餐巾的作用

（1）餐巾是供宾客在进餐过程中使用的对卫生要求较高的布巾

宾客在用餐时，把餐巾衬在胸前或放在膝盖上（中国人习惯将餐巾造型打开后，用骨碟压住餐巾一角，餐巾的其余部分则顺着桌布下垂于就餐者的胸前、膝盖上），一方面可以用来擦嘴，另一方面可以防止汤汁、油污弄脏衣服。

（2）餐巾花能装饰美化席面

服务人员用灵巧的双手，可将餐巾折叠成栩栩如生的花、鱼、鸟、虫以及其他实物造型，摆在餐桌上既可起到点缀美化席面的作用，也能为宴会增添热烈欢快的气氛，从而给宾客以美的享受。

（3）餐巾花具有独特的沟通作用

餐巾花以其无声的形象语言，表达和交流宾主之间的感情，从而起到了独特的沟通作用。

4.2.2　餐巾的种类、规格

餐巾按质地分，一般有纯棉制和混纺制两种，这两种餐巾在实际应用中各有所长。

关于餐巾的规格，各地区不尽相同，其中以 51 厘米或 61 厘米见方的餐巾最为常见。餐巾的颜色可根据餐厅和台布布置装饰的主色调选用，力求和谐统一。酒店使用的餐巾大多是用白色丝光提花布制成的，用这种白色餐巾折叠出的造型雅致漂亮。

学习微平台

延伸阅读 4-2

业务链接 4-1

餐巾的由来

最早在餐馆中使用餐巾的是古罗马人。当时为了擦拭方便，去餐馆用餐的客人大多自带餐巾，餐馆老板觉得十分不便，遂改由餐馆向每位用餐者统一提供餐巾。餐巾在使用过程中，其颜色、尺寸、质地等逐渐得到规范，今天更是被折叠成各种造型，客人从餐巾上也可获得美的享受。

4.2.3　餐巾花的种类

餐巾花的种类很多，凡具有一定的欣赏价值，又适用于酒席宴会场合的造型都可采用。现在已使用的餐巾花有二百多种，常用的也有二三十种，大致上可以分为花草类、飞禽类、蔬菜类、走兽类、昆虫类、鱼虾类和其他实物造型类。

插入水杯中的餐巾花称为"杯花",平放在骨碟上的餐巾花称为"盘花"。在实际应用中,中餐多使用杯花,西餐多使用盘花。

因盘花美观大方、简单适用,所以盘花是发展趋势。

4.2.4 餐巾折花的基本手法

1)折叠

折叠就是将餐巾一折为二、二折为四或者折成三角形、长方形等其他形状。

折叠的要求是:要熟悉基本造型,折叠时要看准折缝线和角度,一次叠成,避免反复,否则餐巾上就会留下一条条折痕,从而影响餐巾美观。

2)推折

推折就是将餐巾叠面折成褶裥的形状,使花型层次丰富、紧凑、美观。

操作时,两个大拇指相对成一线,指面向外,再用双手中指按住餐巾,控制好下一个褶裥的距离,拇指、食指的指面握紧餐巾向前推折至中指处,并用食指将推折的褶裥挡住,中指腾出去控制下一个褶裥的距离。推折时,三个手指应互相配合,每个褶裥的高低、大小、宽度应根据不同花型的需要而定。

推折可分为直线推折和斜线推折两种:折两头大小一样的褶,用直线推折;折一头大一头小的褶或半圆形、圆弧形的褶,用斜线推折。

3)卷

卷可分为直卷和螺旋卷两种。

采用直卷时,餐巾两头一定要卷平。如果采用螺旋卷,可先将餐巾折成三角形,餐巾的边应参差不齐。不管是直卷还是螺旋卷,餐巾都要卷紧,否则折花时就会出现软折。

4)翻拉

翻拉是在折叠过程中将餐巾折、卷后的部位翻或拉成所需花样,这一方法大多用于折花鸟。

操作时,一只手拿餐巾,另一只手将下垂的餐巾翻起一只角,拉成花卉或鸟的头颈、翅膀、尾巴等。翻拉花卉的叶子时,要注意对称的叶子大小一致、距离相等。拉鸟的翅膀、尾巴或头颈时,一定要拉挺括,不要出现软折。

5)捏

捏主要用于做鸟头。操作时,先将鸟的颈部拉好,然后用一只手的大拇指、食指和中指捏住鸟颈的顶端,用另一只手的食指将尖角端向里压下,用大拇指和中指将压下的角捏出尖嘴。

上述五种手法是餐巾折花最基本的手法,掌握了这些基本手法后,经过模仿、练习和创新,就能折出多种多样美观大方的餐巾花。

教学互动4-1

换餐巾

背景资料:某酒店的总经理正在接待几位来自西方国家的同行,宴会桌上餐具精致，水杯里插着造型各异的餐巾，在灯光下熠熠生辉。宾主入座后，主宾看着餐巾微皱眉头，转过脸去招呼服务人员，示意给他换一块餐巾。

互动问题：如此造型各异的杯花，为何主宾不满意？

要求：同"教学互动 1-1"的"要求"。

4.3　摆台

摆台就是为客人就餐摆放餐桌、确定席位、提供必需的就餐用具的工作，也就是将各种就餐用具按照一定的要求摆放在餐桌上，包括排列餐台、抖铺台布、安排席位、准备用具、摆放餐具、美化席面等。摆台是一门技术，是餐厅服务中一项要求较高的基本功。摆台做得好坏，会直接影响服务的质量和餐厅的面貌。

摆好后的餐台要求做到台型设计考究、合理，席位安排有序且符合传统习惯，小件餐具等的摆设配套、齐全、整齐，既方便用餐，利于席间服务，又具有艺术性，所有物料用品清洁卫生，令人有清新、舒适的感觉。

摆台可分为中餐摆台和西餐摆台两大类。根据用餐形式的不同，摆台时所用餐具的类别与数量也不一样，并且各家餐饮企业均有自己独特的摆台方式，所以不可能完全统一。

本节着重介绍中餐宴会摆台、西餐宴会摆台、中餐零点摆台、西餐零点摆台等。

4.3.1　中餐宴会摆台

1）合理布局

宴会餐桌的设计布局是根据主办人的要求、餐厅的形状、餐厅内陈设的特点来进行的，其设计布局的目的是：合理利用宴会厅的场地，表现主办人的用意，体现宴会的规格标准，方便服务员为宴会提供服务。

（1）中餐宴会一般都用圆桌，餐厅服务人员首先应根据宴会通知单告知的桌数、人数，选择大小一致、颜色相同、风格统一的圆桌及座椅，然后根据餐厅的面积和地形进行布局、设计台型。

（2）布局时，主宾入座与退席所经过的主要通道要比其他一般通道设计得宽敞一些，以便于宾客出入和服务员提供服务。

（3）布局时要尽量利用日光或灯光，力求桌面光线明亮、柔和。

（4）布局的一般次序是：中心第一、先右后左、近高远低。

① 中心第一是指布局时要突出主桌。主桌应摆在能够纵观全厅的位置，主桌的台布、餐椅、餐具的规格应高于其他餐桌，主桌的花卉也要特别鲜艳突出。

② 先右后左是指按国际惯例来说，主人右席的地位高于主人左席。

③ 近高远低是指就被邀请客人的身份而言，身份高的客人距离主桌近，身份低的客人距离主桌远。

（5）对于设置主席台的宴会厅，台上要布置会标，以表明宴会的性质；对于没有主席台的宴会厅，应在主桌后面用花坛、画屏或大型盆景等布置一个重点装饰面。

（6）主桌要专设服务桌，其余各桌酌情设服务点。服务桌（点）一般放在餐厅四周。

2）席位安排

（1）确定主人席位

所谓主人，就是宴会的主办人，规模在一桌以上的宴会，各桌主人位置的确定有两种方法：第一种方法是各桌的主人位置相同，同朝一个方向；第二种方法是第一桌主人与其他各桌主人相对，即其他各桌的主人面对第一桌的主人。主人席位安排如图4-1所示。

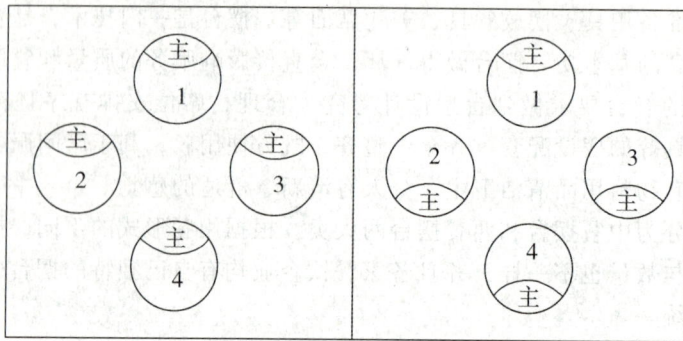

图4-1　主人席位安排图

（2）安排宾客座次

正式的宴会一般均事先安排好座次，有的只安排部分宾客的座次，其他人员可自由入座。大型宴会应事先将宾客座次打印在请柬上，使宾客心中有数。

席位卡一般是印好的长方形纸片，通常用毛笔或水笔书写，书写时字迹要清晰、工整。一般而言，若中方宴请，则将中文写在上方，外文写在下方；若外方宴请，则将外文写在上方，中文写在下方。中餐宴会圆桌席位安排主要有三种形式，如图4-2所示。

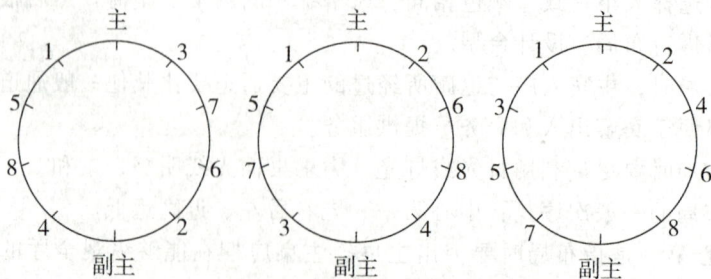

图4-2　中餐宴会圆桌席位安排图

3）桌面摆放

（1）准备所需餐具、用品

餐具、用品的准备主要依据参加宴会的人数、桌数、菜单等进行。

① 个人席位：骨碟、筷子及筷套、筷架、调味碟、汤匙、汤碗、餐巾、水

杯、白酒杯、葡萄酒杯、啤酒杯等。

② 公用餐具及服务用具：公筷、公勺、公筷筷架、牙签盅、烟灰缸（视具体情况决定是否摆放在餐桌上）、花瓶、台布、台号牌、小毛巾、托盘、起盖扳手、骨碟等。

需要强调的是，因 "非典"、"新冠"肺炎等疫情影响了人类生活，各级政府纷纷制定法律法规，要求餐饮机构在餐桌上配置相应数量的公用餐具（筷、勺等），并要求公众在用餐过程中使用这些公用餐具夹取食物。

（2）铺台布、放转台、椅子定位

操作前要洗净双手，按要求铺台布，或围上桌裙。台布铺好后，再放转台，要求转台的圆心与圆桌中心相重合。最后，将椅子定位。

（3）摆餐具

① 摆骨碟：将骨碟摆放在垫有布巾的托盘内，然后左手托盘从主人座位处开始，按顺时针方向依次用右手摆放骨碟定位，要求碟边距离桌边1厘米（不同餐饮企业的具体尺寸会有差异，下同），碟与碟之间的距离应相等，碟中的店徽等图案要对正。

② 摆筷架、筷子：将筷架摆在骨碟的右上方，再将带筷套的筷子摆放在筷架上。要求筷子的后端距桌边1厘米，距骨碟1厘米，筷套的图案要向上。

③ 摆口汤碗、汤匙：将口汤碗放在骨碟的左上方，距骨碟1厘米，然后将汤匙摆在口汤碗上，汤匙把向左。

④ 摆酒具：中餐宴会一般使用三种杯子，即水杯、葡萄酒杯、白酒杯。首先，将葡萄酒杯摆在骨碟的正前方；然后，将白酒杯摆在葡萄酒杯的右侧，与葡萄酒杯的距离约为1厘米；最后，将折叠好的餐巾花插放在水杯中，将水杯摆在葡萄酒杯的左侧，距葡萄酒杯约1厘米。三个杯子应该横向成一条直线。

⑤ 摆公用餐具：在正、副主人酒具的前方，各横放一套垫有筷架的筷子、公匙。

⑥ 摆牙签：摆牙签有两种方法：一种方法是用牙签筒，将其摆在主人位子的前方、公用餐具的左侧；另一种方法是把袋装牙签摆放在每位宾客餐具的旁边，袋装牙签一般都印有本店标志，要注意摆放方向。

⑦ 摆烟灰缸、火柴：烟灰缸分别摆在正、副主人的右边，位置在两个骨碟之间，或者摆放在公筷的右边。火柴摆在烟灰缸上，正面朝上。（注：现在越来越多的餐饮场所都是禁止吸烟的，这样此环节也可省略）

⑧ 摆放菜单、台号：在通常情况下，10人餐台放2份菜单，10人以上餐台放4份菜单。摆2份菜单时，正、副主人筷子的旁边各放1份，菜单下端距桌边1厘米。摆4份菜单时，除正、副主人旁边各放1份外，另2份放于正、副主人之间位置居中的宾客旁边。菜单也可以竖立摆放在水杯旁边。高档宴会中，菜单也可每人1份。台号牌放在花瓶左边或右边均可，并朝向大门入口处。

⑨ 检查摆台、放上花瓶：全部餐具摆好后，再次整理、检查台面，摆正椅子，最后放上花瓶，以示摆台结束。

业务链接4-2

中餐宴会摆台时餐具摆放的原则

中餐宴会摆台时，餐具摆放大致有如下原则可以遵循：

①先摆放骨碟，然后摆放其他物品。

②先摆放瓷器，然后摆放玻璃杯及其他器具。

③先摆放低矮、扁平的器具，然后摆放较高的器具。

④先摆放个人餐具，然后摆放公用餐具。

教学互动4-2

为第一夫人用中餐备妥刀叉

背景资料： 某年，俄罗斯总统普京先生的夫人在上海老饭店品尝上海菜。服务人员怕普京的夫人不会用筷子，特意放置了一副吃西餐用的刀叉。普京的夫人为表示友好，几乎自始至终都在努力地使用筷子，只是在品尝干烧明虾时用了一次刀叉。

问题： 在接待外国用餐者时，如何摆台比较合适？

要求： 同"教学互动1-1"的"要求"。

学习微平台

延伸阅读4-3

4.3.2 西餐宴会摆台

西餐与中餐的用餐方式不同，摆台自然也不同。

1）西餐宴会台型安排

西餐宴会既可使用长台，也可使用圆台。若使用长台，则餐台是可以拼接的，餐台的大小和台型的排法可根据宴会的人数、宴会厅的形状和大小、服务的组织、客人的要求进行。台型要做到尺寸对称、出入方便、图案新颖。椅子之间的距离应大于20厘米，餐台两边的椅子应对称摆放。西餐宴会台型安排如图4-3所示。

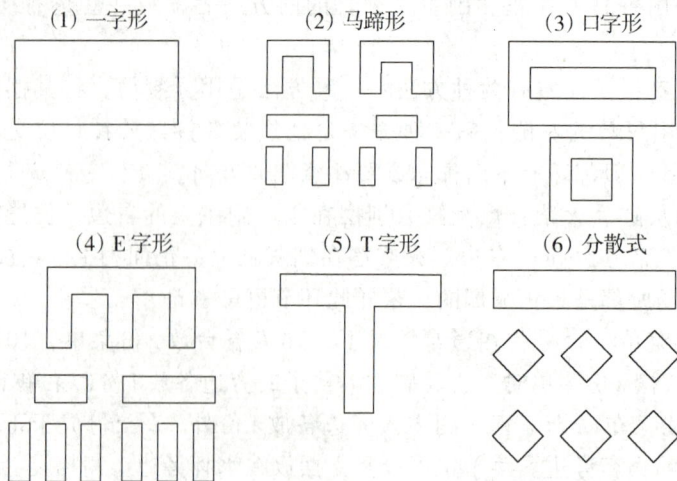

图4-3　西餐宴会台型安排图

2）西餐宴会座次安排

西餐宴会的座次安排，不仅要考虑宾客职位的高低，职位高的坐中间，职位低的坐旁边，而且要考虑宴会的性质、人数、宾客性别等。

如果属于家庭式、朋友式宴会，则在餐厅或家中都可举办，参加的人相互之间比较熟悉，宴会可以不拘形式，在安排席位时要求并不严格，只有主客之分，没有职务之分。为了便于席间交谈，只需要考虑以下两点：

第一，男女宾客穿插入座；

第二，成双夫妇穿插入座。

家庭式、朋友式宴会座次安排如图4-4所示。

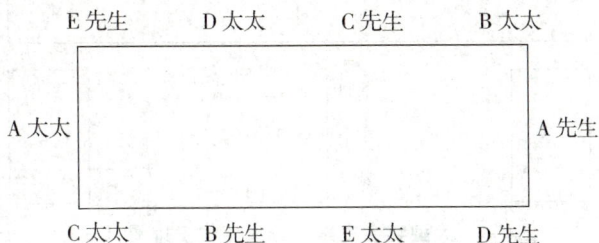

图4-4　家庭式、朋友式宴会座次安排图

如果属于国与国之间、社会团体之间举行的工作性宴会，则一般在正式餐厅举行，双方都有重要人物参加，气氛相对于家庭式、朋友式宴会要严肃得多。安排座次时，需要考虑以下几点：

①参加宴会的双方各有几位重要人物。如果各有两位，则第一主宾要坐在第一主人的右侧，第二主宾要坐在第二主人的右侧，次要人物由中间向两侧依次排开。

②双方主要人物是否带夫人。按照法式坐法，主宾夫人坐在第一主人右侧，主宾坐在第一主人夫人右侧，如图4-5所示。如果是英式坐法，则主人夫妇各坐两头。主宾夫人坐在主人右侧第一位，主宾坐在主人夫人右侧第一位，其他人员男女穿插，依次坐在中间，如图4-6所示。

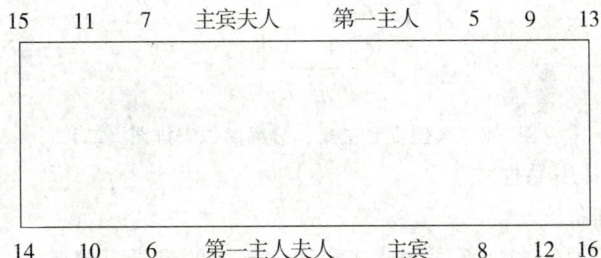

图4-5　西餐宴会法式座次安排图

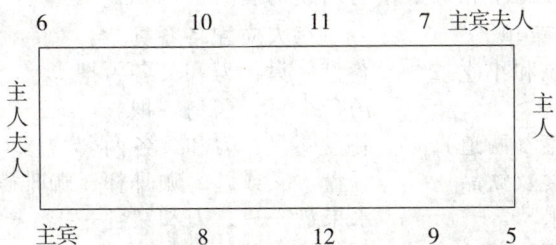

图4-6　西餐宴会英式座次安排图

③如果双方各自带有翻译，则主人翻译坐在客人左侧，客人翻译坐在主人左侧。

④主客要穿插入座。当双方人数不等时，应尽量做到在主要位置上主客穿插，其他位置则不必在意。

⑤大型宴会需要分桌时，餐桌的主次以离主桌远近而定，一般是右高左低，以客人职位高低定桌号顺序，每桌都要有若干主人作陪，如图4-7所示。

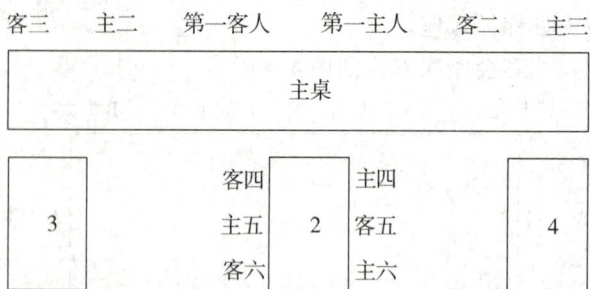

图4-7 大型宴会主桌、分桌席位安排图（一）

如果用长桌，则主桌只一面坐人，面向分桌，主要人物居中，分桌客人侧向主桌，如图4-8所示。需要说明的是，目前在正式宴会场合，西餐也大多采用与中餐宴会类似的圆形餐桌。

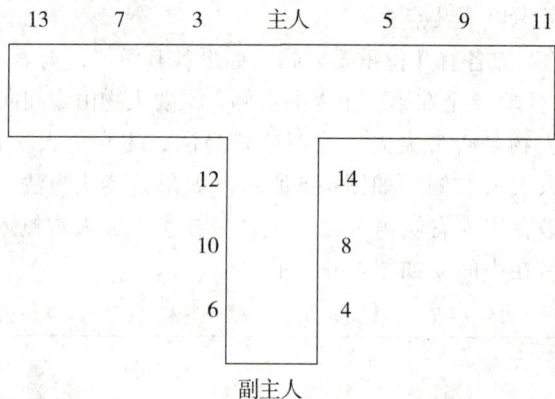

图4-8 大型宴会主桌、分桌席位安排图（二）

3）桌面餐具用品摆放

（1）餐具准备

西餐餐具品种较多，不同的菜式应选用不同的餐具。服务人员应根据上菜的道数、菜式和人数准备相应数量与用途的餐具。例如：

菜单	每人应配备餐具
色拉和小吃	餐盘一只，刀和叉各一把
汤	汤盘一只，汤勺一把
大菜（两道）	餐盘两只，刀和叉各两套
甜食及饮品	餐盘、叉或匙、咖啡杯、咖啡碟、咖啡勺各一件
水果	水果盘一只，刀和叉各一把
面包、黄油	面包盘、黄油刀各一件
酒水3~4种	每种酒水备酒杯一只

另外，还要准备公用餐具，如盐瓶、胡椒瓶、牙签筒、烛台、花瓶等。

宴会的餐具准备不可疏忽，要按客人对酒水的要求严格挑选酒杯，酒杯不得有丝毫破损，并且要擦拭得不见一丝污痕。餐刀、叉或匙、瓷器要严格消毒，保持清洁。

（2）铺台布

按规定铺好台布，摆上烛台，并将椅子定位，椅子边沿应正好接触到台布下沿。

（3）摆餐盘（垫盘、装饰盘）

从主人位置开始，按顺时针方向用右手在每个席位正中摆放餐盘。注意餐盘上的图案、店徽要摆正，盘边距桌边约1.5厘米，盘与盘之间的距离要相等。

（4）摆刀和叉

摆银餐具时，要将此次宴会中使用的全部刀和叉都摆在餐台上，使客人明了此次宴会的菜式和道数。首先，在餐盘的右侧从左向右依次摆放主菜刀、鱼刀、汤匙、开胃品餐刀。摆放时，刀口朝左，匙面向上，刀把、匙把距桌边1厘米。然后，在餐盘的左侧从右向左依次摆放大餐叉、鱼叉、开胃品叉，叉面向上，叉把与刀把平行，鱼刀、鱼叉要向前突出2~3厘米。

（5）摆水果刀、叉和点心匙

在餐盘的正前方摆水果刀、叉。水果刀的刀把向右，刀刃向餐盘；水果叉（或甜品叉）叉齿向右，叉把向左，与水果刀平行摆放。点心匙与水果刀平行横放于餐盘正上方，匙把向右。

（6）摆面包盘、黄油刀和黄油盘

靠开胃品叉的左侧摆面包盘，面包盘与餐盘中心取齐，盘边距餐叉1厘米。在面包盘靠右侧边沿处摆放黄油刀，黄油刀的刀刃向着面包盘的盘心。黄油盘摆在面包盘右上方，距面包盘2厘米左右。

（7）摆酒具

先摆水杯，即将水杯摆放在餐刀顶端处（只用一种杯时，也摆放在此），其他两种酒杯可根据台型，从左到右依次摆放。三套杯从左到右分别是水杯、红葡萄酒杯、白葡萄酒杯。如果有第四种杯子，则在三套杯的基础上，将白葡萄酒杯向后移1~2厘米，在其前方放置第四种杯。各杯杯身之间相距约1厘米，以能伸手取杯为宜。

（8）叠餐巾花

将叠好的盘花摆在餐盘正中，注意使不同式样、不同高度的餐巾花搭配摆放。

（9）摆放用具

盐瓶、胡椒瓶、牙签筒按4个人用一套的标准摆放在餐台中线位置上。摆放一个花瓶时，花瓶应放于台心位置。摆放数个花瓶时，花瓶应等距摆在长台中线上。鲜花的高度不宜高过用餐时就座客人眼睛的高度，以免妨碍宾客视线。菜单最好每人1份，一般每桌不少于2份，并设席位卡等。

摆台时，通常按照一底盘（也称"展示盘"）、二餐具、三酒水杯、四调料用具、五艺术摆设的程序进行，一边摆放，一边检查餐具和酒具，发现不清洁或有破损的餐具，应马上更换。摆放在餐台上的各种餐具要横竖交叉成线，有图案的餐具要使图案方向一致。每套餐具之间不能混淆，全台看上去要整齐、大方、舒适。

4.3.3 中餐零点摆台

中餐零点摆台要根据餐别及服务规格进行。摆放餐具时，要求图案对正、间距匀称、整齐美观、清洁大方、便于使用。

1）早餐摆台

由于零点餐厅的餐桌相对固定，无须餐餐变化，再加上就餐者无主客之分，因此只需要进行桌面摆放即可。

摆早餐台时，先放骨碟，骨碟边沿距桌边1厘米；骨碟右边放筷架、筷子；汤碗放在骨碟的左上方；汤匙放在汤碗内，汤匙把向左；餐巾叠好花放在骨碟内；花瓶放在桌子中间。若是靠墙的桌子，则花瓶应放在靠墙面的那一边中间。若是圆桌，则花瓶应放在圆桌中间。

2）午餐、晚餐摆台

午餐、晚餐摆台的方法是：先将骨碟定位于离桌边1厘米处；筷子摆在骨碟的右边，筷尾距桌边约1厘米；汤碗摆在骨碟的左上方；汤匙放置在汤碗内，汤匙把向左；酱油碟摆在骨碟前方，位于汤碗与水杯中间；水杯摆在筷子与酱油碟中间；餐巾花折好后放在骨碟内或插入水杯中。若是圆桌，则花瓶应放在圆桌中间；若是靠墙的桌子，则花瓶应放在靠墙面的那一边中间，调料瓶、牙签筒分置于花瓶两侧。

3）中餐零点摆台注意事项

（1）对于不会使用筷子的客人，席位上要加摆餐刀、餐叉，叉左刀右，刀口朝左。

（2）集体用餐或几位宾客共同进餐时，应摆放公用筷子和筷架，供主人为宾客派菜和其他人取菜用。公筷、公勺放在公用筷架上，摆在个人餐具前方或转台上。

（3）汤匙可放入汤碗或调味碟内。

（4）餐桌上摆放的瓶花，其高度应以不阻碍用餐时客人的视线为准。

（5）消毒筷子应用筷套封装。

4.3.4 西餐零点摆台

1）早餐摆台

西餐早餐一般在咖啡厅内提供，有美式早餐、欧陆式早餐及英式早餐等种类，这几种早餐的摆台方法略有差异。

按规格要求铺好台垫、台布后即可摆放餐具，在席位的右侧摆放餐刀，在席位的左侧摆放餐叉，餐刀与餐叉的距离以能摆放一个装饰垫盘为宜，一般为30厘米，刀和叉后端距桌边约1厘米。面包盘摆在餐叉左侧，距餐叉和桌边各1厘米。黄油刀刀口朝盘心放在面包盘中轴线右侧。若放黄油碟，则黄油碟应置于面包盘前方。餐刀的右侧摆咖啡碟，咖啡碟上摆咖啡杯和咖啡勺。餐刀的前方放置水杯。盐瓶和胡椒瓶等放在餐台靠中心的位置上。

2）午餐、晚餐摆台

午餐、晚餐摆台的方法是：餐盘放在每个餐位的正中，对准餐椅中线，盘边距桌边 1.5 厘米。餐巾叠好后放在餐盘中，餐叉放在餐盘的左边，叉尖朝上，餐刀和汤匙放在餐盘的右边，且匙口朝上，甜品餐具横放在餐盘的前方。面包盘放在餐叉的左边，黄油刀竖放在面包盘上。水杯放在餐刀的前方，酒杯靠水杯右侧摆放。胡椒瓶、盐瓶放在餐盘的正前方，牙签筒放在胡椒瓶的左边，花瓶放在胡椒瓶的前方。

由于世界各国的情况不同，因此西餐午餐、晚餐摆台的方法也存在差异。

4.4　斟酒

在餐厅里，无论是中西餐便餐，还是较高级的中餐酒席、宴会以及西餐宴会，一般都由服务员进行斟酒。因此，掌握基本的斟酒方法及相关知识，对于服务员做好服务工作是十分必要的。

本节主要介绍酒杯和酒水准备、示酒、开酒瓶、斟酒及其顺序等知识与技能。

4.4.1　酒杯准备

喝不同类型的酒，应该使用不同的酒杯。例如，啤酒杯的容量大、杯壁厚，这样可以较好地保持它冰镇过的效果；葡萄酒杯做成郁金香花的形状，是考虑到当酒斟至杯中面积最大处时，可使酒与空气保持充分接触，让酒的香醇味道更好地挥发；白酒杯容量较小、玲珑精致，会使人感到杯中酒的名贵与醇正。

各种专用酒杯会使客人感到餐厅服务的专业化。当然，所用的酒杯应与餐厅的档次相符。需要注意的是，无论用什么样的酒杯，清洁卫生都是首要的。服务员在摆台前应仔细检查每一只杯子，擦拭酒杯时先把杯子在开水里蒸一下，然后用干净餐巾裹住杯子里外擦拭，直到光亮无瑕为止。下面是一些酒杯的名称及其容量的参考数据：

① 高脚葡萄酒杯：5~6 液量盎司或 3~8 液量盎司。

② 德国葡萄酒杯：6~8 液量盎司。

③ 郁金香香槟杯：6~8 液量盎司。

④ 阔口香槟杯：6~8 液量盎司。

⑤ 各种鸡尾酒杯：2~3 液量盎司。

⑥ 雪莉酒和波特酒杯：4.7 厘升。

⑦ 高球杯：8~10 液量盎司。

⑧ 高脚啤酒杯：10~12 液量盎司。

⑨ 带柄啤酒杯：10~12液量盎司。

⑩ 白兰地杯：8~10液量盎司。

⑪ 烈性酒杯：2.4厘升。

⑫ 平底无脚酒杯：28.4厘升。

⑬ 单柄大啤酒杯：25厘升和50厘升。

注：1液量盎司约等于28毫升；1厘升等于10毫升。

同步思考4-2

正确选用香槟杯

背景资料： 2001年6月，上海浦东某外方管理的大酒店内，中国与中亚五国多边签字仪式结束。各国首脑手握装满香槟酒的商用香槟杯相互碰杯祝贺，但是他们碰杯时的动作显得有些拘谨，杯与杯相接触时，各国首脑都很小心。

问题： 为什么各国首脑碰杯时都很小心？

理解要点： 不同的场合应使用不同造型的香槟杯。

4.4.2 酒水准备

酒席、宴会预订的酒水应事先备齐。在高级宴会中，餐厅负责人应根据宴会的规格、标准同主办者协商确定需要使用哪些酒水。

服务员应了解各种酒的最佳服务温度，然后采取升温或降温的方法，使酒的温度适合饮用。

1）冰镇（降温）

（1）冰镇的目的

不同酒水的最佳饮用温度是不一样的，许多酒的最佳饮用温度都低于室温，如啤酒的最佳饮用温度为4~12℃，白葡萄酒的最佳饮用温度为8~12℃，香槟酒的最佳饮用温度为4~8℃，所以在饮用前要对此类酒进行冰镇处理，这是向客人提供优质服务的一项重要内容。

（2）冰镇的方法

冰镇的方法通常有用冰块冰镇和用冰箱冷藏冰镇两种。用冰块冰镇的方法如下：首先准备好需要冰镇的酒和冰桶，将冰桶置于冰桶架上，放在餐桌一侧，然后往桶中放入冰块并加入冷水（冰块和冷水可各占一半，冰块不宜过大或过碎），最后将酒瓶瓶口向上插入冰桶中。一般而言，十几分钟即可达到冰镇效果。用冰箱冷藏冰镇时则需要提前将酒水放入冷藏柜内，使其缓缓降至最佳饮用温度。冰箱冷藏冰镇的对象一般是啤酒及软饮料。

除了要对酒进行降温处理外，对玻璃杯具也要进行降温处理。其方法是：服务员手持酒杯的下部，在杯中放入冰块，然后摇转杯子，使冰块通过摩擦融化降低杯子的温度。

2）温酒（使酒升温）

（1）温酒的目的

有些酒在饮用前需要升温，如黄酒中的加饭酒的适宜饮用温度为40℃左右，这样喝起来才更有滋味。有些外国酒也需要升温后才能饮用，如日本的清酒、欧美人喜好的白兰地酒等。

（2）温酒的方法

温酒的方法有水烫温、烧温、燃温、将热饮料冲入酒液或将酒液注入热饮料中升温四种。

业务链接 4-3

哪些酒需要降温，哪些酒需要升温

①需要降温处理的酒有啤酒、香槟酒、白葡萄酒、金酒、伏特加酒、威士忌酒等。

②需要升温处理的酒有中国黄酒、日本清酒、白兰地酒（稍作升温即可）等。

4.4.3　示酒

示酒是斟酒服务的第一道程序，它标志着斟酒服务的开始。

示酒的方法为：服务员站在点酒客人的右侧，左手托瓶底，右手扶瓶颈，酒标朝向客人，让客人辨认、确定。在示酒前，服务员应检查酒水的质量，如果发现酒瓶破裂或酒水变质，应及时调换。

4.4.4　开酒瓶

酒瓶的封口主要有瓶盖和瓶塞两种。

开酒瓶需要注意一下事项：

（1）使用正确的开瓶器具。开瓶器具有两种类型：一类是专门用于开启瓶塞的酒钻；另一类是用于开瓶盖的起盖扳手。酒钻的螺旋部分要长（因为有的软木塞长达8~9厘米），头部要尖，但不可带刃，以免割破瓶塞。

（2）开瓶时动作要轻，尽量减少瓶体的晃动。一般将酒瓶放在桌上操作，动作要准确、敏捷、果断。万一软木塞有断裂危险，可将酒瓶倒置，用内部酒液的压力顶住木塞，然后旋转酒钻。

（3）开瓶后，要用干净的布巾仔细擦拭瓶口，检查瓶中酒是否有质量问题。检查的方法主要是嗅辨，即嗅瓶塞插入瓶内的那一部分。

（4）开瓶后的封皮、木塞、盖子等杂物，不要直接放在桌子上，可以放在小盘子里，操作完毕一起带走，不要留在宾客的餐桌上。

（5）开香槟酒的方法：香槟酒的瓶塞大部分被压进瓶口，瓶塞的顶端有一段帽形物露出瓶外，并用铁丝绕扎固定。开瓶时，首先在瓶上盖一块餐巾，双手通过餐巾握住酒瓶和瓶口进行操作；然后左手斜拿酒瓶，大拇指透过餐巾紧压塞顶，用右手扭开铁丝；最后握住瓶塞的帽形物，轻轻转动上拔，靠瓶内的压力和手拔的力量把瓶塞顶出来。操作时，应尽量避免瓶塞拔出时发出声音，尽量避免晃动，以防酒液溢出。

4.4.5　斟酒

斟酒操作通常可分为桌斟法和捧斟法两种。

桌斟法是指将客人的酒杯放在桌面上，服务员手握酒瓶往酒杯里斟倒酒液。这种斟酒方法一般用于斟倒冰镇过的酒类。

捧斟法即服务员左手握杯，右手握瓶往左手的杯中斟倒酒液。捧斟法在操作时由于左手和右手可相互协调配合，因此服务难度较桌斟法低。捧斟法多用于斟倒非冰镇处理的酒类。

服务员在斟酒时，应站在客人的身后右侧，面向客人用右手斟酒，左手托盘，注意身体不要紧贴客人。若徒手斟酒，则左手应持一块干净餐巾放在身后，斟完酒后可用其擦去瓶口的酒水。

斟酒时应先向客人打招呼，或示意客人选用酒水。

斟酒时，瓶口不可搭在酒杯口上，以相距2厘米为宜，以防止将杯口碰破或将酒杯碰倒。也不要将酒瓶拿得过高，以防止酒水溅出杯外。

每次斟酒的量以倒至酒杯的七到八成为宜（红葡萄酒斟至1/2杯即可）。含气泡较多的啤酒、香槟酒，斟酒时速度宜慢，并应沿杯壁缓缓倒入，以免泡沫溢出杯外。

满瓶酒和半瓶酒出酒的速度不同，瓶内酒越少，酒流出的速度越快。因此，为控制流速，应掌握好酒瓶的倾斜度。

斟酒完毕，应顺势绕酒瓶的轴心线转动1/4圈，并用左手的餐巾擦拭一下瓶口，以免瓶口的酒液滴落在餐台上。

斟酒时，要握住酒瓶中部，不要挡住酒标，酒标应朝向客人，同时应向客人说明酒的特点。

凡需要使用冰桶冰镇的酒，从冰桶取出酒瓶时，要用一块餐巾包住瓶身，以免瓶外水滴弄脏台布或客人的衣物。凡使用酒篮服务的酒，酒瓶瓶颈下应衬垫一块布巾或纸巾。

斟倒香槟酒时，应将酒瓶用餐巾包好，先向杯中斟倒1/3的酒液，待泡沫消退后再向杯中续斟，至八成满为宜。

4.4.6 斟酒顺序

一般情况下，服务员应先为餐桌上的长者斟酒；面对一对夫妇，应先为女士斟酒。

西餐宴会或正式场合，斟酒应从第一主宾开始，先为女主宾斟酒，再为男主宾斟酒，然后为主人斟酒，再为其他宾客斟酒。第一主宾一般在主人右侧的第一个座位就座。

中餐宴会一般在宴会开始前10分钟左右将烈性酒、葡萄酒斟好，斟酒时先主宾、后主人，然后按顺时针方向依次进行。

宾主祝酒讲话时，服务员应停止一切活动，端正静立在僻静位置上，不可交头接耳或有其他不雅举动；注意宾客杯中的酒水，当杯中酒水少于1/3时，服务员应及时斟倒，保持杯中酒水八成满。宾主讲话结束后，服务员要用托盘及时送上他们的酒杯，供其祝酒。主人离位祝酒时，服务员应托着相应的酒水，跟随主人身后，及时给主人或来宾续斟。

⤙ 本章概要

□ 内容提要

本章共分四节，主要介绍了餐饮服务必须掌握的基本功。第一节介绍的是托

学习微平

延伸阅读

盘，第二节介绍的是餐巾折花，第三节介绍的是摆台，第四节介绍的是斟酒。这些基本功是服务人员进行餐饮服务的基础。

□ 主要概念和观念

▲ 主要概念

轻托 杯花 盘花

▲ 主要观念

中餐宴会摆台 西餐宴会摆台 斟酒顺序

□ 重点实务

轻托（盘）餐巾折花 中餐摆台 斟酒服务

基本训练

□ 知识训练

▲ 复习题

1）区分轻托与重托的服务内容。

2）简述餐巾折花的基本技法和基本要领。

3）简述西餐摆台的主要程序。

▲ 讨论题

1）分析餐饮服务基本功与餐饮管理活动之间的关系。

2）中西餐服务时餐巾折花的造型有何不同？

3）酒水服务时，为何有些酒需要事先冰镇，有些酒需要事先升温，再提供给客人？

□ 能力训练

▲ 理解与评价

点评进行白葡萄酒斟倒时，酒瓶外最好使用餐巾包裹的做法。

▲ 案例分析

训练项目

案例分析-Ⅳ

相关案例

服务操作课忽视不得

背景与情境：某高校饭店管理专业学生小高是一位人见人爱的乖女孩，她的理论知识扎实，平时表现很好，她本人也十分喜欢自己的专业。美中不足的是，小高对教学中安排的服务操作课不屑一顾。结果，小高的服务操作课考试未通过。紧接着，教学计划中的"服务实习"阶段开始了。班上大多数同学都高高兴兴地进入了酒店，走上了实习岗位，小高则因为服务操作课考试的成绩太差，没有酒店愿意接纳她。后来经过学校老师的多方努力，才有一家酒店愿意安排她去酒店后台工作。实习结束后，回到学校的她深有感触地说："万丈高楼平地起，酒店的管理人员大多是从酒店一线的服务工作做起的。此外，管理酒店必须非常熟悉酒店服务业务，不然如何进行管理呢？"

资料来源　根据作者的工作实践整理。

问题： 如何看待与处理好酒店专业管理类课程与服务类课程间的关系？

训练要求： 同第1章"基本训练"中本题型的"训练要求"。

▲ 实训操练

训练项目：餐饮服务基本功的体验

训练任务：

1）学会并体验轻托与重托服务的方法。

2）学会并体验20种常用的餐巾折花。

3）学会并体验中餐与西餐的宴会摆台。

4）学会并体验斟酒服务的基本要领。

训练要求：在实训老师的指导下完成上述实训任务，建议每一项任务的学习及体验花费1~2个学时。

训练步骤：

1）将班级分成若干个小组，每3~4人为一组，每组确定1个负责人。

2）指导老师进行示范操作。

3）各组按要求分别进行实训操练。

4）指导教师穿插指导，纠正错误动作。

5）每组选派1位同学进行汇报展示。

□ 课程思政

训练项目

课程思政-Ⅳ

相关案例

自带的酒水　被服务员调了包

背景与情境： 2014年2月6日，家住新乡市卫滨区的张先生遇到了一件怪事。

张先生说，当天他带了1箱五粮液酒去解放大道某酒店请客吃饭，但是发现酒的味道不对，于是叫来斟酒服务员一问究竟。张先生回忆，自己将酒搬到房间后，只有服务员王某接触过。张先生的朋友便拨打了110，让辖区派出所的公安民警来弄个明白。经过民警的调查，事情真相终于浮出水面。服务员王某承认是自己趁客人不注意的时候将酒调了包以谋取私利，并且这种事情已经不是第一次发生了。

资料来源　李瀚，张培全. 自带的酒水，被服务员调了包［EB/OL］.［2014-02-13］. http://news.sina.com.cn/o/2014-02-13/214329460115.shtml.

问题：

1）本案例存在哪些思政问题？

2）请做出你的思政研判。

3）说明所做思政研判的依据。

研判要求： 同第1章"基本训练"中本题型的"训练要求"。

第 5 章

餐饮服务方式

学习微平台

思维导图 5-1

- **学习目标**
- 5.1 西餐服务方式
- 5.2 中餐服务方式
- 5.3 自助餐服务方式
- **本章概要**
- **基本训练**

● 学习目标

通过本章的学习，应当达到以下目标：

职业知识：学习和把握"餐饮服务方式"的相关概念，美式服务、俄式服务、法式服务的方法，中餐共餐式、转盘式、分餐式服务的方法，自助餐的餐厅布置、餐台安排、菜肴陈列与服务要求，以及"业务链接"等知识；能用其指导本章"同步思考"、"教学互动"和"基本训练"中"知识训练"各题型的认知活动，正确解答相关问题。

职业能力：点评"三种西餐服务方式的由来、适用场合及对中餐服务方式的影响"，训练专业理解力与评价力；运用本章知识研究相关案例，培养在"餐饮服务方式"的特定情境中分析问题与多元表征的能力；参加"中西餐服务方式体验"实训，训练相应的专业技能；通过搜集、整理与综合关于"自助餐服务方式"的前沿知识，撰写、讨论与交流《"自助餐服务方式"最新文献综述》，培养在"餐饮服务方式"中"自主学习"的通用能力。

课程思政：结合本章教学内容，依照相关规范或标准，对章后"课程思政-Ⅴ"案例情境中的企业从业人员服务行为进行思政研判，培养高尚的道德情操，树立社会主义核心价值观。

引例：中西餐服务方式的相互融合

背景与情境：笔者曾多次以评委或裁判的身份参加国家旅游局组织的全国旅游星级酒店系统的岗位技能大赛。总结历次比赛的结果，笔者发现登上领奖台最高处的参赛者大多从事过西餐服务，这是什么原因呢？原来，现今中餐服务中的许多服务方式，如宴会中的分餐、派菜等，均是从西餐服务方式派生过来的。因此，从事过西餐服务的参赛者占有明显优势便不足为奇了。

资料来源　根据作者的工作实践整理.

此案例给我们这样一个启发，要做好餐饮服务工作，哪怕仅仅是中餐服务工作，学习并掌握相应的西餐服务知识与技能也是十分有益和必要的。

5.1　西餐服务方式

西餐服务方式是指西餐厅中使用的招待客人的侍应方式。

西餐服务方式大都起源于欧洲贵族家庭和王宫，经过多年的发展和演变，逐渐为社会上的酒店和餐馆所使用。本节将重点介绍美式服务、俄式服务和法式服务。

5.1.1　美式服务（American Service）

美式服务主要用于中低档的西餐零点用餐和宴会用餐。

美式服务起源于美国的餐馆，其服务程序如下：服务员接受客人的点菜后，将点菜单送至厨房；厨师依据点菜单将菜肴准备完毕，按每人一份的原则，将每道菜分置于餐盘中；服务员将菜肴端至客人身边，用左手自客人的左侧上菜，客人用完这道菜后，服务员用右手将餐盘等从客人的右侧撤下，酒水饮料等从客人的右侧斟倒给客人。

美式服务也称"餐盘式服务"（Plate Service），服务时应遵循的基本原则如下：菜从左侧上，饮料从右侧上，用过的餐盘从右侧撤下。美式服务快捷、方便，并且易于操作，因此使用范围广泛。

5.1.2　俄式服务（Russian Service）

俄式服务主要用于高档的西餐宴会用餐。

俄式服务起源于沙皇俄国宫廷，后来逐渐被欧洲其他国家所采用。俄式服务是一种豪华的服务，传统的俄式服务需要使用大量的银质餐具，十分讲究礼节，风格典雅，客人能够享受到体贴入微的照顾。

采用俄式服务时，所有菜肴都在厨房中加工。俄式服务的具体做法如下：厨师将一个餐桌上的菜肴按一道菜配一个银质大浅盘的原则，放置在大浅盘内；服务员将厨房准备好的、放在银质大浅盘中的菜送至餐厅；服务员将空餐盘用托盘送到餐桌边的服务台或边桌上；服务员用右手按顺时针方向从客人的右侧将空餐盘依次放在用餐者面前；空餐盘上完之后，服务员回到服务台或边桌，用左手托起放菜的银质大浅盘，右手拿服务叉和服务匙从客人的左侧派菜，派菜时应按逆时针方向绕台进行。

在俄式服务的过程中，需要注意的是：派菜之前，应先向客人展示菜肴，使客人有机会欣赏到厨师的手艺；同时，装饰漂亮的菜肴也可以增进客人的食欲。分派菜肴时，服务员应灵活掌握菜肴的数量，分派的数量应符合客人的需要。上汤时，用托盘将汤送入餐厅，放在客人面前；汤可以放在大银汤盆中用勺舀入客人的汤碗里，也可以盛在银杯中，再从杯内倒入汤碗里。

俄式服务的基本原则是：空盘从客人右侧按顺时针方向绕台摆放；派分食物时，从客人左侧按逆时针方向依次进行。

5.1.3　法式服务（French Service）

法式服务主要用于高档的西餐零点用餐。

法式服务源于欧洲贵族家庭及王室，是一种比较注意礼节的服务方式，服务的节奏通常较慢。

法式服务一般由两名服务员协作完成，一名为主，另一名为辅。为主的服务员负责接受点菜、烹饪加工、桌面服务、结账等工作；为辅的服务员负责传递单据和物品、摆台、撤台等工作。

与俄式服务类似，法式服务也大量使用银质餐具，并且客人所点菜肴大多要在辅助边桌（Side Table）或手推烹制车上进行最后的烹调。菜肴经过客前烹调、加工整理和装饰之后，放在餐盘（冷菜用冷盘、热菜用热盘）中端给客人。需要注意的是，客前加工的菜肴必须在很短的时间内完成烹制、装盘、服务，所以只有适合于客前烹调的菜肴才能这样处理。

上面介绍了三种常用的西餐服务方式，酒店餐饮管理人员应根据业务需要选用适当的餐饮服务方式，以期获得最好的服务与经济效果。

学习微平台

延伸阅读 5-1

同步案例 5-1

先上汤的西餐服务

背景与情境： 小金从学校毕业后，到某四星级酒店的西餐部工作。上班第一天，因带班师傅请假，所以服务区域内仅有小金一人值台。客人点完菜之后，小金按照自己在学校所学的知识开始上菜：先上菜，然后上点心，最后上汤。结果用餐的客人不高兴了。

资料来源　根据相关案例总结.

问题： 用餐的客人为什么不高兴了？

分析提示： 就上菜顺序而言，中餐与西餐是存在差别的。在西餐服务中，应该先上汤。小金机械地搬用了中餐的服务程序，难免会出现差错。

5.2　中餐服务方式

中餐服务方式是指中式餐厅中使用的招待客人的服务方式。常用的中餐服务方式有共餐式、转盘式和分餐式三种。

5.2.1 共餐式服务

共餐式服务比较适合于 2~6 人的中餐零点用餐。

传统的共餐式服务由客人用自己的筷子到菜盘中夹取菜肴，如今的共餐式服务已在此基础上做了较大改进，客人在就餐时也可以用附加的公匙、公筷舀取或夹取自己喜欢的菜肴。共餐式服务的方法如下：

（1）摆台时，根据餐桌大小和用餐人数摆放 1~2 副公匙或公筷。

（2）上菜时，服务员站在适当的位置上，将托盘中的菜盘摆放到餐桌上。

（3）报出菜名，向客人介绍菜肴特色。

提供共餐式服务时，应注意如下事项：

（1）上菜时，通常的情况是菜点一个接着一个上桌，服务员要注意桌面上不同菜肴的搭配摆放，尤其要注意荤素和颜色的搭配。

（2）上菜的同时，应注意配上适当的公用餐具，以方便客人取菜，避免因使用同一餐具而串味。

（3）台面上的菜肴放不下时，应征求客人的意见，对台面进行整理，撤、并剩菜不多的盘子，切勿将菜盘叠架起来。

（4）如果遇到外宾用餐，应主动为其提供刀、叉、匙等西餐餐具。

（5）对于整鸡、整鸭、整鱼等菜肴，应协助客人分切成易于夹取的形状。

（6）所有菜肴上完后应告知客人，并询问客人品种、数量正确与否，最后祝客人用餐愉快。

5.2.2 转盘式服务

转盘式服务在中餐服务中是一种普遍使用的餐桌服务方式，适用于大圆台的多人用餐，既可用于旅游团队、会议团体用餐，也可用于中餐宴会。转盘式服务是在一个大的圆桌上安放一个直径约 90 厘米的转盘，将菜肴等放置在转盘上，供就餐者夹取的服务形式。转盘式服务的方法如下：

1）台面布置

（1）在餐台上按要求铺好台布。

（2）将转盘底座转轴摆放到桌子的正中央。

（3）将干净的转盘放到转轴上，检查其是否转动自如。

（4）根据便餐或宴会的要求摆台。

2）转盘式便餐服务

（1）在台面上摆放 2~4 副公匙或公筷。

（2）服务员从适当的位置上菜，报出菜名，介绍特色菜肴。

（3）客人用公用餐具为自己取菜。

（4）服务员协助客人分派整鱼、整鸡、整鸭等大菜。

（5）在多骨、多刺和口味截然不同的菜肴之间为客人调换骨碟，换碟时应注意先撤后上、先女后男、先长后幼、先宾后主。

3）转盘式宴会服务

（1）服务员站在适当的位置为客人上菜、分菜。

（2）当一位服务员单独服务时，按以下程序分菜：

① 收撤脏盘。

② 介绍新上菜肴。

③ 将干净的骨碟沿转盘边放好。

④ 用公用餐具为客人分派菜肴。

⑤ 请客人享用新上菜肴。

（3）当有两位服务员协作服务时，按以下程序分菜：

① 收撤脏盘。

② 换上干净骨碟。

③ 介绍菜肴。

④ 两人配合，一人分菜，另一人递盘，注意分清主次先后。

⑤ 请客人享用新上菜肴。

5.2.3　分餐式服务

分餐式服务主要用于官方的、较正式的、高档的宴会。

分餐式服务是吸收了众多西餐服务方式中的优点，并使之与中餐服务方式相结合的一种服务方式，也是"中餐西吃"时所用的服务方式。分餐式服务可分为边桌式服务和派菜式服务两种。

1）边桌式服务

边桌式服务是在宴会餐桌旁设一个固定的或可手推的流动服务边桌，在边桌上放一些干净骨碟和其他餐具，以便进行宴会的分菜服务。边桌式服务与西餐中的美式服务非常相似。边桌式服务的程序如下：

（1）将菜肴用托盘送至餐桌上，向客人介绍菜肴特色。

（2）将菜肴放回服务边桌上，准备分菜。

（3）两名服务员配合，一人分菜，另一人将餐桌上前一道菜用过的脏盘撤下，然后将分好菜的骨碟置于每位客人的面前。

（4）将菜盘中剩余的部分菜肴整理好，放回餐桌上，以便客人在需要时添加。

2）派菜式服务

派菜式服务与西餐中的俄式服务非常相似。派菜式服务的基本程序如下：

（1）给客人换上干净的骨碟。

（2）将菜肴送上餐桌，报出菜名，为客人介绍菜肴特色。

（3）将菜肴放在铺了干净垫巾的小圆托盘上，左手托盘，右手拿服务匙或叉分菜。

（4）分派的次序为主宾、主人，然后按顺时针方向绕桌进行，分菜时建议从客人的左侧进行，这样可以避免托盘与匙、叉的交错。

（5）每服务完一位客人，服务员应退后两步，再转身为下一位客人服务。

（6）将菜盘中剩余的部分菜肴整理好，放回餐桌上，以便客人在需要时添加。

3）分餐式服务应注意的问题

（1）掌握好分菜服务的时间、节奏，分菜的整个过程应尽可能短，不能使后派到菜的客人等候过久。

（2）无论是边桌式服务还是派菜式服务，都要操作稳健，不出声响。

（3）注意分派的分量，分菜应均匀。

（4）放回餐桌的剩余菜肴一定要整理好，不要给人以残羹剩饭的感觉。

概括而言，上述几种中餐和西餐的服务方式在特定的场合各有其实用价值，服务人员应熟练、正确地运用上述服务方式。一个餐厅或一次宴会不必拘泥于某一种服务方式，可以根据用餐的性质、人数和菜式，交替使用不同的服务方式。

学习微平台

延伸阅读5-2

同步链接5-1

业务链接5-1

中餐宴会服务中的某些技能溯源

中餐宴会服务中的分餐式服务起源于西餐，具体而言：桌上分菜的方法主要是受到了俄式服务的影响，是由俄式服务演变而来的；桌边分菜的方法则主要借鉴了美式服务的方法。

5.3　自助餐服务方式

自助餐（Buffet）是目前国际上比较流行的一种非正式的用餐形式，服务员将冷热菜肴、点心、饮品、水果等按类别摆放在长条的餐台上，客人根据自己的需要选取后，或站立或坐下用餐，费用按人头计收。这种用餐方式最早出现在16世纪中期的瑞典。

自助餐能够满足人们喜欢自己动手各取所需的习惯。此外，自助餐还有许多优点：一是菜肴丰富、摆放精美，能够激发人们的食欲；二是用餐者不需要花太多的钱，便可品尝到具有地方特色且品种繁多的美味佳肴；三是就餐速度较快，客人进餐厅后几乎无须等候，这在时间就是金钱的今天非常适宜；四是餐桌的周转率高，因此增加了餐厅的营业收入；五是自助餐的菜肴是事先准备好的，因此可以调剂厨师劳动忙闲不均的状况，缓和用餐高峰期厨师人手紧张的问题。

自助餐服务主要适用于会议用餐、团队用餐和各种大型活动的非正式用餐。许多酒店在早餐时也提供自助餐服务。开设自助餐必须确保一个最低客流量，如果顾客太少，显然是不合算的。自助餐有设座和不设座两种形式，在中国以前者居多。

5.3.1　餐厅布置

（1）自助餐厅的布置应具有独特的个性，不仅要以其鲜明的形象给顾客留下深刻的印象，而且要与其精美的菜肴相映生辉。例如，水晶宫似的海鲜自助餐厅、富有浪漫色彩的野味自助餐厅、反映本地风土人情的民俗自助餐厅，以及富有乡土气息的田园自助餐厅等，都是极好的表现形式。

（2）为特别活动而设的自助餐厅，应按其主题进行布置，即将该主题作为指导思想贯穿于餐厅装潢、背景布置和餐台装饰中去。

（3）有可能成为自助餐主题的节日，如圣诞节、情人节、母亲节、复活节、感恩节、元旦、春节、元宵节、中秋节、重阳节等，应根据节日的色彩标示和形象标志物对餐厅进行布置，并将其作为餐饮促销的大好时机。例如，圣诞节时选用深红色台布，更能烘托节日气氛。

（4）装饰布置选用的材料也应为突出主题服务，墙壁背景、屏幕、盆栽、旗帜和其他活动装饰等都可以作为招揽生意的手段。

（5）餐具和陈列菜肴的容器也可以别出心裁，除了瓷器、玻璃器皿和银器外，木器、竹器、大贝壳等也能起到点缀作用。

（6）自助餐的餐台是餐厅内最受瞩目的地方，应明亮、醒目，因此一般采用聚光灯等强烈的灯光，从而使食品能够清楚地呈现出来。

学习微平台

延伸阅读5-3

5.3.2　餐台安排

（1）大型自助餐厅为保证客人迅速、顺利地取菜，一般设一个中心食品陈列台和几个分散的食品陈列台，以便疏导客流。

（2）在食品陈列台旁应该留有宽敞的空间，使客人取菜时不必排长队或造成拥挤。因此，在安排餐台时应该考虑在一个特定的时间里供应品种的多少和所能接待的客人数。

（3）对于一些特色食品，可以将其单独陈列，如设立色拉台、甜品台、烧烤台等。这些分立的食品陈列台的布置也应匠心独具。

（4）餐台有各种形状，应根据场地来选择。台面有长方形、圆形、螺旋形、椭圆形、1/4 圆形、半圆形和梯形等，用这些台面可以组合出各种形状的自助餐台（如图 5-1 所示）。

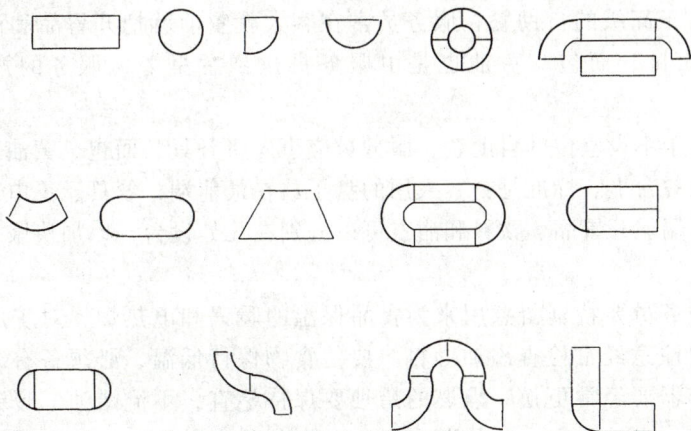

图5-1　各种形状的自助餐台

（5）在餐台上铺上台布，然后围上桌裙，这样会显得更加华丽、整洁，也更受客人的欢迎。桌裙的长度应离地约2厘米，要能够遮住桌脚。站立式自助餐的圆台子也应用桌裙。

（6）餐台的中央一般布置成大的花篮，可用雕塑、烛台、水果等点缀，以增强效果。

（7）在餐台的后面应留有一定的空间并进行布置，以渲染气氛，可搭出一个"空中花园"。

5.3.3 食品陈列

自助餐台的食品陈列也有一定的要求，总体来说要根据西餐菜单上菜点的顺序以及客人的取食习惯来安排。

（1）客人的餐盘摆在自助餐台的最前端，整齐地堆放在一起，站立式自助餐在餐盘边还可夹一个夹杯托，以便客人将酒杯放在盘上。

（2）色拉、开胃品、熏鱼和其他各种冷菜，一般是厨师精心美化的主要对象。

（3）热菜、烤肉等，通常用暖锅保温，摆放整齐。

（4）与上述菜肴搭配的汤汁、调料等，应与这些菜肴摆放在一起。

（5）甜食和水果等可以单独设台，也可以用分格子的大盘盛装。

（6）为了降低成本，各类菜肴的摆放位置也有一定讲究，如将成本较低的热菜放在引人注目的地方，这样客人就会因盘中放满了这些菜而少用价格更昂贵的食品。有时，自助餐还可分两个部分进行，先是冷餐，然后是热菜，这样对热菜来说，消费的数量亦会降低。

（7）不同国家和地区的特色菜可以单独陈列，这也是自助餐的一个特点。如果想渲染气氛，也可以让服务员穿着某国的特色服装进行服务。

5.3.4 服务注意事项

（1）根据计划和要求布置餐厅，设座式自助餐要事先为客人就餐的餐桌摆好台，摆台要求和正餐相似，保持餐厅内清洁、整齐。

（2）对于高级的自助餐，服务员常在客人就餐前就把开胃品和汤送到客人的桌上，饮料、面包、黄油也是由服务员送到餐桌上，服务的规格与正餐一样。

（3）对于不设座位的自助餐，服务员应事先将餐具、面包、黄油、甜点和饮料放在自助餐台上。标准是：客人用的盘子放在最前端，餐具、餐巾、面包、黄油放在最后端。开胃品、饮料和甜点可以分别在几处设台，以加快服务速度，避免拥挤。

（4）服务员要特别留意用来为食品保温的暖锅和电热炉，对于用明火保温的暖锅，要注意经常检查添加燃料。要使食物保持低温，必须备有冰块，因此盛冰块的容器要经常更换。点燃的蜡烛要保持笔直，不流蜡油。暖锅和蜡烛与桌边应保持一定的距离，以免发生意外。菜盘和其他器皿也应距离桌边10厘米左右。

（5）在自助餐台后，应设一名厨师来照顾餐台。其主要职责是：像主人那样向客人介绍、推荐和分送菜肴；分切大块的烤肉等；整理餐台，保持其美观；及时更换和添加菜盘；检查设备，保持食品的冷或热的状态；回答（应）客人的提问及请求；及时为客人提供其他帮助。

（6）若一个陈列菜盘已空 1/3，则应马上补充或另换一盘满的，否则不太雅观，会让客人感觉食物不丰盛。

（7）应当保持足够数量的服务用具、餐具和餐巾等。

（8）如果是客人自取自烹的火锅式自助餐，则服务员应负责为客人准备火锅并帮助开启，告诉客人一些特殊食品的加工方法，提供各种调料，随时加汤和斟酒。

（9）大块牛排和整个火鸡等的切割分派是一项技术工作，带有表演性质，服务员或厨师在操作时要注意分量、形状、装盘、卫生等。

（10）当餐厅发生意外时（如客人打翻盘子），服务员要迅速帮助处理，将打翻在桌上的食物装到空盘内，除去桌上污迹并换上清洁的餐巾；打翻在地上或地毯上的食物要立即通知有关人员清洗，在此之前可先盖上一块餐巾，以免其他客人踩到。

（11）管理人员应时常检查现场的情况，协调厨房生产与餐厅服务工作，及时处理各种突发事件，以使自助餐顺利进行。

同步思考5-1

如何使早餐自助餐客人分散时间来用餐

背景资料：某酒店与许多酒店一样，早餐以自助餐的形式提供，供应时间为7：00—9：00。营业一段时间后，酒店发现，用餐者在7：00时蜂拥而至，且多为常住客人，从而导致餐厅座位不够，服务质量下降。酒店经过了解发现，客人用餐时如果晚到的话，自助餐餐盘中的食品品种、数量均不能保证，因此只能赶早。

资料来源 根据相关案例整理.

问题：如何使早餐自助餐客人分散时间来用餐？

理解要点：要解决这一问题，需要厨房与餐厅服务人员做到均衡出菜。厨房应做好定时添菜工作，餐厅服务员应及时就前台的用餐情况与厨房沟通。

教学互动5-1

背景资料：在自助餐厅，经常会出现用餐者拿了过多的食物，又没有吃完的现象。

互动问题：餐饮服务人员应如何处理？

要求：同"教学互动1-1"的要求。

本章概要

□ 内容提要

本章共分三节，第一节介绍了西餐服务方式，第二节介绍了中餐服务方式，第三节介绍了自助餐服务方式。将西餐服务方式放在第一节介绍，是因为目前中餐所使用的服务方式大多源自西餐，尤其是高档宴会，所以要做好餐饮服务，首先应了解和熟悉西餐服务方式。

□ 主要概念和观念

▲ 主要概念

西餐服务方式　中餐服务方式　自助餐服务方式

▲ 主要观念

美式服务　俄式服务　法式服务　共餐式服务　转盘式服务　分餐式服务
自助餐服务

□ 重点实务

西餐的美式服务、俄式服务方式　中餐的共餐式服务、转盘式服务、分餐式服务方式　自助餐服务方式

基本训练

□ 知识训练

▲ 复习题

1）西餐的主要服务方式有哪些？分别适用于何种用餐场合？如何进行操作？

2）中餐的主要服务方式有哪些？分别适用于何种用餐场合？如何进行操作？

3）自助餐服务适用于何种用餐场合？如何进行操作？

▲ 讨论题

1）比较西餐美式服务与中餐分餐式服务中桌边分餐服务的异同。

2）比较西餐俄式服务与中餐分餐式服务中桌边分餐服务的异同。

□ 能力训练

▲ 理解与评价

点评三种西餐服务方式的由来、适用场合及对中餐服务方式的影响。

▲ 案例分析

训练项目

案例分析-Ⅴ

相关案例

令客人不满意的宴会服务

背景与情境：20世纪90年代初，江苏省南部某市的经济发展速度很快，来这里洽谈投资项目的客人剧增。此时，一家具有三星级水准的酒店——吴都大酒店建造起来了。酒店是建好了，但是如何管理呢？领导班子中负责餐饮的经理不

免着急起来。

一个周末的晚上，本地一位小有名气的企业家为母亲过60大寿，特意选中了吴都大酒店。

这次用餐的主宾一共6桌，服务员很规范地站立在一旁，每道菜送上时，服务员都照例旋转一次，报个菜名，让每位客人在吃菜之前都先饱个眼福。然后便是派菜，服务得还算正规，换餐盘、斟酒水也按程序进行，菜烧得也不错。

宴会结束后，餐饮部经理同那位企业家闲聊起来，想征求一下客人的意见，以掌握第一手资料。然而，客人的一句话使他大吃一惊："很不满意！"听到这句话，餐饮部经理的心凉了一大截。请分析这是什么原因。

资料来源　根据相关案例整理。

问题：如此周到细致的宴会服务客人却并不满意，为什么？

训练要求：同第1章"基本训练"中本题型的"训练要求"。

▲ 实训操练

训练项目：中西餐服务方式体验

训练任务：

1）西餐的美式服务、俄式服务、法式服务体验。

2）中餐的共餐式服务、转盘式服务、分餐式服务体验。

训练要求：在实训老师的指导下完成上述实训任务，建议每一个实训项目花费1~2个学时。

训练步骤：

1）将班级分成若干个小组，每3~4人为一组，每组确定1个负责人。

2）指导老师进行示范操作。

3）各组按要求分别进行实操训练。

4）指导教师穿插指导，纠正错误动作。

5）每组选派1位同学进行汇报展示。

▲ 自主学习

训练项目

自主学习-Ⅱ

【训练步骤】

1）将班级同学组成若干个"自主学习"训练团队，每队确定1个负责人。

2）各团队根据训练项目的需要进行角色分工。

3）通过校图书馆、院资料室和互联网，查阅"文献综述格式、范文及书写规范要求"和近三年以"自助餐服务方式"为主题的前沿学术文献资料。

4）综合和整理以"自助餐服务方式"为主题的前沿学术文献资料，依照"文献综述格式、范文及书写规范要求"，撰写《"自助餐服务方式"最新文献综述》。

5）在班级交流各团队的《"自助餐服务方式"最新文献综述》。

6）在校园网的本课程平台上展出经过修订并附有教师点评的各组《"自助餐服务方式"最新文献综述》，供学生相互借鉴。

□ 课程思政

训练项目

课程思政 - V

相关案例

我们被此等情景惊呆了

背景与情境：星期天中午，我约同事到某县城的一家中餐馆用餐。一进门，看见一个服务员在玩手机；用餐时，两三个服务员在聊天；还有一个服务员在给一杯饮料拍照，好像在准备新菜单的图片，重要的是拍完以后就在收银台自己喝掉了。我们被此等情景惊呆了。

资料来源 绵绵小乖乖. 绵绵小乖乖的点评 [EB/OL]. [2016-07-16]. http://www.dian-ping.com/review/279358503.

问题：在本案例中，这家中餐馆服务人员的行为有什么思政问题？为什么？

训练要求：同第1章"基本训练"中本题型的"训练要求"。

第6章　餐饮服务环节

学习微平台

思维导图6-1

● 学习目标

通过本章的学习，应当达到以下目标：

职业知识：学习和把握"餐饮服务环节"的相关概念，餐前准备、开餐服务、就餐服务、餐后服务等主要环节，以及"业务链接"等知识；能用其指导本章"同步思考"、"教学互动"和"基本训练"中"知识训练"各题型的认知活动，正确解答相关问题。

职业能力：点评"餐饮服务的四个主要环节及其关键业务"，训练专业理解力与评价力；运用本章知识研究相关案例，培养在"餐饮服务环节"的特定情境中分析问题与多元表征的能力；参加"用餐服务环节运转模拟"实训，训练相应的专业技能。

课程思政：结合本章教学内容，依照相关规范或标准，对章后"课程思政-Ⅵ"案例情境中的企业及其从业人员服务行为进行思政研判，培养高尚的道德情操，树立社会主义核心价值观。

引例：中国宴，香飘APEC

背景与情境： 2001年10月20日晚，在上海国际会议中心东方滨江大酒店举办了一场欢迎晚宴，主题是招待参加2001年亚太经合组织领导人非正式会议的嘉宾。晚宴的菜单是：迎宾冷盘、鸡汁松茸、青柠明虾、中式牛排、荷花时蔬、申城美点和硕果满堂。

当晚的宴会取得了圆满成功，但是为了做好此次接待工作，早在4个月前，餐饮部总监、行政总厨和酒店总经理就开始为国宴菜单而忙碌了。为了符合晚宴嘉宾的宗教习俗和饮食习惯，菜单一改再改；为了席间服务整齐划一、不出差错，服务人员不知操练了多少遍。

资料来源　上海市旅游事业管理委员会. 服务的艺术：上海 APEC 会议接待服务案例 [M]. 上海：上海教育出版社，2002.（本教材作者有改写）

以上案例说明，一场餐饮活动包括许多具体的环节，只有面面俱到，餐饮活动才能皆大欢喜。

6.1　餐前准备环节

在餐厅开门营业前，服务员有许多工作要做，首先是接受任务分配，明确自己的服务区域；然后是检查服务工作台和自己的服务区域；最后是熟悉菜单及当日的推荐菜，了解重点宾客和特别注意事项等。

餐前准备环节包括任务分配、餐厅准备工作、熟悉菜单、餐前短会。

6.1.1　任务分配

在餐厅里，餐厅经理通常要将所有餐台按一定的规律划分成几个服务区域。理想的划分方法是：每个服务区域的座位数量相同、到餐具柜（即服务台）和厨房的距离相同、座位受欢迎程度大致相同。事实上，这种划分方法在大部分餐厅都不可能实现。服务路线总是有长有短，座位总有靠近厨房和门口的，每个座位能观赏到的景色也不一样，这样无疑会造成有些区域比较受客人欢迎，工作较忙，而有些区域比较清闲。这就要求餐厅经理在轮流的基础上给每个服务员分配不同的服务区域，以尽量达到公平、合理。

为了方便起见，餐厅经理常常会给餐桌编号，将一组编号的餐桌固定为一个区域，然后按区域分配给每个服务员。服务员可以将餐桌号码记在点菜单和客人账单上，从而方便上菜和结账。

服务区域的分配方法因餐厅而异，通常是两个服务员为一组，一人负责前台，另一人当助手，这样可以始终保持每个服务区域内至少有一个人值台，不会出现"真空"现象。服务员与客人的比例根据服务的要求和餐厅档次的不同而异。此外，一个经验丰富的服务员能够照料、接待更多的客人，服务质量也高；新来的服务员和见习服务员一般应先当助手或到接待量较轻的区域工作，以便通过为少量的客人服务来积累经验。

任务分配一般是在服务员签到后自行从告示栏上了解，餐厅经理有时也会有特别的交代。服务员接到任务后，要了解本区域的餐位是否已经有客人预订、预订客人是否有特殊要求；了解本区域内是否有重要宾客，并严格按餐厅经理的吩咐做准备。

做后台服务工作的服务员通常相对固定，如餐具洗涤间的服务员应按规定的程序在规定的时间内完成准备工作。

同步思考6-1

背景与情境： 在零点餐厅中，每个服务区域包含的餐位数及配备的服务人员数都需要提前安排好。

问题： 在零点餐厅中，一个服务区域通常包括几个餐位？每个服务区域应配备多少服务人员？

理解要点： 一般而言，在零点餐厅中，一个服务区域应包括约20个餐位，这样可以使服务人员有较充分的时间为每位用餐者提供良好的服务。每个服务区域至少应配备一名值台服务人员，如有可能，最好再配一位助手协助工作。

6.1.2　餐厅准备工作

有些餐厅规定，上一班结束工作前，要为下一班摆好餐台；有些餐厅则要求接班的服务员摆台。无论怎样，准备工作都要按下列步骤进行：

1）准备餐桌

在开餐前，服务员的第一个任务就是检查其值台区域。有时客人会将几张桌子拼在一起，所以服务员首先要将移动过的餐桌复位，同时检查餐桌的稳定性；然后为已经预订席位的客人安排好有足够座位的餐桌，并在已经预订的餐桌上放置"留座卡"。

在摆放餐具前，服务员要用在清洁剂中浸泡过的抹布擦洗餐桌，清理食品渣屑，处理有黏性的地方。

2）准备台布

台布可分为圆桌台布和方桌台布。台布的大小应根据桌子的尺寸定做，方桌台布以每边下垂约40厘米为宜，台布下垂的边应正好触及椅子的座位面。平时工作中，台布应按照规格大小分开存放。台布的颜色通常有白色、黄色、粉红色、红色和红白格子等，以白色最为普遍。一般来说，一个餐厅只选用一种颜色的台布。

为了使台布的外观更加平整、挺括，同时也为了减轻餐具和台子碰撞的响声，通常的做法是先在台面上加一张垫布，再铺上台布。

当周围餐桌有客人就餐，并且需要翻台大圆桌时，切不可大幅度抖动台布，应该两人合作铺大圆桌台布。

小方桌的台布铺起来比较容易，只要将台布放在桌子中间，打开台布，盖住桌面就行。这种方法也可用于客人在场时更换弄脏的台布。

当餐桌上有调味品、烛台等物品，而又必须更换台布时，可先将这些物品移到一端，然后卷起脏台布，再将物品移到已卷起台布的桌面上，便可收掉脏台布。此时要注意将台上的食品残渣碎屑等卷在台布里，以免洒落在座位或地板上。

铺台布的方法与收台布相似，也是一半一半地进行，如图6-1所示。

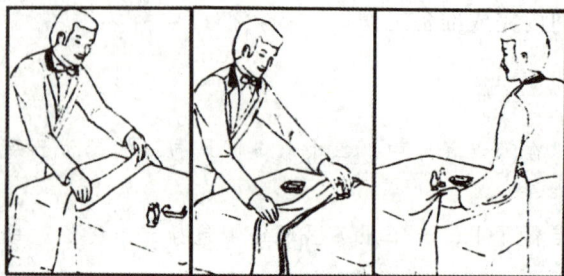

图6-1　铺台布的方法

3）准备餐具

当桌垫和台布等铺好后，就可以摆台了。服务员应给每一个席位摆上一副餐具。西餐餐具由展示盘、面包盘、餐刀、餐叉、餐巾和杯具等组成，中餐餐具则由骨碟、调味碟、筷子（放在筷套里）、筷架、汤碗、汤匙和餐巾等组成。餐具的具体摆法取决于采用何种服务方式和要上什么样的菜肴。

摆台时，要用干净的托盘端出瓷器、玻璃杯、餐具和餐巾等，不要图省事而用手捧或拿洗涤筐当托盘使用，这是不符合规范的。

拿餐具也有一定的要求，瓷器要拿其边沿，玻璃杯要拿其底部和杯脚，刀、叉、勺要拿其把柄。摆台时还要对餐具进行检查，把破损的或不干净的餐具挑出来，退回洗涤间。使用破损的餐具既影响餐厅的形象又不安全，更重要的是不卫生。

有的餐厅规定，在营业前玻璃杯应当倒扣在台上，但要注意玻璃杯只能倒扣在干净的台布或垫子上，以保持杯口的卫生；在开始营业时，要将所有杯子翻正过来，否则会给人以餐厅仍未准备好的印象。

餐具摆好后，服务员必须再仔细检查一次，以确保餐具是干净、齐全的，并且是按规定摆放的。例如，检查中餐的转盘是否运转正常、是否清洁光亮，检查公筷、公勺等是否妨碍转盘运转等。

此外，帐篷式菜单或当日特选菜单应按统一规格摆放。鲜花花瓶（盆）应换水，无枯叶、败花，做到台面布置整齐划一。

4）准备餐具柜

一个餐厅至少要有一个餐具柜，许多餐厅往往是一个服务区域有一个餐具柜。餐厅的餐具柜用于存放服务的器具，应放在靠近服务员的服务区域处，避免服务员频繁往来于厨房和餐厅之间取餐具、用具等。收台时，值台服务员亦可将收回的脏餐具放在托盘里暂时搁在餐具柜上，由其助手负责送到洗涤间。

在开始营业前，服务员要负责将各种餐具、调料和服务用品领来，存放在本区域的餐具柜中。不同餐厅的餐具柜中配备的物品是不一样的。

西餐厅餐具柜中配备的物品通常包括：

（1）咖啡/茶壶及加热器。

（2）冰壶和冰块夹。

（3）叠好的干净餐巾、各种台布等。

（4）刀、叉、匙、筷等餐具。

（5）点菜本和圆珠笔。

（6）盐瓶、胡椒瓶、色拉油和其他调料。

（7）各种茶叶或茶包等。

（8）黄油、糖、奶油、柠檬切片等。

（9）儿童使用的桌垫、围嘴和餐具。

（10）特种菜的餐具和用品，如柠檬压汁器、吸管、海味叉等。

（11）清洁的菜单。

（12）饮料杯、杯垫等。

（13）账夹（也叫收银夹）和服务托盘。

（14）各种瓷器、银器和玻璃杯具等。

中餐厅餐具柜中配备的物品除了摆台用的各种中餐用具外，还应有酱油、醋等中餐用的调料，以及小毛巾、羹匙等中餐用的服务用品。

对于餐厅里的餐具柜，客人看得一清二楚，所以服务员必须养成保持餐具柜整齐、清洁的习惯。值台人员要随时清理餐具柜，服务员的助手应负责将用过的餐具用托盘送回洗涤间。餐具柜内物品应分类摆放整齐，以免翻找餐具时产生噪声。

6.1.3　熟悉菜单

服务员对本店的菜单是否熟悉，直接影响着服务质量与经营效益。

一方面，熟悉菜单有利于服务员推销菜肴。服务员在向客人介绍菜肴时就像是商店的售货员，而菜单上的菜肴就是服务员的产品，服务员对菜单的了解程度会影响菜肴的销售效果。

另一方面，熟悉菜单有助于服务员向客人提供建议。例如，当客人置身他乡，对当地菜式所知寥寥时，常常乐于从服务员那里得到帮助。再如，对于那些需要节食的客人，或对价格较敏感的客人，服务员也可以提出相应的建议。

1）熟悉菜单的变化

菜单变化的原因，一是丰富菜式的需要，二是受季节性影响原料的成本会发生变化。服务员在正式接待客人前，必须熟悉当天的菜单。即使是固定菜单，也会定期变化，并且餐厅还常常提供当日特选菜单和季节菜单。

2）熟悉菜单的种类

服务员应当熟悉本店的各种菜单。以西餐菜单为例，主要有早餐菜单、午餐菜单和晚餐菜单，也有将午餐菜单和晚餐菜单合二为一的。西餐午餐菜单和晚餐菜单的区别是：午餐菜单中包括三明治和量小的主菜；晚餐菜单中则备有量大的主菜，还包括各种配菜，如各色蔬菜等。中餐的午餐菜单和晚餐菜单通常是一样的。

除了这些正规的菜单外，还有儿童菜单、特选菜单、甜品单和酒单等。

菜单上通常还标有每道菜的价格和套餐价格。西餐套餐一般包括汤、面包、色拉和主菜。中餐套餐一般也是荤素搭配，有汤有饭。餐厅经理和领班通常还负责根据客人的要求为客人临时搭配套餐。

3) 熟悉菜单的内容

根据客人的饮食习惯和进餐顺序，西餐菜单通常按下列顺序排列：冷热头盘、汤、色拉、主菜、甜点、饮品。头盘有冷热之分，又叫开胃品，包括蔬菜、果汁、水果和海味等。主菜包括牛排、家禽和特色菜。中餐菜单一般分类排列，包括厨师特选、冷盘、鱼类、海鲜类、牛肉类、猪肉类、鸡类、鸭类、野味类、蔬菜类、点心、汤羹等。

菜单因餐厅的等级和管理者的经营思想不同而有很大的差异，有些以提供特制精美菜肴见长，有些以廉价的家庭菜式为主，有些以品种繁多、选择广泛称雄，有些则以品种限量来削减成本。

当天的特色菜可以附加在菜单上，也可以用立式餐单放在餐桌上，还可以在餐厅的门口以广告牌的形式陈列。特色菜可能是原料过剩的品种，也可能是时令菜或特聘厨师的拿手菜。如果特色菜属于原料过剩的品种或时令菜，则通常是比较便宜的，但应尽量避免用剩余原料制作特色菜。

4) 熟悉菜肴的烹调方法

当客人询问某一道菜的烹调方法时，掌握下列烹调常识对服务员提供服务是很有帮助的。

（1）烘——在烘炉中，用干燥的、持续不断的热度制作。

（2）煮——在100℃的沸水中制作，水泡会不断上升到水面并分解。其特点是汤菜各半，汤多汁浓，口味清鲜。

（3）焖——将经过炸、煎、炒或水煮的原料，加入酱油、糖等调味品，用旺火烧开后再用小火长时间加热。其特点是制品的形态完整，不碎不裂，汁浓味厚。

（4）炸——在灼热的食用油中煎炸制作，有的用少量食用油嫩煎，有的在大量的热油中深炸。

（5）烤——将经过腌渍或加工成半熟制品的原料，放入以柴、炭、煤或煤气为燃料的烤炉或微波烤炉中，利用辐射热能把原料加工熟。

（6）烩——将加工成片、丝、条、丁的多种原料一起用旺火制成半汤半菜的菜肴。

（7）爆——将脆性原料放入中等油量的油锅中，用旺火高油温快速加热。

（8）蒸——在有压力或没有压力的锅具里利用水蒸气的热力使食物变熟。

（9）炖——加水烧开后用文火久煮。

（10）煨——在水将沸未沸的条件下用文火慢慢地煮。

5）熟悉菜肴的制作时间

菜肴的制作时间是指做好菜单上某一道菜，并将其装盘所需要的时间。菜肴的制作时间取决于厨房的设备、厨师的工作效率、积压订单的多少和菜肴本身的烹制方法。掌握制作某道菜肴所需的时间，可以帮助服务员恰当地向客人推荐菜肴。例如，对于赶时间的客人，服务员应推荐制作时间短的菜肴。有关菜肴的制作时间，服务员应多向厨师请教，平时注意观察和积累。

常规西餐菜肴的制作时间如下：

鸡蛋：10分钟

鱼（炸或烤）：10～15分钟

牛排（约1英寸厚）：

　　　五分熟：10分钟

　　　七分熟：15分钟

　　　全熟：20分钟

羊排：20分钟

猪排：15～20分钟

野味：30～40分钟

炸鸡：10～20分钟

蛋奶酥：35分钟

如果使用现代化设备，则可以大大缩短菜肴的烹制时间。例如，有些食品可以根据需求预测事先做好，称为"预制食品"，当客人选点时，在微波炉中加热，只需几分钟甚至更短的时间便可上台。

6）熟悉菜肴的配料

无论是中餐还是西餐，许多菜肴都会搭配一定的调味品、汁料以及配菜。服务员应知道哪些配料需要在上菜前上台，哪些配料应在上菜后服务，并要保证盛放配料容器的干净。有时，常用的配料也可以保存在餐厅的餐具柜里。

常用西餐菜肴配料如下：

鱼类菜肴配柠檬片

海鲜类菜肴配鞑靼汁（汁中含有碎的熟蛋黄、碎酸菜、橄榄油、干葱粒等）

汉堡包配番茄酱和泡菜

牛排配牛肉酱汁

热狗配芥末酱汁

薄煎饼配蜂蜜

色拉配调味汁（准备三种以上供选择）

面包配黄油

烤面包配黄油、果酱

汤配苏打饼干

龙虾配澄清的黄油

主菜配欧芹（增添色彩）

咖啡配牛奶和糖

茶配柠檬片和糖

烤鸭配薄饼、葱和甜酱

煎、炸的鸡、鸭等配椒盐和番茄酱

需要用手指帮助食用的菜肴（如螃蟹、龙虾等）要配净手盅，在净手盅里倒入温水，并放入少许柠檬片、菊花瓣等。

6.1.4 餐前短会

在服务员已基本完成各项准备工作、餐厅即将开门营业前，餐厅经理或领班应主持召开短时间的餐前会，其作用在于：

（1）检查所有服务人员的仪表、仪容，如头发、制服、工牌、指甲、鞋袜等。

（2）使服务人员在意识上进入工作状态，形成营业气氛。

（3）再次强调当天营业的注意事项，提醒重要客人的接待工作以及已知客人的特殊要求。

餐前短会结束后，值台服务员、引座员、收款员等前台服务人员应迅速进入工作岗位，准备开门营业。

同步案例 6-1

正午12点之前婚宴必须开始

背景与情境： 丁经理作为南方某酒店管理公司的员工被派到北方某市一家酒店任餐饮部经理。这天，酒店要举办一场婚宴。由于南北方风俗习惯的差异，丁经理不太适应婚宴安排在中午。丁经理一边准备着，一边左右协调、安排着。不知道什么原因，眼见正午12点将至，可婚宴的准备工作仍未结束。这时婚宴的主办者及司仪都急了，他们立刻通知酒店方面，婚宴无论如何必须在正午12点之前开始。你是怎样看待这件事的？

资料来源 根据作者的酒店实践经历整理。

问题： 北方的婚宴为何必须在正午12点之前开始？

分析提示： 南北方习俗的不同，在婚宴上也可以得到反映。在北方的许多地方，婚宴必须在中午12点之前开始是铁定的规矩，不然将被视为不吉利。

学习微平台

延伸阅读6-1

6.2 开餐服务环节

开餐服务是餐厅对客服务工作的开始，也是餐厅服务工作中重要的一环。

本节着重介绍安排客人就座、接受客人点菜、回答客人询问、向客人推荐菜肴、传送点菜单进厨房等业务内容。

6.2.1 安排客人就座

安排客人就座的工作通常由餐厅经理、专职引座员负责。建立这种引座制度，一方面可以使客人感到自己受欢迎，给客人留下美好的第一印象；另一方面可以使餐厅有能力控制餐厅里客人的流动量。即使在可以由客人自己挑选餐位的餐厅，问候和引座也是很重要的。

安排客人就座时应注意以下几点：

（1）一张餐桌只安排同一批客人就座。

（2）按照一批客人的人数安排适当的餐桌，如将全家同来就餐的客人安排在大圆桌席位上、将一对夫妇安排在小餐桌席位上。

（3）将吵吵嚷嚷的大批客人安排在餐厅的单间里或餐厅靠里面的地方，以免干扰其他客人。

（4）将老年客人或残疾客人尽可能安排在靠餐厅门口的地方，以方便进出。

（5）将年轻的情侣安排在安静并且可以观赏优美景色的角落。

（6）服饰漂亮的客人可以渲染餐厅的气氛，可以将其安排在餐厅中心引人注目的位置。

当然，最主要的是不能违背客人的意愿，应将客人安排在其想去的席位就座。餐厅经理或引座员在门口迎接客人时，要礼貌问候，这时客人会告知他们是否已预订过席位，如果他们没有预订席位，可以问他们"一共几位"。当客人独自到来时，要问："请问要一个人的餐桌吗？"不要问："您独自一个人吗？"然后应送上清洁的菜单，把客人引领到对应的席位上。

当同一批客人中有女宾时，餐厅经理或引座员要将她们安排在视线较好的座位上，让女士们面壁而坐是错误的。通常同来的男宾会帮助安排在场的女宾入座，引座员为女宾拉椅让座时，并不直接指定她们就座的位子。

当客人要坐背靠墙的软席座位时，引座员可以将餐桌稍为拉出一点，以方便客人就座，然后将打开的菜单递给每位客人（这是西餐的做法，中餐无须人手一份菜单）。在安排客人就座的过程中，说话的方式要亲切、自然。

如果有儿童就餐，要提供专供儿童使用的小椅子或高椅子，并换上儿童餐具。

在安排客人就座时，要掌握餐厅里的客流量，避免将两批客人同时安排在一个服务区域内，应尽量分散安排，这样既可以避免某一服务区域的服务员负担过重，也可以使客人得到更好、更迅速的服务。

在就餐高峰期，常常会出现客人必须排队等候的状况，引座员要注意根据客人到达和登记的先后次序来安排座位，不能有种族歧视或厚此薄彼的行为。对于已经预订的客人，应在他们的预约时间内优先照顾。

6.2.2　接受客人点菜

当客人已入座并看了菜单之后，要马上招呼客人。如果客人由餐厅经理或引座员安排入座，则西餐服务时过去招呼的服务员要先向客人问候，说"早上好/晚上好"，或者"请问要喝点什么"，然后介绍几种鸡尾酒或餐前酒。如果客人不点餐前酒，则应询问"我可以接受您的点菜吗"。

在一批客人中，当主人为他（她）邀请的客人点菜时，服务员应从左边先去招呼这位主人；如果主人请他（她）邀请的客人各自点菜，则服务员应从主人右边的那位客人开始招呼，或者从其中的一位女宾开始招呼，有时也可以从已经准备好的那位客人开始招呼。

当服务员正在服务时，可能又会有新的客人被领到其服务区域，这时应先去招呼一下这批新到的客人，告诉新到的客人很快就会过去服务。这样，新到的客人会赞赏你的做法，从而不会觉得受到冷落。

招呼客人不仅要热情、有礼貌、面带微笑、态度诚恳，还要灵活机动，做到恰到好处。

1）服务姿势

服务员在接受客人点菜时，要端正地站在客人的左侧，手拿点菜记录本，并备好一支圆珠笔或一支削好的铅笔。填写点菜单时千万不要为了图省力，而将点菜记录本放在餐桌上记录。

2）将客人与其所点菜肴对号

西餐服务中，服务员在接受点菜时，必须使用一点技巧，即记录第一个点菜的客人区别于在座其他客人的主要特征，如头发的颜色、衣服的颜色、戴不戴眼镜、年龄、性别等，然后从这位客人开始，逆时针绕桌接受其他客人的点菜，并在菜名后编上1号、2号等号码。这样在上菜时，服务员就能够将菜肴正确端至每位客人面前，而不需要一一询问。类似的另一种方法是餐厅统一规定某一朝向的座位为1号，然后逆时针依次为2号、3号……，这样做可以起到同样的作用。将客人与其所点菜肴对号还有一个功能，就是如果客人要求分单结算，收款员可以据此准确地开出每位客人的账单。

3）填写点菜单

填写点菜单时要书写清楚，通常应根据菜单上的项目次序分类填写，这既便于服务员按顺序上菜，也便于厨师看单准备菜肴。

在记录客人所点菜肴时，必须同时记清客人的要求。举例如下：

（1）饮料中是否要加冰块。

（2）选用何种色拉调味汁。

（3）肉排要做到什么程度，通常有一分熟（Rare）、三分熟（Medium Rare）、五分熟（Medium）、七分熟（Medium Well）、全熟（Well Done）之分。

（4）烤土豆配酸奶油还是黄油。

（5）鸡蛋的嫩、老程度。

（6）选用什么蔬菜配菜。

（7）什么时候上咖啡。

在填写点菜单时，服务员应使用厨房员工都明白的通用缩写，不要随意简化。以下为填写西餐菜单时常用的缩写：

Chicken——ch

French Fries——ff

Filet Mignon──fm

Butter Steak──stk.butt

Strip Steak──stk.strip

Chop Steak──stk.chop

Rare Cooked──r

Medium Cooked──m

Well Cooked──w

Tossed Salad──toss

Thousand Island Dressing──1 000

French Dressing──Fr

Bacon，Lettuce & Tomato Sandwich──BLT

Hamburger──Hb

Casserole──Cass

Tetrazzini──Tet

Coffee──Cof

　　服务员在记录完客人的点菜以后，为了避免出现差错，应向客人重复一遍客人所点的菜肴，以便得到确认，客人在用不合常规的方法点菜时更应如此。

　　点菜完毕后，要收回每位客人的菜单。

4）接受点菜的方法

　　目前较为普遍的接受点菜的方式是开具点菜单，服务员应根据订单上的栏目逐项填写，首先填表头，然后是菜名，最后统计数量。这种订单一般一式三联：一联放到收银员处，由收银员准备账单；一联经收银员确认后送到厨房，由厨师根据订单准备菜肴；最后一联由服务员保存，对照上菜。

　　表6-1是餐厅点菜单示例。

表6-1　　　　　　　　　　　**餐厅点菜单　No.12345**　　　　　　　　　　××餐厅

台号：	人数：		日期：	服务员：
数量	菜名		备注	
注：白色联交收银员；黄色联交厨房；红色联交服务员				

　　酒水另开一份菜单，冷、热菜分开的厨房，菜单也应分开填写。

　　通常，送入厨房的那一联订单在餐厅营业结束后，将集中送至餐饮成本控制部门，用于统计和成本控制，并与餐厅收款发票存根联核对，以防漏账。

此外，有的餐厅会向客人提供笔和订单，让客人自己勾选。

需要补充说明的是，目前国内许多餐饮企业已经使用PDA（手掌式）点菜器来接受客人点菜，但高档餐饮机构不赞成使用PDA点菜器，因为这样会减少人工服务的人情味，接受客人点菜变成了"人机"对话，客人也会感觉不舒服。

6.2.3 回答客人询问

餐厅服务员在与客人接触的过程中，往往会被问及许多有关餐厅菜肴和酒水，以及当地旅游景点、历史文化等方面的问题，服务员只有通过长期的学习、观察和培训，才能给予客人准确的回答。

服务员应当了解的情况包括：本餐厅或酒店其他餐厅的营业时间、电话号码、菜肴特色；各种菜肴的知识、本餐厅菜单上各种菜肴的制作方法、本餐厅的名菜名点；有关传统菜肴的历史趣闻；当地的历史文化和风景名胜等。

当服务员碰到难题不能马上回答时，应主动代客查询，不要胡乱作答。

当菜单发生变化和有特选菜单时，餐厅应安排专门的时间对服务员进行培训，不能让服务员带着疑问去服务。

同步思考6-2

问题：餐厅服务员在回答客人询问时，通常应具备哪些知识？

理解要点：餐厅服务员通常应了解以下三个方面的知识，以备就餐者询问：

①本餐厅供应的菜肴和酒水方面的知识，如菜肴选用的原料、菜肴的口味、菜肴的制作方法、特色菜肴等。

②本地旅游景点、历史文化、风土人情方面的知识。

③本餐厅的营业时间、联系电话等。

6.2.4 向客人推荐菜肴

恰到好处地推荐菜肴是一项专业技巧。成功推荐菜肴，既可以让客人感到满意，又能为餐厅增加收入。

推荐要掌握适当的时机，如西餐在用餐前要推荐鸡尾酒，吃主菜建议配色拉，主菜后推荐甜品和餐后酒。此外，陈列在手推车上的海鲜、色拉台和甜品台上的食品，令人垂涎，容易引起客人的食欲，有利于推销，服务员可以将这些食品推到餐桌边展示，供客人选择。

推荐菜肴时不能让客人感到你是在为餐厅的利润而推销，应当使客人感到服务员是站在他们的立场上，为他们提供服务。这时语言的技巧就非常重要，因此服务员要掌握沟通的技巧。

对于那些比较计较账单金额的客人，应推荐便宜的特色菜；对于搞喜庆活动的客人，应加强酒水的推销；对于儿童，应推荐小份额的菜肴；对于节食的客人，更应投其所好地提供建议。

推荐菜肴时应多用建设性的语言，不要问客人"要鸡尾酒吗""喜欢甜品吗"等，这样问的结果很可能就是"不用了"。当你问"吃牛排来一瓶红葡萄酒怎么样"或"您喜欢香草冰淇淋还是草莓冰淇淋"时，得到的结果将大不一样。

当客人问服务员今天有什么好菜时，要具体回答，如果你说"今天的菜都不错"，对客人来说将毫无帮助，同时也不太礼貌。

推荐的艺术还反映在能恰当地使用诱人的描述性语言去刺激客人的胃口，如"我建议你们先来一点冷冻的新鲜苏格兰虾开胃小菜"，或者说"尝一尝我们的火烧樱桃欢乐佳节菜怎么样"，这样的推荐更能引起客人的食欲和好奇心。

6.2.5　传送点菜单进厨房

服务员在开好点菜单并经收银员确认后，将其中一联送到厨房，交给厨师长，由厨师长分配给厨师烹制。有些厨房里有一个能转动的轮盘，上面挂着一个个夹子，服务员按点菜单的先后顺序依次将其夹在轮盘上，厨师亦按先后顺序准备菜肴。如果有计时器，则点菜单入厨房后，应先打上进入厨房的时间，然后交给厨师长，以便检查控制。

服务员在递交点菜单时，应当注意：

（1）遵守秩序，有特殊情况与厨师长商量，不得偷偷把顺序提前。

（2）点菜单上的特殊要求应向厨师长解释清楚。

（3）要与厨师紧密协作，不大声喊叫，互相尊重，发扬团队精神。

（4）不得长时间借故在厨房停留或与厨师聊天。

同步案例6-2

西方客人不吃以蛇、鸽等为原料做的菜肴

背景与情境：一天，刚上岗不久的小廖接待了几位欧美客人用餐，由于客人对中餐不熟悉，因此将点菜的任务交给了小廖。小廖帮助他们点了一套中餐，其中包括椒盐大王蛇、金牌乳鸽等。餐毕，有蛇与鸽子的这两道菜丝毫未动。

问题：西方客人为何不食以蛇、鸽子等为原料做的菜肴？

分析提示：这同西方人的社会观念、文化差异、饮食习惯有关。鸽子、狗、猫等动物被西方人视为宠物，万万食不得；蛇、鳗鱼、黄鳝等无鳞动物，西方人习惯上不吃，所以，我们认为是美味佳肴，西方人未必认同。

资料来源　根据作者的酒店实践经历整理。

学习微平台

延伸阅读6-2

6.3　就餐服务环节

就餐服务即台面服务，是指把客人所点食品、饮料送上餐桌，并在整个进餐过程中，照料客人的需要。良好的就餐服务包括用有效的服务方法上菜及提供其他服务，这种有效的服务方法能够最大限度地使顾客满意。

本节将介绍出菜服务、上菜时机与台面服务、用餐过程中特殊情况的处理，以及就餐服务中的安全与卫生问题等。

6.3.1　出菜服务

为避免传菜服务员在行走时发生碰撞事故，很多厨房都分设进、出两扇门，

服务员在出菜时应遵守规则、分门出入。服务员在出菜时应注意以下几点：

（1）核对菜肴，不要错拿其他客人的菜。

（2）查看食物摆放是否令人喜爱，点缀是否美观。

（3）发现菜肴有差错自己又拿不准时，应请教厨师长。

（4）将菜盘平衡地摆到托盘上，送到餐厅。

（5）行走时要注意保持平衡，留心周围情况，以免发生意外。

6.3.2 上菜时机与台面服务

1）上菜时机

接受客人点菜之后，服务员应掌握上菜时机，把握好服务的节奏。服务员在客人与厨师之间可以起到联系人的作用，一旦失去这个联系人，就可能出现厨师一股脑儿将所有的菜都做好，或者上一道菜已做好而下一道菜迟迟上不来等种种不正常的情况，从而影响服务质量。因此，服务员必须根据情况决定是把点菜单立即送入厨房，还是暂缓一会儿再送。当客人正慢慢地品尝酒水和冷菜时，点菜单可以略迟一些送入。

另外，服务员要了解主菜的烹制时间，根据烹制主菜所需时间的长短送交点菜单和通知厨师做菜。服务员还要根据厨房的忙、闲程度，决定何时送点菜单。忙时提前送单，闲时迟些送单，这是常识。

要正确掌握上菜时机，需要服务员在实践中不断学习和总结经验，这样才能做到既不会出菜太快，又不会让客人等菜。

2）台面服务

以西餐为例，台面服务的要点及要求如下：

（1）每上一道菜，都是女士和年长的客人优先。

（2）在一批客人中，如果由主人招待其朋友，则先从主人右边的客人开始上菜，然后按逆时针方向绕台依次进行。

（3）上菜时不应再询问客人点了什么菜，而应从点菜单上了解他们各自所点菜肴。

（4）为方便客人，避免胳膊碰撞到客人，应采取用左手从左侧上菜，或用右手从右侧上菜的方法。

（5）端盘子时，用四只手指托住盘子的下面，大拇指搭在盘子的边沿上，应避免在菜盘上留下指纹（摆台时亦是如此）。

（6）上菜、上点心时要将盘子放在客人面前一套餐具的中央。

（7）开胃品是餐前食品，如虾仁鸡尾杯、水果或鲜果汁等，第一道菜应放在一个垫盘里，端到客人的正前方。

（8）在上虾仁鸡尾杯等海鲜类开胃品时，要给客人送上海鲜叉，也可以将海鲜叉放在垫盘的右边与开胃品一道送上。

（9）汤可以代替开胃品先上，也可以作为第二道菜上。热汤的盛器也要加热，上台时要提醒客人小心。带盖的汤盅上台后，要揭去其盖放在托盘内带走。汤要摆在席位的正中，汤匙要放在垫碟的右边。

（10）色拉可以用手推车推到客人的餐桌前让客人选点，盛器一般用木制的色拉钵，上台后要放在餐具的左边，把正中的位置留出来上主菜，因为很多客人喜欢将主菜与色拉同时食用。

（11）主菜是一餐的主要部分，餐具必须与所选定的主菜相对应，如吃牛排时要配牛排刀，吃龙虾时要配龙虾开壳夹和海味叉，吃鱼时要配鱼刀、鱼叉等。

（12）牛排酱汁一类的调味品应当在客人需要的时候随时送到餐桌上。主菜要放在摆台的正中，并要注意将肉食鲜嫩的一面朝向客人。

（13）甜品要最后上，首先将吃甜品用的勺或叉放正位置，然后将甜品摆在席位正中，同时应收拾餐桌上的多余用品，为客人斟满咖啡或水。

（14）上饮料时，所有饮料都从客人的右侧用右手送上，牛奶、红茶和咖啡杯具要放在餐位的右边。

（15）在斟咖啡等饮料时，不要用手端起杯具，而应直接向餐桌上的杯具中斟倒。如果要为座位间距较密的一批客人斟热饮料，则左手要拿一块干净的、叠好的餐巾护住客人，以免客人碰到饮料盛器被烫伤。

（16）在为座位靠墙的客人服务时，要先为坐在里面的客人服务，从比较方便、不影响客人的一侧上菜、上饮料。通常的做法是用左手为坐在右侧的客人上菜，用右手为坐在左侧的客人上菜，用这种方法可以避免与客人发生碰撞。

（17）为方便客人，即使打破正常的服务规矩也是应该的，如为座位靠墙的客人斟酒或倒咖啡时，可以端起杯子服务。

（18）当客人将刀、叉平行地放在盘子里时，表示客人已经吃完，可以将这道菜或盘子撤下了。如果对此还有疑问，可以询问一下客人是否已经吃完。在上下一道菜之前，服务员应将所有用过的餐盘和用具全部撤下。中餐收盘、换骨碟时，如果盘中还有剩菜，应询问客人是否还要享用。先收用过的餐盘，再换上干净的骨碟。

（19）服务员应用右手从客人的右侧开始，然后绕桌按逆时针方向从每位客人的右侧撤下餐具。收盘时，要同时收拾纸屑和刀、叉、勺、筷子等餐具。收盘程序如图 6-2 所示。

①收第一个脏盘，刀、叉呈十字形拿走。

②收第二个脏盘时的拿法。

③将第二个脏盘刮净。

④准备收下一个脏盘。

图6-2　收盘程序

6.3.3　用餐过程中特殊情况的处理

餐厅服务员应使成千上万来餐厅就餐的客人吃得满意，而要做到这一点是不容易的。餐厅服务员在工作中会遇到各种各样的客人，会碰到各种各样的事情，但是无论处理何种情况，都要做到态度诚恳，用心照顾好每一位客人。这时服务员所做的每一点努力，都会得到客人的赞赏。

1）对年幼客人的服务

（1）对年幼客人要耐心、愉快地照顾，并且帮助其父母让"小客人"坐得舒适，最好提供儿童餐椅，并且尽量不要把"小客人"安排在过道一边的座位上。

（2）在不明显的情况下，把糖缸、盐瓶等易碎的物品移到小孩够不着的地方。

（3）如果备有儿童菜单，应让小孩的父母为他（她）点菜。

（4）不要把"小客人"用的玻璃杯斟得太满，不要用高脚玻璃器皿，最好用较小的甜食餐具。

（5）尽可能为"小客人"提供围兜儿、新的坐垫和餐厅送的小礼品。

（6）如果"小客人"在过道上玩耍或者打扰了其他客人，要向其父母建议，让他们坐在桌边，以免发生意外。

（7）不要抱小孩、逗小孩或抚摸小孩的头，没有征得其父母的同意，不要随便给小孩东西吃。

2）对醉酒客人的服务

（1）值班的餐厅经理先要确认该客人是否确已喝醉，然后决定是否继续为其提供含酒精的饮料。

（2）如果客人确已喝醉，餐厅经理应该礼貌地告诉他（她）的同伴不可以再向他（她）提供含酒精的饮料，同时将客人安排到不打扰其他客人的靠里面的席位上，或者安排在隔开的餐室内。

（3）如果客人呕吐或带来其他麻烦，服务员要有耐心，迅速清除污物，不要抱怨。

（4）如果客人住在本酒店，没有人搀扶又不能回房间，服务员应通知保卫部门陪同客人回去。

（5）如果客人不住在本酒店，也应由保卫部门负责陪同客人离开。

（6）事故及处理结果应记录在工作日记上。

3）对残疾客人的服务

当遇到残疾客人在无人照料的情况下来到餐厅时，要理解客人的不便之处，恰当地、谨慎地帮助客人。

（1）应将坐轮椅来的客人推到餐桌旁，尽量避免将其安排在过道上。若有拐杖，也要放好，以免绊倒他人。

（2）盲人需要更多的照顾，但要适当，不要因关照过度而引起客人的反感，要小心地移开桌上的用品，帮助客人选择菜肴。上完饮料和菜肴后，要告诉客人放在什么地方。

（3）接待失聪的客人时要学会用手势示意，上菜或饮料时要用手轻轻地触一下客人，表示要从某一边提供服务。

（4）对于突然发病的客人，服务员要保持镇静，如果客人昏厥过去或摔倒，不要随便搬动，应马上通知医生和餐厅经理来处理。

4）对客人投诉的处理

一般而言，餐厅的服务越好，客人的投诉就越少。一旦客人有抱怨，应当将其作为对餐厅服务管理的反馈，从而改进今后的对客服务工作。服务员应从客人的投诉中吸取经验和教训。有些投诉是可以避免的，如当客人所点的菜在厨房被延误时，应主动向客人打声招呼，表示客人点的菜没有被忘记；又如，客人提出需要某种附加配料和服务，而这是需要额外收费的，这时服务员应当事先向客人讲清楚。

处理客人投诉的程序如下：

（1）认真倾听客人的全部意见。

（2）简要重复客人的意见并表示理解。

（3）诚恳地赞同客人提出的某些意见，如"你把这个问题提出来是正确的"，这会使你和客人站在一边，从而取得客人的信任，并与其一起分析问题。

（4）及时处理客人的意见，要设身处地地为客人着想。若不是服务员权力范围内能处理的问题，应迅速向上级反映。

（5）感谢客人反映问题，以引起管理部门的重视。

（6）记录投诉和处理经过，并作为案例用于培训。

5）对停电事故的处理

（1）餐厅经理应立即询问工程部。

（2）尽快了解何时能够恢复供电，然后据此决定是否停止营业（或向更高一级的领导请示）。

（3）向客人解释正在采取措施恢复供电，对给客人带来的不便表示歉意。

（4）如果很快就可以恢复供电而无须关闭餐厅，应迅速为各餐桌点上蜡烛。

6）对衣冠不整的客人的服务

（1）引座员或餐厅经理应向客人解释餐厅有关衣着的规定，欢迎客人穿好衣服再次光临。

（2）感谢客人的理解和支持。

（3）如果客人仍感不满，应请示上级或由大堂副理协助解决。

7）对带宠物进餐厅的客人的服务

（1）引座员应礼貌地告诉客人餐厅禁止携带小动物入内。

（2）如果客人不满，应通知餐厅经理。

（3）餐厅经理应认真听完客人的意见。

（4）餐厅经理应先向客人道歉，然后向客人解释关于禁止带宠物进餐厅和有关健康的规定。

（5）感谢客人的理解与支持。

8）对服务员不慎弄脏客人衣物事故的处理

（1）迅速帮助客人清除衣服上的污渍，学一点去污方法。

（2）餐厅经理应对给客人造成的不便表示歉意。

（3）如果是住店客人，可免费为客人在洗衣房洗衣。

（4）如果是非住店客人，应由酒店付费为客人洗衣。这时餐厅经理可给客人一张名片，客人可将洗衣发票拿来报销。

（5）在工作日记中做好详细记录。

同步思考6-3

餐厅失火该怎么办？

背景与情境： 20世纪90年代末，上海市静安寺附近一家著名的民营酒楼因使用煤气不当，发生了爆炸并引发了大火，造成厨师、服务员和用餐者多人死伤。从此，该酒楼在上海市餐饮市场上销声匿迹。

问题： 如果你当班时餐厅失火，那么你该怎么办？

理解要点： 首先应报警，详细说明火灾发生的地点，以便消防人员能迅速赶到现场进行抢救工作；其次应疏散客人，协助客人远离火灾现场；最后应积极地做一些力所能及的灭火与抢救工作，尽量把损失降到最低。

6.3.4 就餐服务中的安全与卫生问题

1）安全问题

创造一个安全的用餐环境，避免操作事故，是餐厅服务员的基本职责之一。安全操作既可以保护客人，也可以保护服务员自己。

相关注意事项包括：

（1）在餐桌之间的过道上行走时，应尽量靠右边行走。

（2）端托盘超越其他员工时，应小声提醒对方留心。

（3）推门前要特别小心，以免撞在他人身上。

（4）为了防止滑倒，服务员应穿矮跟的橡胶底鞋。

（5）食物掉到地上后要立即清除，如果来不及清除，应先放置一把椅子，提醒他人，以免踩到滑倒。

（6）行走时要留心客人放在过道上的手提包或公文箱，有可能的话应帮助客人放置妥当。

（7）用托盘上菜时，如果遇到客人正准备起身或谈兴正浓，应轻声招呼"对不起"，以免客人碰翻托盘。

（8）装托盘要适量、合理，不要过满，高的、后用的物品放在靠身体的一侧，矮的、先用的物品放在托盘的外侧。

（9）托盘时应按照理盘（清理托盘）、装盘（按上述合理方法装盘）、起托（用正确的方法及姿势托盘）的步骤进行。

2）卫生问题

餐厅服务员需要面对面为客人服务，因此在操作过程中保持个人的清洁卫生和操作卫生是十分重要的。不卫生的操作既会影响客人的身体健康，也会因此而失去顾客，进而损坏餐厅的声誉。

下列规则是操作中必须遵守的：

（1）为了避免头发掉落到食品中或碰到食品，餐厅服务员不宜留长发，女服务员可戴发网，男服务员也应保持头发干净整齐。

（2）工作服、围裙和指甲应始终保持干净，以免细菌污染食物，或者影响客人的胃口。

（3）去过卫生间后要洗手，收拾完用过的盘子和接触现金后，也必须洗手。

（4）服务时，要拿盘子的边沿、玻璃杯底部和餐具的把柄，手指不可接触食物。餐具的卫生操作如图 6-3 所示。

拿盘子时，拇指要紧贴盘子的外沿。

拿玻璃杯时，只拿住底部或靠近杯底的部分，注意不要触及杯口。

拿餐叉、餐刀等时，要拿餐具的把柄。

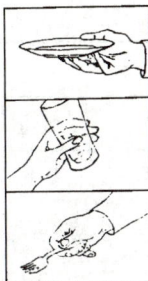

图6-3　餐具的卫生操作

（5）用消过毒的抹布擦拭餐桌和服务台，不可把餐巾、小毛巾当抹布用。

（6）掉落地面的餐具必须重新更换。

（7）在餐厅里不用手摸头、挖鼻、挖耳朵等；打喷嚏时，要用纸巾或手帕捂住口鼻。

教学互动6-1

背景资料： 年轻人好动，年轻服务员的心情与精神状况同样也会起伏变化。
互动问题： 在服务中，自己的心情欠佳怎么办？
要求： 同"教学互动1-1"的"要求"。

学习微平台

延伸阅读6-3

6.4　餐后服务环节

餐后服务是指宾客用餐结束后，由餐厅为其提供的有关服务。

本节着重介绍结账与收款、重新整理台面及其他结束工作。

6.4.1　结账与收款

客人可以到收银台结账、付款，也可以由服务员为其结账。餐厅结账的方式一般有现金支付、签单、信用卡支付。

1）现金支付

当客人要求结账时，服务员应迅速到收银台取来客人的账单，并将其放在收银夹或小托盘里交给客人。若客人对账单有疑问，服务员要耐心解释。客人付现金后，服务员应将现金送到收银台，由收银员收钱找零，并加盖"付讫"章。之后，服务员再将找零和发票拿给客人，并向客人致谢，欢迎客人再次光临。

2）签单

如果是住店客人，则可以采用签单的形式结账。在这种情况下，当客人示意结账时，服务员应迅速到收银台取来账单（见表6-2），并将其放在收银夹里交给客人。客人签单时，一般应出示房卡，服务员也应确认房号是否与客人所签一致。采用签单形式时，餐厅一般不提供发票，而是在客人离店结账时，由酒店前台开具给客人。客人签完单后，服务员应向客人致谢，欢迎其再次光临，然后迅速将签过的账单送交或转至酒店前台。

表6-2   ××餐厅账单

台号：	人数：		服务员：	日期：
摘要	数量		单价	金额
姓名（正楷）： 房号： 签字：		小计：		
		服务费（15%）：		
		合计：		
		No.12054		

3）信用卡支付

当客人示意结账时，服务员应迅速取来账单，并将其放在收银夹内交给客人；然后将账单和信用卡一起送交收银台，同时由服务员协助客人在相关单据上签字；最后服务员应向客人致谢，欢迎客人再次光临。

结账的形式还有很多，如手机支付（包括微信、支付宝等）、支票支付等。结账时，要做到准确、迅速、彬彬有礼。

账单一般一式两份，收银员应依号码先后顺序使用，不得跳号使用，不得遗失。

业务链接6-1

发现未付账的客人离开餐厅时怎么办？

故意不付账的客人是很少的，如果发现客人未付账便离开餐厅，服务员应马上追上去，有礼貌、小声地把情况说明，请客人补付餐费。如果客人与朋友在一起，应请客人站到一边，再将情况说明，请客人补付餐费，这样可以照顾客人的面子，不会使客人感到难堪。

在整个过程中，服务员要注意礼貌，如果粗声粗气地质问客人，有可能使客人产生反感而不承认，进而给工作带来更大的麻烦。

6.4.2 重新整理台面及其他结束工作

（1）客人用餐完毕离开餐厅时，餐厅经理或引座员应主动向客人道谢，欢迎客人再次光临。

（2）全部客人都已离开餐厅后，各值台区域的服务员进行收台工作。

（3）按照规定重新布置台面，摆齐桌椅，清扫地面。

（4）擦净调料盛器和花瓶等，转盘也要用清洁剂擦干净。

（5）将服务柜收拾整齐，补充必备品，归还借用的服务用品。

（6）引座员整理客人意见，填写餐厅记录簿。

（7）餐厅经理检查收尾工作，召开餐后会，简短总结，和接班者进行交接，交代遗留问题。

业务链接6-2

学习微平台

延伸阅读6-4

客人用餐后应即时恢复餐台

在某星级酒店的零点餐厅，有一个服务程序是这样规定的：当最后一位客人用餐完毕后，如果已到下班时间，恢复摆台的工作可留至下一餐再做。一天，最后一位客人用完午餐之后，下班时间已过，服务员照例将收餐翻台工作延至晚餐时做，餐厅的台面上一片狼藉。这天下午3点多，星评复查组前来暗访，目睹了此情景，结果可想而知。

今日事，今日毕，所有服务程序的制定都应遵循此原则。

本章概要

□ 内容提要

本章介绍了餐饮服务中的主要环节，分别是餐前准备环节、开餐服务环节、就餐服务环节、餐后服务环节。这些环节基本上包含了餐饮服务的整个过程，了解和掌握这些环节，有利于服务工作的全面、规范、系统、完整。

□ 主要概念和观念

▲ 主要概念

开餐服务 就餐服务

▲ 主要观念

餐前准备 开餐服务 就餐服务 餐后服务

□ 重点实务

开餐服务环节 就餐服务环节

基本训练

□ 知识训练

▲ 复习题

1）餐前服务环节的工作应包括哪些方面？

2）开餐服务环节的工作应包括哪些方面？

3）就餐服务环节的工作应包括哪些方面？

4）餐后服务环节的工作应包括哪些方面？

▲ 讨论题

1）餐前会和餐后会分别起什么作用？

2）客人结账时，如何应对各种形式的付款方式？各自的操作要点分别是什么？

▲ 理解与评价

点评餐饮服务的四个主要环节及其关键业务。

□ 能力训练

▲ 案例分析

训练项目

案例分析-Ⅵ

相关案例

宴会宾主致辞时有菜端出

背景与情境： 某四星级酒店里，富有浓厚民族特色的贵妃厅今天热闹非凡，可以容纳三十余张圆桌的空间座无虚席。主桌上方是一条临时挂起的横幅，上书"庆祝××（集团）公司隆重成立"。今天来此赴宴的都是商界名流，由于嘉宾众多且宴会规格高，因此餐厅上至经理下至服务员都忙坏了。

宴会开始，一切都正常进行。值台服务员上菜、报菜名、派菜、递毛巾、倒饮料、撤菜盘，秩序井然。按照预先安排，上完"红烧海龟裙"后，主人与主宾要到前面讲话。只见主人和主宾离开座位，走到话筒前。值台服务员早已按计划，为每位客人的杯子里斟满了酒水。另有一位英俊的男服务员站在话筒边几步之外，手中托着一个圆托盘，盘子里有两只斟满酒的杯子。主人和主宾简短而热情的讲话很快便结束了，那位男服务员迅速呈上了酒杯。正当所有来宾准备碰杯祝酒时，厨房里走出一列服务员，手中端着刚出炉的烤鸭，走向了不同的餐桌。

所有人不约而同地将视线移向这支移动的队伍，热烈欢快的祝酒场面瞬间被破坏了，主人不得不再一次提议全体干杯，但气氛已大打折扣。

问题：

1）宴会进行中，何时不宜上菜？

2）宴会进行中，何时适宜上菜？

训练要求： 同第1章"基本训练"中本题型的"训练要求"。

▲ 实训操练

训练项目：用餐服务环节运转模拟

训练任务：模拟餐厅实际运行的场景，进行用餐服务各主要环节的实际运转训练。

训练要求：在实训老师的指导下完成上述实训任务。

训练步骤：

1）将班级分成若干个小组，每3～4人为一组，每组确定1个负责人。

2）指导老师进行示范操作。

3）各组按要求分别进行实训操练。

4）指导教师穿插指导，纠正错误动作。

□ 课程思政

训练项目

课程思政–Ⅵ

相关案例

所吃非所挑

背景与情境：市民周先生在江淮路某饭店用餐时，向服务员点了两只活螃蟹，细心的他将选好的螃蟹瓣下来一个爪。谁知上菜的时候，他发现蟹爪一个不少。之前正是听朋友讲，到饭店吃海鲜，很多店家以"生猛"招揽顾客，通常会让客人当场挑选活鱼活蟹。但如果遇到不讲诚信的店家，挑好的活物拿到后厨就会被换成死鱼死蟹。他这才出此下策，做了一个记号，没想到抓了一个现行。

周先生觉得饭店不讲诚信，欺瞒消费者，将顾客挑好的活物进行调包，于是与饭店进行交涉。因为周先生有实物证据，最后饭店老板前来道歉并免了单。尽管问题得到了解决，但周先生还是觉得饭店的做法太不地道，和家人、朋友去饭店吃饭，除了味觉外，最重要的就是开心的氛围，但遭遇饭店的偷梁换柱，这顿饭还能吃得开心吗？

资料来源　马倩倩."所吃非所挑"，饭店吃鱼遭遇偷梁换柱〔N〕. 扬州时报，2011-07-20（3）.（有删减）

问题：

1）该饭店和服务人员的行为存在哪些思政问题？

2）试对上述问题做出你的思政研判。

3）说明你做上述研判的依据。

训练要求：同第1章"基本训练"中本题型的"训练要求"。

第三编 餐饮管理

第7章 菜单的筹划、设计、制作与实施

- ● **学习目标**
- 7.1 固定菜单的筹划、设计与制作
- 7.2 变动菜单的筹划与实施
- ● **本章概要**
- ● **基本训练**

● **学习目标**

通过本章的学习，应当达到以下目标：

职业知识：学习和把握"菜单的筹划、设计、制作与实施"的相关概念，固定菜单的种类、表现形式、作用、制作依据、菜肴选择、内容、设计与制作，变动菜单的种类、表现形式、筹划与实施的方法，以及"业务链接"等知识；能用其指导本章"同步思考"、"教学互动"和"基本训练"中"知识训练"各题型的认知活动，正确解答相关问题。

职业能力：点评"酒店举办宴会时，另收客人专用设施设备使用费"，训练专业理解力与评价力；运用本章知识研究相关案例，培养在"菜单的筹划、设计、制作与实施"的特定情境中分析问题与多元表征的能力；参加"零点菜单制作"实训，训练相应专业技能。

课程思政：结合本章教学内容，依照相关规范或标准，对章后"课程思政-VII"案例情境中的企业或其从业人员服务行为进行思政研判，培养高尚的道德情操，树立社会主义核心价值观。

引例：一顿讨巧的宴席

背景与情境：山东省济南市某酒店的总经理正在为将要接待的来自中国台湾的一个高级别老人团的宴会菜式而犯愁，此团的老人大多是在中华人民共和国成立前，由宁波去的台湾。此次来济南之前，该团已在上海活动了三天。通过向上海的接待方了解，上海方面安排的餐饮基本上为上海风味菜。情况明了之后，这位总经理便有了主意，将本酒店宴会的菜式定为宁波菜，并精心做了准备。宴会如期进行，臭冬瓜、蟹糊、鳗鱼鲞等宁波名菜被一扫而光，台湾客人异口同声地说，这是他们到大陆以后吃得最香、最满意的一餐饭。

资料来源　蒋一骊，刘耿大，吴志宏. 酒店服务 180 例［M］. 上海：东方出版中心，1996.

7.1　固定菜单的筹划、设计与制作

菜单是餐饮企业向就餐者展示其生产经营的各类餐饮产品的书面形式的总称。固定菜单的筹划、设计与制作，既是餐饮经营活动的重要形式，也是餐饮零点（零售）业务活动的核心。

7.1.1　固定菜单的概念

固定菜单是餐饮企业为满足就餐者对餐饮产品的日常消费需要而制定的，在特定时段内所列的产品品种、价格等内容不发生变动的菜单。

固定菜单必须具备两个基本特征：一是菜单是针对就餐者的日常消费需要而制定的；二是菜单上列示的产品品种、价格在某一特定时间段内不发生变动。

按照国际餐饮惯例，这一特定时间段通常为 1 年（但在中国，变动周期一般较短）。

7.1.2　固定菜单的种类及表现形式

依据不同的划分标准，固定菜单可以分成不同的类别。

1）依据餐别划分

这种划分方法是由民族习俗发展而来的。从理论上讲，全世界有多少个民族，就会出现多少个餐别，但在全球范围内，人们普遍接受并使用的餐别为数不多，已为人们接受的餐别对应的菜单如下：

（1）中餐菜单

这是在中餐厅使用的菜单，菜肴所用的原料、烹饪的方法及服务的方式反映的是中国人的饮食习惯。

（2）西餐菜单

这是在欧美国家餐厅使用的菜单，菜肴的烹饪方法和口味特色、服务要求和服务方法反映的是西方人的饮食习惯。

（3）其他菜单

中、西餐菜单以外的菜单统称为其他菜单。常见的其他菜单有日本餐菜单、韩国餐菜单、清真餐菜单、越南餐菜单、印尼餐菜单、南美餐菜单等。这些菜单

反映的是对应民族、国家（或地域）的饮食习惯。

2）依据餐饮产品的品种划分

（1）菜单（Menu，此处的"菜单"为狭义的概念）

菜单是餐厅向就餐者提供的记有菜肴名称、价格等信息的，供就餐者挑选菜肴的书面清单。菜单是菜单中最典型的形式，反映的是餐饮企业的主体产品——菜肴。

（2）饮料单（Drink List）

饮料单是餐厅向宾客提供的记有酒水名称、价格等信息的，供宾客挑选酒水的书面清单。饮料单普遍应用于餐饮各消费场所，其记有的产品品种通常可以分为三类：纯饮的各种酒类，如中国白酒、白兰地、威士忌、中国黄酒、葡萄酒及啤酒等；软饮料类，如果汁、汽水等；混合饮品类，如鸡尾酒、宾治（Punch）等。

（3）餐酒单（Wine List）

餐酒单主要用于酒店的西餐厅，是酒店西餐厅向宾客提供的记有各类葡萄酒名称、价格等信息的，供宾客挑选合适的佐餐葡萄酒的书面清单。传统西餐的佐餐饮品比较单一，一般仅选用葡萄酒来佐餐。

从餐饮产品的表现形式来看，菜单、饮料单和餐酒单最为常见。除此之外，有些酒店还将其生产的各种咸、甜点心或糕饼的名称、价格汇于一份清单上，称为"点心单"，以方便宾客挑选各种点心。

3）依据供餐时间划分

不同的餐饮营业点，其供餐时间不同；同一个餐饮营业点，依据供餐时间的不同，其经营服务的内容存在着差异，不同供餐时间使用的菜单也不尽相同。这些菜单主要有：

（1）早餐菜单（Breakfast Menu）

早餐菜单是专为早餐用餐设计的，主要用于西餐早餐服务，菜单上所列的经营品种具有鲜明的早餐食品特征。

（2）正餐菜单（Dinner Menu）

正餐菜单专为正餐而设计，主要用于西餐服务，菜单上所列的餐点品种齐全，从头盘、汤类开始，一直到甜点、咖啡结束，一应俱全。此类菜单既可用于午餐，又可用于晚餐。

（3）宵夜菜单

宵夜菜单在中餐厅中使用较为普遍，主要为习惯于夜生活的人而设计，使用时间通常是子夜前后。

4）依据服务地点划分

许多酒店的餐饮部都拥有众多的营业地点，其经营内容、表现形式存在较大差异。除了咖啡厅、零点餐厅、酒吧等营业场所有菜单之外，酒店餐饮部经营管理范围之外的客房内也有餐饮部设计与制作的菜单。

（1）餐厅菜单

餐厅菜单普遍使用于各类中、西餐零点餐厅，菜单上所列的经营品种一般能够反映出餐厅日常烹饪制作的风格和水平，也能体现出餐厅的服务档次和特点。

（2）酒吧菜单

酒吧菜单的主要表现形式为饮料单。饮料单上除了供应酒类等饮品之外，还供应各类小点和简单的餐食，如三明治等。

（3）楼面菜单

楼面菜单是指置于酒店客房之内，为住店客人在房内用餐而备的一份印有餐食品种和价格、送餐时间等信息的清单。餐饮部的经营范围从空间上看，并不局限于餐厅，而是延伸到了客房部所属的客房，这样既扩大了餐饮经营的空间，又方便了由于种种原因不便去餐厅用餐的住店客人。当然，这对于餐饮经营管理提出了更新、更高、更特殊的要求。

5）依据服务方式划分

餐饮业发展至今，餐饮原料、加工方法等都发生了很大的变化，餐饮服务的方式也精彩纷呈。优良的餐饮服务使客人不仅品尝到了美味佳肴，而且获得了精神上的享受。

（1）点菜菜单（Menu for a La Carte）

各类中、西零点餐厅使用的菜单，均属于此类。就餐者可依据自己的口味、爱好，选取自己中意的餐食品种。而餐厅作为客体，则根据消费者的口味提供适销对路的餐饮产品。

（2）套菜菜单（Menu for Table D'Hote，或 Set Menu）

套菜菜单又称公司菜菜单，是餐厅根据本地市场情况，制定出的组合餐菜单。组合餐中一般包括三四道菜肴和一道汤。收取餐费时，按组合餐结账。通常，中、西餐都可提供套菜菜单。套菜菜单多用于会议用餐及公务用餐的场合。

6）依据服务对象划分（高档酒店使用较多）

在经营服务中，由于接待对象的档次、口味、身份、消费要求各异，因此许多酒店的餐饮部会从适应市场的不同消费需求出发，制定满足不同消费需求的菜单。常见的菜单有：

（1）对外菜单

对外菜单是餐饮部用于各营业点，满足零点需求的、公开的、正式的营业菜单。

（2）对内菜单

对内菜单是餐饮部为满足酒店内部员工就餐需求而制定的工作餐菜单。其表现形式主要有：高级员工餐厅菜单、普通员工餐厅菜单等。

7.1.3　固定菜单的作用

菜单是餐饮企业日常经营活动的起点，餐饮经营管理活动中的诸多业务内容均由菜单确定。固定菜单的作用如下：

1）餐饮经营方面的作用

（1）固定菜单是沟通餐饮经营者与消费者的桥梁。

（2）固定菜单是餐饮销售的控制工具。

（3）固定菜单是餐饮促销的重要载体。

（4）固定菜单决定了餐饮经营的档次和风格。

（5）固定菜单决定了餐饮前台的服务规格和要求。

2）餐饮管理方面的作用

（1）固定菜单决定了食品原料的采购与储存。

（2）固定菜单决定了餐饮设施的配备。

（3）固定菜单决定了厨师和服务人员的素质。

（4）固定菜单决定了餐饮成本的控制。

（5）固定菜单决定了厨房的布局。

7.1.4 制作固定菜单的依据

制作固定菜单的依据主要有以下两个方面：

1）对自身技术力量的分析

（1）对人员技术力量的分析

对人员技术力量的分析主要体现在：

①对餐饮产品制作人员的分析。

在分析时，应遵循全面、完整、发展的原则。餐饮产品制作人员主要是指厨房的各类厨师和餐厅、酒吧的调酒师。分析的项目包括：这些人员的年龄（个体的和整体的）；餐系（中餐、西餐）和菜系（粤菜、川菜等）；从事本专业的工作经历（个体的和整体的）；文化层次（个体的和整体的）；职业等级状况（个体的和整体的）；整体性别比例等。以对整体性别比例的分析为例，厨房虽然基本上属于"男性世界"，但并非所有工作都适合男性去做，如菜肴烹饪之前的准备、切配和饼房中的点心制作等，女性则略强于男性。此外，从工作效果上看，在"男性世界"中，安排适量的女性一起工作，可以使工作效率提高许多，这已为实践所证明。

②对餐饮服务人员的分析。

在对餐饮服务人员进行分析时，应将重点放在年龄、性别、外貌、工作态度、服务技能与技巧等方面，这是因为餐饮服务人员从事的是面对面的服务工作。

（2）对餐饮设备先进水平及适用性的分析

随着社会经济水平的提高和科学技术的日新月异，现代化的管理思想和方法、工业化的操作过程和手段逐渐进入厨房，并引发了一场厨房革命。如今，厨房对先进设备的依赖程度越来越大，这在西餐厨房中体现得尤为明显。

当然，餐饮设备的适用性也是应该考虑的一个因素。同样是中餐，菜系不同，对设备的需求程度是不一样的。

2）对经营环境的分析

（1）对餐饮消费市场需求形势的分析

消费者的餐饮需求是不断变化的，餐厅必须依据对餐饮消费市场需求形势的分析来制定菜单。

（2）对食品原料市场供应形势的分析

制定菜单时，还要对食品原料市场的供应形势进行分析，首先挑选最佳的卖主，然后才能确定菜单内容。

（3）对销售统计数据的分析

前期的销售统计数据是对前一阶段餐饮经营工作的总结。这样的总结对下一阶段工作的开展往往具有很大的指导意义。这些销售统计数据主要来源于餐厅的计算机记录，以及行业发布的"大数据"。

销售统计数据主要包括：

① 原料成本数据。

② 销售收入数据。

③ 各种费用数据。

④ 毛利状况数据。

⑤ 人均消费额数据。

⑥ 餐位周转率数据。

⑦ 口味偏好状况。

⑧ 单个产品的销售排名等。

7.1.5　选择菜肴

选择菜肴，就是对那些顾客喜欢的同时又能使餐饮企业获得利润的菜肴进行筛选，然后列在餐厅的菜单上。

1）掌握菜肴销售的趋势

一份好的菜单应该能够适应菜肴销售的趋势。在选择菜肴时，应密切注意有关菜肴的销售状况，阅读各种有关餐饮发展趋势的专业杂志和报纸。同时，还要定期访问各类餐饮同行，尤其是那些与本餐厅情况相似的同行，通过亲自品尝，了解其经营品种、烹饪特色和销售、服务状况；了解哪些菜非常受顾客欢迎，哪些菜销售不佳，据此制定本餐厅的菜单，并使经营使用的菜单能够反映以下特点：

（1）目前菜肴的流行趋势。

（2）国内销量最好的菜系。

（3）当地人最喜欢的菜肴品种。

（4）一定数量的西餐菜肴（适用于低星级的涉外酒店餐厅）。

餐厅的菜单不能一成不变，因此餐厅必须定期对销售动态进行调查、研究，以确定本餐厅各种菜肴的销售情况。

2）定量分析菜肴销售状况

定量分析菜肴销售状况是选择菜肴时一项十分重要的工作。定量分析菜肴销售状况就是对菜单上各种菜肴的销售情况进行调查，分析哪些菜肴最受顾客欢迎，用顾客欢迎指数表示；分析哪些菜肴盈利最多，用销售额指数表示。

同步思考7-1

定量分析菜肴销售状况的理论依据

背景资料： 无论是新开业的餐饮机构，还是经营了多年的餐厅，都会定期对菜单进行调整。此时，定量分析菜肴销售状况是必须做的工作。

问题： 定量分析菜肴销售状况的理论依据是什么？

理解要点： 定量分析菜肴销售状况的理论依据是波士顿矩阵（Boston Consulting Group Matrix）。波士顿矩阵也称四象限定位法，由美国波士顿咨询公司创始人布鲁斯·亨德森于1970年首创，随后被许多企业所采用。其基本思路是将产品按"销售增长率"与"市场占有率"划分为四类，即明星产品、现金牛产品、问题产品和瘦狗产品，在此基础上对企业的产品组合做出合理调整。

定量分析菜肴销售状况的第一步就是对分析对象——菜肴进行分类。菜单一般分类列出菜名，同类菜肴之间会相互竞争，如人们点了"铁板牛肉"，一般就不会再点"青椒牛肉片"了；点了"乡下浓汤"，就不会再点"新鲜蔬菜汤"了。这表明，在同类菜肴中，一道菜的畅销会使其他菜的销售额减少，所以在分析时，先要将菜单上的菜肴按不同类别划分出来，再对相互竞争的同类菜肴进行分析。

例如，某中餐厅菜单上的汤类共有5个品种，某统计期间各种汤的销售数据见表7-1。

表7-1　　　　　　　　　　**某统计期间各种汤的销售数据**

菜名	销售份数	销售份数比例	顾客欢迎指数	价格（元）	销售额（元）	销售额比例	销售额指数	评论
花螺炖凤翅	300	26%	1.30	50	15 000	16.1%	0.8	畅销，低利润
上汤螺片	150	13%	0.65	40	6 000	6.5%	0.3	不畅销，低利润
冬虫炖鲍	100	9%	0.45	80	8 000	8.6%	0.4	不畅销，低利润
洋参炖乌鸡	400	35%	1.75	100	40 000	43.0%	2.2	畅销，高利润
薏米水鱼	200	17%	0.85	120	24 000	25.8%	1.3	不畅销，高利润
总计/平均值	1 150	20%	1.00	—	93 000	20.0%	1.0	—

定量分析菜肴销售状况所需的原始数据来自订（点）菜单，汇总账单上各种菜的销售份数和价格，便可算出顾客欢迎指数和销售额指数。由于计算机的普及，因此这些统计与计算工作均可由计算机处理，既准确又快捷。

顾客欢迎指数表示顾客对某种菜的喜欢程度，以顾客对各种菜购买的相对数量表示。顾客欢迎指数的计算是用某种菜销售数百分比除以每份菜应售百分比，即：

$$顾客欢迎指数 = \frac{某种菜销售份数比例}{每份菜应售比例}$$

每份菜应售百分比的计算公式为：

$$每份菜应售比例 = \frac{100\%}{被分析的项目数}$$

在表 7-1 中，"花螺炖凤翅"的销售份数比例为 26%，共有 5 个汤类品种，因此"花螺炖凤翅"的顾客欢迎指数为：

$$\frac{26\%}{100\% \div 5} = 1.3$$

仅分析菜肴的顾客欢迎指数还不够，还要对菜肴的盈利能力进行分析。我们将价格高、销售额指数大的菜肴确认为高利润的菜肴。销售额指数的计算公式为：

$$销售额指数 = \frac{某种菜销售额比例}{每份菜应售比例}$$

每份菜应售比例的计算公式如前所述。

在表 7-1 中，"花螺炖凤翅"的销售额指数为：

$$\frac{16.1\%}{100\% \div 5} = 0.8$$

不管分析的菜肴项目有多少，任何一种菜肴的顾客欢迎指数和销售额指数的平均值总是 1。顾客欢迎指数超过 1 的菜，一定是受欢迎的菜，超过越多，表示这种菜越受欢迎。因此，顾客欢迎指数较销售份数比例更科学、更直观。菜肴销售份数比例只能比较同类菜肴的受欢迎程度，但与其他类的菜肴比较时，或当菜肴分析项目数发生变化时，这种方法就会受到影响，顾客欢迎指数的分析却不受这些因素的影响。同理，销售额指数超过 1 的菜肴一定是销售额、利润状况良好的菜肴，超过越多，销售额与利润状况越佳。

根据对顾客欢迎指数和销售额指数的计算，我们可以将被分析的菜肴划分成四类，并根据不同的状况确定相应的销售对策。

表 7-2 为菜肴定量分析销售对策表。

表7-2 **菜肴定量分析销售对策表**

菜名	销售特点	相应的销售对策
洋参炖乌鸡	畅销、高利润	保留
上汤螺片	不畅销、低利润	取消
冬虫炖鲍	不畅销、低利润	取消
花螺炖凤翅	畅销、低利润	作为诱饵或取消
薏米水鱼	不畅销、高利润	吸引高档客人或取消

畅销、高利润的菜肴既受顾客欢迎又可以盈利，因此在修改菜单时，理应保留。

不畅销、低利润的菜肴一般应取消，但有些菜肴的顾客欢迎指数和销售额指数都不是很低，在0.7左右，并且是保证原料平衡、营养平衡、价格平衡所必需的，也可保留。

畅销、低利润的菜肴一般可用于薄利多销的低档餐厅中。如果利润不太低且较受顾客欢迎，则可以保留，使之起到吸引顾客来餐厅就餐的诱饵作用。餐饮消费是典型的组合消费，虽然低利润的畅销菜有时会赔一点，但就整体而言，它能带动其他菜肴的销售。当然，利润很低且十分畅销的菜也可能会转移顾客的注意力，影响那些高利润菜肴的销售。如果这些菜肴已明显影响高利润菜肴的销售，那么应果断取消这些菜肴。

不畅销、高利润的菜肴可以用来迎合一些愿意支付高价的客人。高价菜的毛利额大，如果不是极不畅销，一般应保留。当然，如果销量太小，就会使菜单失去吸引力。因此，当销量长时期很小时，一般应取消。

3）确定各类菜肴的价格范围

在选择菜肴时，餐厅管理人员必须对餐厅经营情况进行分析，计算为达到餐厅的目标利润，就餐客人的人均消费额应该为多少；同时还要进行菜肴销售状况分析和顾客调查，了解在本餐厅用餐的顾客可以接受的人均消费额是多少。餐厅管理人员根据这些信息确定本餐厅的人均消费额标准，进而定出各类菜肴的价格范围。

在确定菜肴价格范围时，应先把菜肴分成若干个大的类别，根据本餐厅以前的销售统计数据，得出各类菜肴销售额占总销售额的比例，以及就餐者对各类菜肴的订（点）菜率。

如果某餐厅的期望人均消费额为100元，按菜单上菜肴的分类，每类菜的销售额占总销售额的百分比和就餐者的订（点）菜率见表7-3。

表7-3　　　　　　　　　　　　　　分类菜肴价格范围确定表

菜肴类别		销售额占总销售额的百分比		订（点）菜率		平均价格（元）	价格范围（元）
冷盘		15%		30%		50	40~60
热炒	鱼虾类	58%	16%	100%	20%	80	60~100
	家禽类		15%		25%	60	40~80
	肉类		15%		25%	60	40~80
	蔬菜类		12%		30%	40	30~50
汤类		10%		50%		20	16~24
主食类		10%		80%		12.5	6.5~18.5
饮料类		7%		50%		14	10~18

每类菜的平均价格可用下式计算：

$$每类菜的平均价格 = \frac{期望人均消费额 \times 该类菜的销售额占总销售额的比例}{订(点)菜率}$$

在表7-3中，冷盘的平均价格应定为：

$$\frac{100 \times 15\%}{30\%} = 50（元）$$

在计算出每类菜的平均价格后，应确定该类菜的价格范围。

在每类菜的价格范围内，再按原料成本的高、中、低搭配菜肴，使每类菜在一定的价格范围内有高、中、低档之分。以家禽类菜肴为例，假设菜肴数为10种，则高、中、低档菜肴价格范围分解见表7-4。

表7-4　　　　　　**高、中、低档菜肴价格范围分解表**

菜肴档次	家禽类菜肴数（种）	价格范围（元）
总　计	10	40~80
高档菜	2	71~80
中档菜	5	51~70
低档菜	3	40~50

这样，管理人员在这些价格范围内选择菜肴就比较容易了。

同步案例7-1

故意低价亏损经营的酒店餐厅

背景与情境： 国内某大城市的城乡接合部有一座漂亮的、园林式的三星级酒店，酒店的许多房间都出租给了外商独资公司或中外合资公司作为办公用房。酒店的餐厅主要向住店客人提供膳食服务。我们仔细研究后发现，餐厅供应的菜肴价位不高，几乎同社会餐馆差不多，两项考核指标（顾客欢迎指数、销售额指数）均较低。询问餐饮部经理后得知，餐饮部是故意低价亏损的。

问题： 该酒店的餐饮部为何故意采用低价亏损的经营策略？

分析提示：

（1）该酒店的位置。

（2）如果餐饮部按正常价格经营，会出现什么情况？

（3）该酒店故意低价亏损经营的目的是什么？

7.1.6　固定菜单的内容及其安排

菜单是将餐饮产品的信息直接传递给就餐者的十分有效的媒介，是将销售者与消费者连接起来的纽带和桥梁。

1）固定菜单的内容

从整体上看，一份固定菜单应包括以下四个方面的内容：

（1）菜肴的名称和价格

菜肴的名称直接影响着就餐者对菜肴品种的挑选。宾客对于未曾食用过的菜肴，往往会依据菜肴的名称进行挑选。宾客对某个餐厅是否满意，在很大程度上取决于其阅读了菜单之后对菜肴产生的期望值。

根据国际上通行的做法，菜单上菜肴的名称和价格必须具有真实性。这种真实性包括以下几个方面的内容：

① 菜肴的名称应真实可信。菜肴的名称应该好听，但更应真实，不能太离奇。国际餐饮协会对就餐者进行调查后发现，故弄玄虚且离奇的菜名、顾客不熟悉或名不副实的菜名不易被顾客接受。需要说明的是，那些经过世代流传的传统菜、经典菜，是可以沿用富有传奇色彩的菜名的，如粤菜中的"龙虎斗"、川菜中的"麻婆豆腐"、淮扬菜中的"炝虎尾"、闽菜中的"佛跳墙"等。因此，向大众开放的餐厅，应该使用切合实际并为顾客所熟悉的菜名。

② 菜肴的质量应真实可靠。菜肴的质量真实可靠是指原料的质量和规格要与菜单中的介绍相一致，如菜肴名称是炸里脊肉，就不应该将猪腿肉作为此道菜的原料；原料的产地也应该真实，如菜单上写的是进口牛肉，就不应该用国产牛肉代替；菜肴的分量同样应该真实，菜单上注明的分量为多少，就应按相同分量供应；原料的新鲜程度也应真实，如菜单上注明的是新鲜蔬菜，就不应该使用罐头或速冻食品代替。

③ 菜肴的收费应童叟无欺。有些餐厅会加收服务费、包间费、开瓶费等，只要收费符合相关法规，就必须在菜单上加以注明。若有价格变动，应立即做出相应修改。

④ 外文名称必须准确无误。菜单是餐厅服务质量的一种标记。如果某家西餐厅菜单上的英文或法文名称拼写错误，则说明这家西餐厅对西餐的烹制不熟悉或对质量控制不严格；如果中餐厅菜单上的英文名称译错或拼写错误，则会使外国客人茫然不知所措。

⑤ 菜单上所列的产品应保证供应。

（2）菜肴的介绍

菜单应对某些菜肴进行介绍，这些介绍往往可以代替服务员向顾客介绍的环节，帮助顾客在斟酌之后下决心选择某些菜肴，并且能缩短顾客的点菜时间。菜单上关于菜肴的介绍内容有：

① 主要配料以及一些独特的浇汁和调料。有些配料要注明规格；有些菜肴应说明其主料、辅料的确切名称。

② 菜肴的烹调和服务方法。对某些具有独特烹调和服务方法的菜肴应予以说明，普通加工及服务方法则不用介绍。

③ 菜肴的份额。许多菜肴要注明每份的量，有些西餐用料要加注原料的重量，如牛排重200克；中餐则应标明餐盘的规格。

④ 菜肴的烹制时间。某些特殊菜肴，由于加工时间较长，因此应在菜单上注明烹制时间，以免销售者与消费者之间产生误会。

⑤ 重点促销的菜肴。菜单上的介绍要注意引导顾客去选择餐厅重点促销的菜肴，因此要着重介绍高价菜、名牌菜、看家菜、滞销菜等。

（3）告示性信息

告示性信息必须简洁明了，一般应包括以下内容：

① 餐厅的名字。餐厅的名字通常在封面列出。

② 餐厅的特色风味。如果餐厅具有某些特色风味，而餐厅的名字本身又反映不出来，则最好在菜单封面、餐厅的全名下列出其风味。例如：

金粤餐厅

（粤菜风味）

③ 餐厅的地址、电话和商标记号。这些内容一般列在菜单封底的下端，有的菜单还会列出餐厅在所在城市中的地理位置。

④ 餐厅的营业时间。这一内容通常在菜单的封面或封底列出。

⑤ 餐厅加收的费用。如果餐厅加收服务费，通常会在菜单每一张内页的底部标明，如"所有价目均加收 10% 的服务费"。

（4）机构性信息

有些菜单上还会介绍餐厅的历史背景和特点。许多餐厅都需要推销自己的特色，而菜单是推销的最佳途径。例如，肯德基刚刚进入中国市场时便利用菜单介绍了这个国际知名品牌的规模、历史背景，以及企业的发展过程。

2）固定菜单内容的安排

（1）固定菜单内容安排的总原则

顾客一般按进餐顺序点菜，所以菜单的内容一般按顾客的进餐顺序排列，这样既符合人们通常的思维方式，又能使顾客快速找到菜肴，不致漏掉某些菜肴。例如，西餐菜单的排列顺序一般是开胃品、汤、色拉、主菜、甜点、饮品；中餐菜单的排列顺序则为冷菜、饮品、热菜、汤、主食。

（2）西餐菜单的表现形式及主菜的相应位置

西餐菜单的表现形式通常有如下几种：单页式菜单；双页式菜单（对折式菜单）；三页式菜单（三折式菜单）；四页式菜单（四折式菜单）。

在西餐菜单中，主菜的地位举足轻重，应该尽量安排在明显的位置。根据客人的阅读习惯和餐饮同行总结的经验，在单页式菜单上，主菜应列在菜单的中间位置；在双页式菜单上，主菜应列在右侧页的上半部分；在三页式菜单上，主菜应列在中间页的中间；在四页式菜单上，主菜通常被置于第二页和第三页上。西餐菜单中主菜的位置如图 7-1 所示，各类菜单中的阴影部分为主菜的理想位置。

（3）中餐菜单的表现形式

中餐菜单的创新改造起步较晚，目前还少有专业人员对中餐菜单的表现形式加以关注。中餐菜单最常见的表现形式仍停留在杂志式上，一份中餐菜单如同一本薄薄的杂志。打开之后，菜名、菜价平铺直叙，无重点、无起伏，这也是中餐菜单亟待改进之处。

单页式菜单　　　　　　　　双页式菜单

三页式菜单　　　　　　　　　　四页式菜单

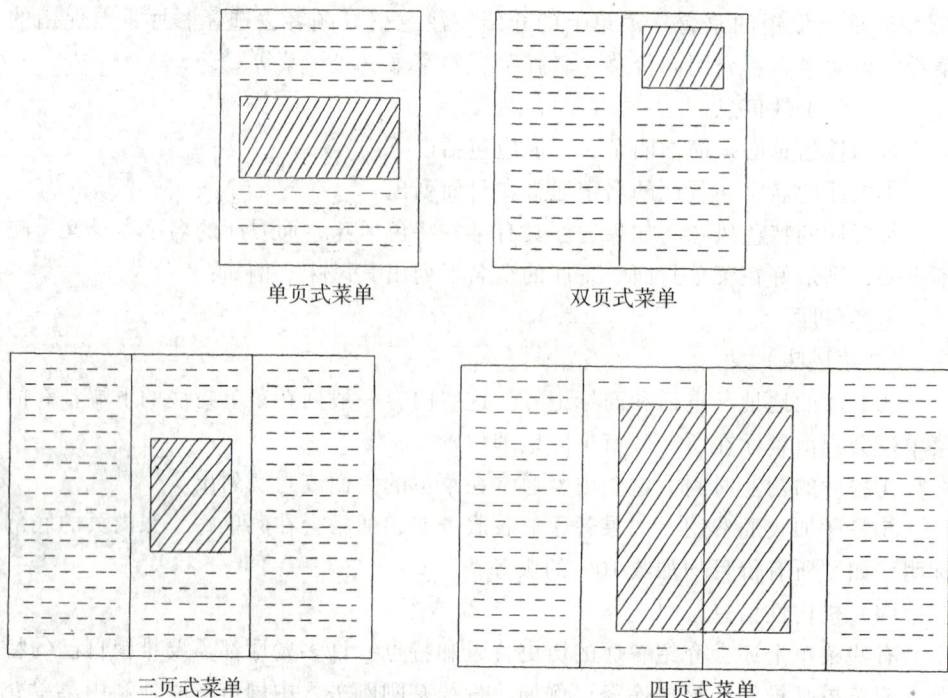

图7-1　西餐菜单中主菜的位置

（4）重点促销菜肴的位置安排

重点促销菜肴可以是时令菜、特色菜、厨师拿手菜，也可以是将滞销、积压原料经过精心加工之后制成的特别推荐菜。总之，重点促销菜肴是企业希望通过宣传介绍尽快推销给顾客的菜。

重点促销菜肴在菜单上的位置安排对于此类菜肴的推销有很大影响，要使推销效果明显，必须遵循两大原则：首部和尾部。也就是说，应将重点促销菜肴安排在菜单的开始处和结尾处，因为这两个位置最能吸引人们阅读的注意力，并在人们头脑中留下深刻的印象。据统计，顾客总是能注意到同类菜肴中的第一道菜和最后一道菜。此外，重点促销菜、名牌菜、高价菜、特色菜或套菜也可以采用插页、夹页、台卡的形式进行推销。

7.1.7　固定菜单的设计与制作

1）固定菜单设计、制作及使用中常见的问题

目前，我国仍有不少餐饮企业在菜单的设计、制作及使用方面不尽如人意。现将我国餐饮企业在菜单设计、制作及使用过程中常见的问题总结如下：

（1）菜单制作材料选择不当

一些中、低档餐厅的菜单采用各色簿册制品，如文件夹、讲义夹，以及集邮册、影集本等，而非专门设计的菜单。这样的菜单不仅不能起到点缀餐厅环境、烘托餐厅氛围的效果，反而会与餐厅的氛围格格不入，显得不伦不类。

（2）菜单太小，装帧过于简陋

许多菜单内芯以16开普通纸张制作，这个尺寸无疑过小，会导致菜单上菜

看名称等内容的排列过于紧密、主次难分。绝大部分菜单纸张单薄、印刷质量差、无插图、无色彩，加上保管使用不善，显得极其简陋、肮脏不堪，毫无吸引人之处。

（3）字形太小，字体单一

不少菜单为打字油印本，即使是铅印本，也大多使用 1 号铅字。坐在餐厅中不太明亮的灯光下，阅读菜单上 3 毫米大小的铅字，其感觉绝对不会轻松。同时，大多数菜单字体单一，无法起到突出、宣传重要菜肴的作用。

（4）随意涂改菜单

随意涂改菜单已成为国内餐饮企业的通病，上至五星级的豪华酒店，下至大众化的普通餐馆，皆是如此。涂改的方法主要有：用钢笔、圆珠笔直接涂改菜名、价格及其他信息；将用打印纸改好的内容直接粘贴在菜单上。菜单上被涂改最多的部分是价格。这使得菜单显得极不严肃，很不雅观，并且容易引起就餐客人的反感。

（5）缺少描述性说明

每一位厨师长或餐厅经理都能把菜单上菜肴的配料、烹饪方法、风味特点以及有关菜肴的典故讲得头头是道，而一旦用菜单这种书面形式介绍，就会大为逊色。尤其是中餐中的传统菜和经典菜，不少菜名虽然雅致形象、引人入胜，却很少有客人能知其由来，更不用说来自异国的客人。即使许多菜单附有英译菜名，但由于缺少描述性说明，外国客人在点菜时仍会感觉无所适从。

（6）单上有名，厨中无菜

凡列入菜单的菜肴，厨房必须无条件保证供应，这是一条相当重要却极易被忽视的餐饮管理规则。不少菜单表面看来名菜云集、应有尽有，但实际上菜单上的很多菜都无法供应。

（7）不应该有的省略

有些菜单居然未列价格，读起来就像一本汉英对照的菜肴名称集；有些菜单未把应列的菜肴印上，而代之以"请询问餐厅服务员"。

（8）遗漏

许多菜单上没有注明餐厅地址和电话号码、餐厅营业时间、餐厅经营特色、服务项目、预订方法等内容。

显而易见，为了使菜单更好地发挥广告宣传作用和媒介作用，许多重要信息是不能省略和遗漏的。

2）固定菜单设计与制作的注意事项

递送到客人面前的菜单，其形式可以五花八门、各式各样，但不论其是圆形的、长方形的还是其他形状的，是大型的还是小型的，是单页的还是折叠的，是纸质的还是由其他材料制成的，都必须恰如其分地反映出这家餐厅的风格和经营特色，从而使顾客仅从菜单的外观便能判断出餐厅的特色、餐饮管理水平和服务质量。

（1）菜单的设计与制作应注意艺术性和美观性

菜单的设计要与餐厅的经营宗旨相匹配，要能够体现和塑造餐厅的良好形象。这里面涉及的因素较多，包括菜单材料的选择、颜色的搭配、尺寸的大小、字体与字形的选取等，都直接影响着菜单的艺术性和美观性。

（2）菜单的材料与尺寸

①菜单内页的材料。菜单的制作材料，取决于菜单的使用方式。一般而言，酒店的菜单有一次性菜单和耐用菜单两种。

一次性菜单即使用一次后就处理掉的菜单；耐用菜单是指可以长期使用的菜单。如果菜单需要每天更换，则可以选择轻巧的、便宜的纸制作菜单。由于一次性菜单仅使用一天后就丢弃不用，因此不必考虑纸张的耐污、耐磨等性能。然而，使用一次性菜单并不意味着菜单可以粗制滥造。

餐厅在设计、制作需要长期使用的菜单时，应当选用质地精良、高克数的纸张，同时必须考虑纸张的防污、去渍、防折和耐磨等性能。当然，耐用菜单也不一定非得全部印在同一种纸上，不少菜单是由一个厚实耐用的封面加上纸质稍次的活页组成的。

②避免使用塑料、绸、绢等作为菜单封面。餐厅应该避免使用塑料、绸和绢作为菜单封面。因为塑料制品在现代人看来是极其低廉的东西，使用塑料菜单不免有贬损餐厅形象之嫌；绸、绢制品固然高雅，却极易染渍，也不宜作为菜单封面。其他材料，如漆纸、漆布，虽不易弄脏，但因油漆容易发生龟裂、剥落，所以也不宜作为菜单封面。

③菜单的尺寸。菜单尺寸大小的确定有一定的规律可循：单页式菜单以30厘米×40厘米为宜；双页式菜单合上时以25厘米×35厘米为佳；三页式菜单合上时以20厘米×35厘米为宜。当然，其他规格和式样的菜单也并不罕见，只要菜单的大小与餐厅的面积、餐桌的大小和座位空间相宜即可。

另外，菜单在篇幅上应留有一定的空白，篇幅上的空白会使字体突出、易读，并避免杂乱。如果菜单上的文字所占篇幅多于50%，会使菜单看上去又挤又乱，从而妨碍顾客阅读和挑选菜肴。菜单四边空白的宽度应相等，给人以匀称之感，并且每行的首字应对齐。

（3）菜单的字体与字号

菜单的字体也要为餐厅营造气氛，要能够反映餐厅的环境。它与餐厅的标记一样，是餐厅形象的一个重要组成部分。菜单上的字体一经确定，就和餐厅标记、颜色一起用在菜单上，同时还会用在餐巾纸上、餐垫上、餐桌广告牌上及其他推销品上。使用令人容易辨认的字体会使顾客感到餐厅的餐饮产品和服务质量具有一定的水准，并且能够给顾客留下深刻的印象。仿宋体、黑体等字体多用于菜单正文，隶书则常用于菜肴类别的题头说明。在引用外文时，应尽量避免使用圆体，可以使用常见的印刷体。

菜单的字号，即印刷菜单时所用文字的大小。调查表明，最易被就餐者阅读的字号为2号和3号，其中以3号最为理想。

（4）菜单的颜色和照片

在菜单上使用颜色和照片是当代餐厅的一种潮流。菜单颜色的作用包括：具有装饰效果，使菜单更具有吸引力，使人产生兴趣；色彩的有效安排与组合，有利于推销重点菜肴。颜色能突出餐厅的风格和气氛，因此菜单的颜色要与餐厅的环境、餐桌、桌布、餐巾、餐具的颜色相协调。一般来说，鲜艳的大色块、五彩标题、五彩插图适用于快餐厅的菜单，而以淡雅优美的色彩（如浅褐色、米黄色、淡灰色、天蓝色等）为基调设计的菜单，会使人觉得这是一家相当有档次的餐厅。

彩色照片也能对食品和饮料起到推销作用。彩色照片能直接展示餐厅所提供的菜肴和饮品。一张生动的美食图片胜于大段的文字说明，它是真实菜肴的一个缩影。许多菜肴、点心、饮品，只有用颜色和照片才能显示其质量。彩色照片也可以提高顾客的点菜速度，顾客见到菜肴诱人的照片，很快就能点好菜，进而会提高餐座周转率。

印上彩色照片的菜肴应该是餐厅欲销售的，希望顾客能注意并决定购买的菜肴。餐厅常将高价菜、名牌菜和顾客最欢迎的菜的彩色照片印在菜单上。

彩色照片的印刷要注意质量。如果印刷质量差，反而会使顾客没有胃口。如果一块牛排被印成绿色，苹果馅饼被印成灰色，那还不如不印彩色照片。彩色照片的旁边要印上菜名，注明配料和价格，以方便顾客点菜。

学习微平台

延伸阅读 7-1

7.2　变动菜单的筹划与实施

变动菜单是餐饮企业向客人展示其产品的另一种重要形式。

本节首先介绍变动菜单的概念、种类、表现形式，然后重点介绍变动菜单的筹划与实施方法。

7.2.1　变动菜单的概念

变动菜单是指餐饮企业为了满足消费者对餐饮产品的特殊消费需要而制定的、内容依不同的业务情况不断变化的菜单。

同固定菜单相比，变动菜单的特征如下：菜单是根据消费者的特殊消费需要而制定的；菜单上提供的经营品种、价格以及对应的服务，随着客户的不同、消费需要的不同而变动。

7.2.2　变动菜单的种类及表现形式

在餐饮经营活动中，我们通常将变动菜单分为两大类：

1）特别菜单

特别菜单是以餐饮企业自身为主体，为社会或企事业单位、社会团体、公众的某些特定活动、特殊消费需求而设计的菜单。这类菜单的形式主要有：

（1）每日菜单

每日菜单也可称为"厨师特荐"（Chef's Recommendation），有的餐厅将符合当日消费氛围的餐饮产品集中在一份菜单上，然后将这份菜单置于固定菜单（如零点菜单）内或放于餐桌之上，引导就餐者首先考虑购买每日菜单上的餐饮产品。

（2）会议菜单

会议菜单是为在酒店中出席会议的客人准备的餐饮产品目录清单。参会者的餐饮消费一般要求简单、快捷、经济、卫生，酒店通常依据消费标准和口味，以套菜的形式提供。会议不同，消费需求不同，会议菜单也不同。

（3）节日菜单

节日菜单是为某些特殊节日准备的菜单，通常以套餐的形式提供。近年来，餐厅常为以下节日提供专门的节日菜单及相应的服务：春节；圣诞节；"六一"儿童节；情人节。

2）订单

订单是消费者向餐厅提出餐饮消费需求，餐厅依据消费者的要求制定提供的菜单。订单的表现形式主要有：

（1）宴会订单和各种中、西餐宴会的消费订单。

（2）酒会订单。

（3）冷餐会订单。

（4）茶会订单等。

7.2.3　变动菜单筹划与实施的方法

变动菜单的筹划要比固定菜单复杂得多。它不仅要考虑企业自身的技术水平、前期销售情况、原料的供应形势等因素，而且要考虑菜单上产品的组合状况（包括组合风味状况及组合成本状况等），有时还要考虑销售预算和作业计划的安排等因素。下面以酒店餐饮部为例，从销售预算和作业计划的安排两个方面展开叙述。

1）销售预算

销售预算是制定变动菜单的重要依据，也是获取利润的一个关键步骤。销售预算通常建立在一些已知数据的基础上，如餐饮产品销售单价、预估的消费者人数、人均消费量、服务员人数、餐具损耗费用、运输费用、餐饮活动场地租赁费用等。

（1）餐饮产品销售单价

餐饮产品销售单价的详细计算方法将在本书第10章中介绍，这里仅就变动菜单中餐饮产品销售单价的计算原则进行说明。

如果酒店餐饮部的同一种产品，既在零点餐厅中出现，也在宴会菜单上"露脸"，并且产品的数量、质量、外表完全一样，那么售价应如何计算呢？酒店餐饮管理者应当明确，产品单价的计算应遵循如下原则：宴会中使用产品的价格应高于零点餐厅中出现的同一产品的价格。这主要是因为：第一，宴会厅在单位时间内的上座率在理论和实践上均大大低于零点餐厅；第二，宴会服务需要许多受过良好培训的服务人员，这些服务人员的工资、福利等开销较大；第三，宴会厅的布置，灯光、音响等设施的投入需要很高的成本。

然而，在实际工作中，为何常常出现给宴会等团体消费打折的现象呢？事实上，这种打折并非对餐饮产品逐一打折，而是考虑到宴会消费是一种组合消费，餐饮部能将一部分高利润产品和滞销产品同时安排进菜单，因此餐饮部会在获得可观利润的基础上给予一定的优惠，这种优惠是整体优惠，况且宴会消费往往还能带来许多意想不到的生意。

（2）预估的消费者人数

预估的消费者人数一般可以直接从餐饮活动主办方获取，但在实际操作过程中，预估的消费者人数和最后参加餐饮活动的人数相比，可能会出现以下三种情况：

① 最后参加活动的人数与预估人数相符，我们称之为"等额"，这是买卖双方都希望的，同双方事先估计和准备的一样。

② 最后参加活动的人数多于预估人数，我们称之为"超额"。

③ 最后参加活动的人数少于预估人数，我们称之为"差额"。

应该说，后两种情况是活动主办方和承办方（餐饮部）均不愿意看到的。

为了制约酒店与消费者双方的行为，酒店在接受预订时会要求消费方做出"实际参加活动人数的担保"，在此基础上如果发生超额或差额的情况，视超额或差额的程度做出具体处理。国内酒店对于轻度超额情况一般仍按事先约定执行，如果发生大数量的超额，则超额部分除了按正常标准收费之外，还会额外收取一定的费用。对于出现较大差额的情况，尚未制作的食品原料不收取费用，已制作的食品如能转至其他餐厅出售，则这部分原料一般也不收费，这样就可将双方的损失降至最低。

西方国家常采用书面形式来规范宴会活动的买卖双方，这种书面形式被称为担保协议。担保协议可以保护承办方的利益，出席人数必须达到预估人数标准，如果没有达到，酒店将获得赔偿。同时，担保协议也可以使主办方放心，它能够保证承办方对食品、服务等做好充分准备。担保协议一般应包括下列条款：

① 主办者最迟必须在宴会或活动开始前24小时，将确切的出席人数通知酒店。

② 酒店将按保证出席人数112%的比例准备席位和食物。

③ 当出席人数低于保证人数的90%时，按保证人数的90%全价收费。

④ 当出席人数超过保证人数时，一般仍按原价收费，但超出人数多于保证人数的12%时，超额出席者将获得尽力照顾，但必须追加收费（金额视情况另定），以补偿临时调集服务人员、准备食物和餐具的费用。

⑤ 当出席人数超过保证人数的90%，但不足100%时，实际提供的膳食份数按全价收费，剩余部分按半价收费。

（3）人均消费量

人均消费量是指在一次餐饮活动中，平均每位就餐者能够消耗多少数量的食物。确定人均消费量，可以避免出现以下两种现象：一种现象是餐饮活动才开始不久，准备的食物就被一扫而光，餐桌上空空如也，这说明预测数低于实际消耗数；另一种现象是餐饮活动即将结束，餐桌上的菜肴依然像小山似的堆着，无人问津，主办者和承办者都很难堪。中餐宴会、西餐宴会、冷餐会、酒会等餐饮活动中均有可能出现上述现象，餐饮管理者应该分析这些现象产生的原因，从而采取相应的措施进行预防。

①人均消费量与餐饮活动时间、人数的对应关系。一家研究机构将鸡尾酒会作为调查对象，综合统计出了人均消费量与活动时间、参加人数的对应关系，见表7-5。

表7-5 　　　　　　人均消费量与活动时间、参加人数的对应关系

鸡尾酒会活动时间 参加人数　人均饮用量（杯）	30分	45分	1小时	1小时15分	1小时30分	1小时45分	2小时
20~50人	2.00	3.00	3.25	3.50	3.75	4.00	4.25
51~100人	2.00	3.00	3.25	3.50	4.00	4.25	4.50
101~200人	1.75	2.25	2.75	3.25	3.75	4.25	4.50
201人及以上	1.50	2.00	2.50	2.75	2.25	3.75	4.00

根据表7-5中的数据，至少可以得出以下两个结论：一是参加活动的人数越多，特定时间内的人均消费量越少；二是活动时间越长，人均消费量越多。

②人均消费量同菜单内部结构的对应关系。人均消费量同菜单内部结构存在着密切的关系。仍以鸡尾酒会为例，鸡尾酒会提供的餐饮产品可分为两大类，即饮料与佐饮品。佐饮品往往是小点心之类的食品。如果小点心以咸味为主，则饮料消费量可能会增加；如果小点心的数量、种类丰富，则饮料消费量可能会下降。通过对鸡尾酒会上所用的饮料和佐饮品的调查统计，我们可以得出如下结论：

*应以咸点心为佐饮小吃的主角；

*酒会开始的第一个小时，每人消费5~7块小吃，以后每人每小时消费3~4块小吃；

*如果鸡尾酒会之后是宴会，那么平均每人2~3块小吃就足够了；

*如果鸡尾酒会单独进行，那么平均每人可消费12~16块小吃。

③人均消费量的确定还应考虑顾客的构成和顾客的心理因素。

*顾客的年龄；

*顾客的身份、职业；

*顾客的性别；

*顾客的消费动机，是喜事还是丧事，是重逢还是告别，是老人祝寿还是小孩过生日等。

这些因素都应该在顾客预订时了解清楚，并做出相应的分析。

④人均消费量同餐饮产品质量的对应关系。人均消费量与餐饮产品质量之间也存在对应关系。仍以鸡尾酒会为例，以烈性、硬性酒精饮料为主的鸡尾酒会，人均消费量自然会低一些。其中，以烈性、硬性、低价酒精饮料为主的鸡尾酒

会，人均消费量还会进一步降低；反之，以烈性、硬性、优质高价酒精饮料为主的鸡尾酒会，人均消费量比前者会有所增加。

⑤人均消费量同其他因素的对应关系。人均消费量还与其他因素有关。例如，一些酒店在酒会进行时有意降低空气湿度，人为加剧口渴感，从而使人均消费量剧增；再如，我国许多地区在宴饮时流行划拳行令，这也会增加酒类的消费量，若在这些地区举行餐饮活动，在计算人均消费量时应考虑这种因素。

（4）服务员人数

服务员人数可以从两个方面获得：一是对餐饮活动性质的分析；二是对餐饮活动的定量分析。

一般来说，餐饮活动的级别越高，对服务质量的要求就越高，参加服务的人员就越多。对于高档的餐饮宴席，每个台面至少应配备两名服务员；对于普通的餐饮活动，每张餐桌由一名服务员负责即可；对于团队、会议用餐，一名服务员负责两张餐桌也是常见的。对餐饮活动性质的分析是以餐饮活动的整体作为出发点，由上而下推算出所需服务员人数。

对餐饮活动的定量分析，需要考虑以下因素：餐饮活动场地的大小；厨房与餐厅距离的远近；菜单所涉及的服务程序的复杂程度。将这些因素全部考虑进去之后，服务员的人数就可以确定了。

（5）餐具损耗费用

在举行大型餐饮活动时，餐具损耗费用是很高的。餐具的损耗主要来自以下三个方面：

① 餐具的摩擦损耗。这是餐具在使用过程中由新变旧导致的，餐具的物理外形几乎没有变化，损耗程度通常以百分数计。摩擦损耗同餐饮业务量的大小及餐具的质量有关。餐具的年摩擦损耗一般为餐具总额的12%。

② 餐具的破碎损耗。这也以百分数计。破碎损耗的多少，各个酒店不尽相同，主要与酒店的管理水平有关。国内许多酒店将餐具的破碎损耗费用同餐饮销售额紧密挂钩，一定的餐饮销售额允许有对应的餐具破碎损耗费用。

③ 餐具的丢失损耗。这又可分为自然丢失损耗和人为丢失损耗两种情况。

（6）运输费用

运输费用的计算也是酒店餐饮部经常遇到的业务。餐饮活动的主办方有时希望将餐饮活动安排在酒店以外的地方举行，而整个餐饮活动的服务人员、餐具、食品原料及餐饮产品的加工仍由酒店负责。西方国家还出现了宴会外卖服务公司，与酒店共同争夺餐饮外卖业务。无论是前者还是后者，在提供服务时均会发生运输费用。此时，应将运输费用计入销售总额。

（7）餐饮活动场地租赁费用

该项费用的计算比较容易。国内不少酒店还未将场地租赁费用置于销售预算中，而是计在行政费用中，这样的账务处理方法显然是不妥的，会人为造成企业收入的漏洞。在这方面，发达国家的酒店除了收取活动场地租赁费外，对于使用的设备、器材、专业人员等也会收取相应的费用。

（8）其他费用

这是指一些不可预知的费用。

总之，如果没有以上销售数据，要做出销售预算是不可能的。掌握了这些销售数据以后，餐饮管理人员还要进行综合平衡和计算，这样才能获得可靠的预算结果。销售预算总额的计算公式为：

$$销售预算总额 = 餐饮产品销售单价 \times 人均消费量 \times 预估的消费者人数 + 服务员人数 \times 服务员平均工资 + 服务费 + 餐具总价值 \times 餐具折旧率 + 运输费用 + 场地租赁费 + 其他费用$$

只有计算出销售预算总额，管理者才能做到胸中有数，从而在计划和管理中突出重点、发挥优势、减少损耗，最终获得最佳的经济效益。

计算出销售预算总额后，餐饮管理人员就比较容易推算其他一些数据：

$$人均消费总额 = \frac{销售预算总额}{预估的消费者人数}$$

销售预算总额=人均消费总额×预估的消费者人数

通过以上操作，餐饮部的内部核算、服务关系就会一目了然，管理人员便可据此安排相应的工作，这也为经济责任制、奖罚制度的实施打下了基础。

2）作业计划的安排

作业计划安排是指餐厅接到餐饮活动任务之后，将任务分解、分步实施和完成的过程。它是变动菜单筹划与实施工作的另一个重要方面。

作业计划安排大体可分为四个步骤：确定工作程序、确定订单内容、编制作业进度图表和确定信息传递方式。

（1）确定工作程序

作业计划安排的一般工作程序是先与主办方洽谈，再进行内部安排，整个工作程序可用图7-2表示。

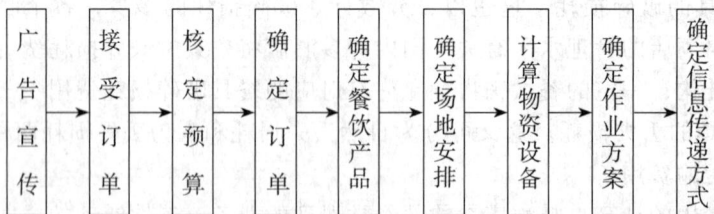

广告宣传 → 接受订单 → 核定预算 → 确定订单 → 确定餐饮产品 → 确定场地安排 → 计算物资设备 → 确定作业方案 → 确定信息传递方式

图7-2　作业计划安排的工作程序

（2）确定订单内容

确定订单内容主要是指了解消费者基本情况和订购项目、订购价格（总额、人均消费额等）、付款方式和期限、餐饮活动场地的布置要求以及对意外情况的处理等，具体内容如下：

① 消费者的基本情况。这主要包括主办者、出席对象、活动类型、活动联系人及其地址和电话、活动举行的时间、活动举行的地点。

② 订购项目。这是指消费者具体订购的餐饮产品品种。餐饮产品品种作为餐饮活动的消费内容，一般由主办方决定。例如，在中餐宴会订单里，消费者可以提出

要几道热菜、几种酒水。进一步来说，消费者还可以要求提供哪几道菜肴（尤其是特色菜）、哪几种酒水（尤其是名贵酒）。餐饮管理人员应根据消费者订购的项目进行统筹安排，尽可能地满足消费者的要求，并兼顾作业服务的轻重缓急等。

③ 订购价格。这是指举办餐饮活动的价格，一般由酒店确定。确定价格的依据是企业的价格政策、市场需求状况及行业间的竞争态势。确定变动菜单价格的方法同固定菜单相比既有共性，又有个性，餐饮管理人员不应忽视这一特征。

④ 付款方式和期限。餐饮管理人员在做计划时就应考虑付款方式和期限，并在订单上明确写清楚，以免买卖双方日后就此发生不必要的纠纷。提供宴会服务与相应款项的到位往往有一段较长的时间间隔，但是支撑酒店餐饮部运转的流动资金是有限的，拖延付款会给酒店餐饮部造成管理上、经营上的困难，因此明确付款的期限十分重要，尤其是在餐饮活动高峰时期。

⑤ 餐饮活动场地的布置要求。餐饮管理人员应根据餐饮活动的性质、规模，确定大致的平面布置要求和环境布置要求。

⑥ 对意外情况的处理。这是指订单中应明确标出发生意外情况时的解决方法和途径，这是餐饮管理人员应预先考虑到的。任何计划都不可能十全十美，况且餐饮活动具有多变性，因此餐饮管理人员必须设计出多套方案，这样一旦问题发生，才不会手足无措，引起极大的混乱。

在具体实施过程中，酒店餐饮部应从方便客人预订、减少随意性管理的角度考虑，编制一些资料，供客人在预订时使用。这些资料应包括的内容有：

A.餐饮产品价格方面的资料：

——中餐宴会、西餐宴会、冷餐会、酒会、茶话会产品的起价；

——高档宴会人均消费起点标准；

——大型宴会消费总金额起点标准。

B.菜单、饮料单方面的资料：

——各类宴会的菜单和可变换、替补的菜单；

——各类宴会可供选用的饮料单；

——宴会中主要菜肴、点心、酒水的介绍及实物彩照。

C.服务方面的资料：

——不同档次的宴会可提供的配套服务项目；

——中餐宴会、西餐宴会、酒会、冷餐会、茶话会的场地布置、环境装饰和台型布置的实例图。

D.其他方面的资料：

——宴会押金的收取规定；

——宴会等业务的提前、推迟、取消规定。

上述资料应图文并茂、简明完整、色彩艳丽，并且具有相当的吸引力。

订单最终以表格的形式显示，下面选取了三份各具特点的预订单，供读者参考：表7-6适用于小型宴会的预订；表7-7适用于大、中型宴会的预订；表7-8为综合性餐饮活动的预订单。

表7-6 **餐饮活动预订单（适用于小型宴会）**

宴会日期		时　　间	
联系人姓名	（国籍）	电　话	
地址或酒店房号		邮政编码	
人数或桌数		每人（台）标准	
有何忌食			
宴会厅要求			
付款方式		预收押金	
处理情况			
预订日期：		承办人：	

表7-7 **餐饮活动预订单（适用于大、中型宴会）**

预订日期			预订人姓名	
地　　址			电　话	
单　　位			酒店房号	
宴会名称			宴会类别	
预算人数			保证人（桌）数	
宴会费用标准			食品人均费用	
			酒水人均费用	
具体要求	宴会菜单		酒水	
	宴会布置	台型主桌场地设备		
确认签字		结账方式	预收押金	
处　　理			承办人：	

表7-8 **餐饮活动预订单（适用于综合性餐饮活动）**

日期： 星期

宴会厅名称： 时间：

预订者：	客户名称：
预订受理者：	客户地址：
预订取消者：	客户电话：
宴会类别： 记账： 估计宴会人数： 保证参加人数： 每人标准： 服务费（%）： 宴会厅费用：	菜单： 饮料：
<p style="text-align:center">备 注</p>宴会厅布局要求： □主席台　　　　□U形布局 □戏院布局　　　□圆桌会议布局 □教室布局　　　□T形布局 □中餐宴会布局 设备要求： □麦克风　　　　□投影仪 □舞台灯光　　　□屏幕 其他要求： 宴会厅布置要求： 宴会厅布置完毕时间：　_____点以前 鲜花要求： 其他要求：	
合计总销售额 估计总成本额_____%	宴会通知 通知时间： 通知地点：

抄送部门：

□总经理　　　　□财务部　　　　□客户部

□餐饮部经理　　□宴会经理　　　□大厅服务部

□厨房　　　　　□维修部

（3）编制作业进度图表

编制作业进度图表就是将餐饮活动的管理安排、运转安排、服务安排等用图表的形式加以明确表述。图表的最大优点就是具有直观性、易懂性，因此它十分适合一线员工了解餐饮活动安排。

有关餐饮活动的作业进度图表主要有菜单进度表、菜单原料等物品清单、餐饮活动场地安排图、需用餐具及物品清单、最终作业指令单等。

①菜单进度表。

菜单进度表是根据餐饮活动进行的先后顺序，将活动提供的餐饮产品、服务方式、服务执行者用对应的关系制成表格，使管理人员、服务人员对服务工作一目了然，从而保证服务质量。下面以中餐宴会为例，说明其格式与对应关系，见表7-9。有些特别服务项目也可采用菜单进度表的方式，见表7-10。

表7-9 　　　　　　　　　　　　　菜单进度表

活动名称：		桌号：
活动性质：		人数：
活动时间、地点：		

	菜　　单	服务方式	服务者
*冷菜类	————	————	————
	————	————	————
	————	————	————
	————	————	————
	————	————	————
	————	————	————
	————	————	————
*热菜类	————	————	————
	————	————	————
	————	————	————
	————	————	————
	————	————	————
	————	————	————
	————	————	————

续表

	菜 单	服务方式	服务者
*煲汤类	_____	_____	_____
	_____	_____	_____
*主食、面点	_____	_____	_____
	_____	_____	_____
	_____	_____	_____
*甜食、水果	_____	_____	_____
	_____	_____	_____
	_____	_____	_____
*饮料	_____	_____	_____
	_____	_____	_____
	_____	_____	_____
	_____	_____	_____

表7-10　　　　　　　　　　**特别服务项目进度表**

活动名称：　　　　　　　　　　　桌号：
活动性质：　　　　　　　　　　　人数：
活动时间、地点：

特别服务项目	时间	服务者
*即席讲话_____	_____	_____
*热 毛 巾_____	_____	_____
*赠送礼品_____	_____	_____
*食品展示_____	_____	_____
*乐队奏乐_____	_____	_____
*其 他_____	_____	_____

②菜单原料等物品清单。

菜单原料等物品清单是由厨师长根据餐饮宴会预订的有关通知而准备的。厨房根据餐饮活动的菜单，配以相应的原料（名称、数量、规格等）及烹饪加工需用的厨具，其格式见表7-11。

表7-11 　　　　　　　　　　　　　　　菜单原料等物品清单

活动名称：　　　　　　　　　　　　　　　出菜时间：
活动性质：　　　　　　　　　　　　　　　桌数：
活动时间、地点：　　　　　　　　　　　　人数：
菜单　　　　　　　　　　原料　　　　　　　　　　厨具
1.　 2.　 3.　 4.　 ⋮　 其他：

需要说明的是，所需原料的计算以菜单为准，厨具的使用数量、品种由厨师长确定，"原料"和"厨具"项的填写要求尽可能详细，这样出差错的可能性就会大大降低。

③餐饮活动场地安排图。

餐饮活动场地安排图由餐饮管理人员根据餐饮活动计划绘制，其主要作用是方便餐饮活动的管理工作和服务工作。除此之外，它还能为参加餐饮活动的客人提供对号入座的方便。图7-3为宴会休息场地安排图，图7-4为宴会活动场地安排图。

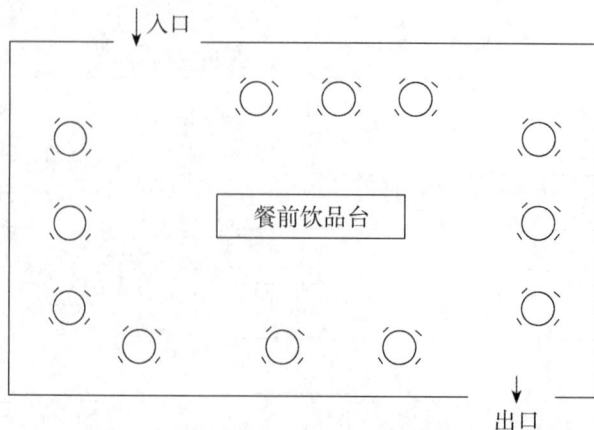

图7-3 宴会休息场地安排图

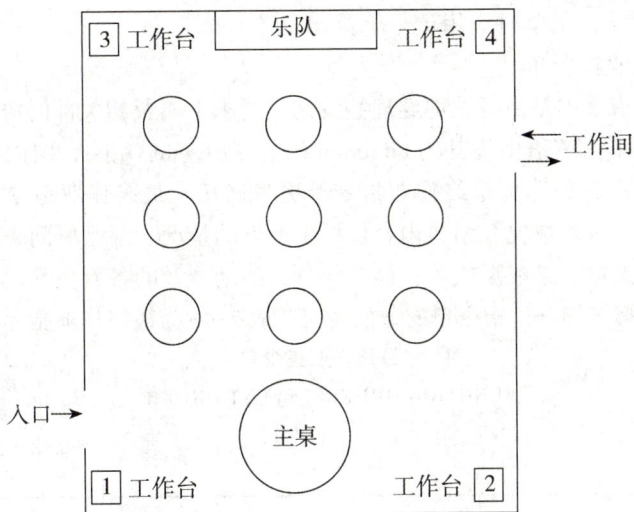

图7-4　宴会活动场地安排图

绘制餐饮活动场地安排图时应注意以下几点：应根据场地面积大小进行安排；布局时应突出主桌位置，留好服务行走路线和宾客行走路线；划分好服务区域，并安排好现场督导人员。

餐饮活动场地安排图一式三份，绘制完毕之后，一份留餐饮部行政办公室，一份粘贴于餐饮活动服务员的工作区域内，一份挂在餐饮活动场所宾客入口处的告示牌内。

④需用餐具及物品清单。

餐饮活动需要使用的餐具及物品由管事部根据餐饮部的有关指令准备，表7-12是需用餐具及物品清单。

表7-12　　　　　　　　　　　**需用餐具及物品清单**

活动名称：	桌数：
活动性质：	人数：
活动时间、地点：	餐具及物品到位时间：
瓷器类	布件类
玻璃器皿类	桌椅类
不锈钢、金银器皿类	其他类

制定需用餐具及物品清单时应注意：各类餐具、用品有不同的尺寸、规格要求，应分别列出；同一批客人先后参加两种餐饮活动，如宴会之前的餐前酒会和宴会活动，应分列两张清单，分别提供相应的服务。清单所列的"餐具及物品到

位时间"很重要，制单时应用记号笔圈出。

⑤最终作业指令单。

最终作业指令单是由餐饮部经理签发的，要求下属及相关部门协调做好餐饮活动的书面通知单。英语中称其为Function Order或Event Order，国内有些酒店也称其为宴会通知单，但称为最终作业指令单更为确切。最终作业指令单分为三大部分：第一部分，一般情况介绍，内容包括主办方的情况、活动时间、活动地点、活动类型、参加人数、结账形式等；第二部分，活动涉及的各有关部门应该做的工作及时间要求；第三部分，指令单的分发情况。表7-13为最终作业指令单的样式。

表7-13　　　　　　　　　　　最终作业指令单
FUNCTION ORDER（EVENT ORDER）

酒店号码：　　　　　　　　　　　　　　日期：
No.　　　　　　　　　　　　　　　　　　Date：

客人名称： Name of Guest：	公司名称： Company：	电话： Telephone：
地址： Address：		
宴会性质： Nature of Function： 地点： Venue：	日期与时间： Date & Time：	
预算人数： Attendance Expected：	人数保证： Attendance Guarantee：	
结账方式： Billing Instructions：	押金： Deposit Paid：	
每位价目（食物）： Food Price Per Pax：	菜单： Menu：	
每席价目（食物）： Food Price Per Table：		
每位价目（饮品）： Beverage Price Per Pax：		
每席价目（饮品）： Beverage Price Per Table：		
酒水： Beverage：		

摆设及服务要求： Set up & Service Required：
设备要求： Equipment Required：
其他安排及收费： Other Arrangements & Charges：
指示牌： Signboard：
联络人： Booking Made by：
电话： Tel：
备注： Remarks：

分派有关部门：

Distribution to：

总经理 General Manager

副总经理 Deputy General Manager

总会计师 Chief Accountant

总工程师 Chief Engineer

客房部经理 Executive Housekeeper

西餐厅经理 West Restaurant Manager

中餐厅经理 Chinese Restaurant Manager

中餐行政总厨 Chinese Executive Chef

西餐行政总厨 Western Executive Chef

成本控制主任 Costing Controller

前台部经理 Front Office Manager

大堂副经理 Assistant Manager

餐饮部经理 F&B Manager

　　为了使多功能厅（宴会厅）的使用情况一目了然，还可以编制多功能厅预订登记卡，以免发生一厅两主的情况。多功能厅预订登记卡的样式见表7-14。

表7-14　　　　　　　　　　　多功能厅预订登记卡　　　日期：_____星期_____

其他宴会	早　餐	午　餐	晚　餐
一号多功能厅 宴会类别_____ 预订者_____电话_____ 宴会单位_____电话_____ 宴会人数_____时间_____ 其他事项 保留日期至_____ 预订受理人____日期_____	宴会类别_____ 预订者_____电话_____ 宴会单位_____电话_____ 宴会人数_____时间_____ 其他事项 保留日期至_____ 预订受理人____日期_____	宴会类别_____ 预订者_____电话_____ 宴会单位_____电话_____ 宴会人数_____时间_____ 其他事项 保留日期至_____ 预订受理人____日期_____	宴会类别_____ 预订者_____电话_____ 宴会单位_____电话_____ 宴会人数_____时间_____ 其他事项 保留日期至_____ 预订受理人____日期_____
二号多功能厅 宴会类别_____ 预订者_____电话_____ 宴会单位_____电话_____ 宴会人数_____时间_____ 其他事项 保留日期至_____ 预订受理人____日期_____	宴会类别_____ 预订者_____电话_____ 宴会单位_____电话_____ 宴会人数_____时间_____ 其他事项 保留日期至_____ 预订受理人____日期_____	宴会类别_____ 预订者_____电话_____ 宴会单位_____电话_____ 宴会人数_____时间_____ 其他事项 保留日期至_____ 预订受理人____日期_____	宴会类别_____ 预订者_____电话_____ 宴会单位_____电话_____ 宴会人数_____时间_____ 其他事项 保留日期至_____ 预订受理人____日期_____

（4）确定信息传递方式

信息传递方式可以是口头的（如开会、面谈、打电话），可以是书面的（如发文件），还可以按组织系统分层布置，现在多通过网络完成信息传递。

作业进度图表、指令单的制作固然会增加管理的工作量，但在实际管理中能够提高工作效率，避免出现混乱。

变动菜单的筹划与实施涉及的餐饮管理知识非常广，并且工作量大、难度高，因此餐饮管理者必须反复学习，不断实践。

业务链接7-1

菜单进度表和特别服务进度表主要用于何种场合？

菜单进度表和特别服务进度表主要用于高档的、有重要人物出席的宴会，这些表格能够以书面形式将服务内容、服务方式、服务者等确定下来，从而保证了整个服务工作万无一失、不出差错。

教学互动7-1

被遗忘的素食者

背景资料： 南方某一线城市的一家著名酒店正在接待一个高级研讨会的用餐者，该研讨会在这家酒店举行两天，用餐时由酒店提供套餐。一份份饭菜端上后，只见一位用餐者只吃米饭，未碰菜肴。由于会议代表来自全国各地，互相不太熟悉，因此左右的用餐者并未注意，但研讨会的主办者注意到了。他立刻找来了餐厅经理，询问在预订时已向酒店说过有一位素食者与会，为什么还会出现这种情况。餐厅经理一边道歉，一边安排人另外配菜。事后经过调查发现，预订时酒店确有记录，下单时却疏忽了。

互动问题： 如何预防这种情况的出现？

要求： 同"教学互动1-1"的"要求"。

学习微平台

延伸阅读7-2

本章概要

□ 内容提要

本章共分两节，分别为固定菜单的筹划、设计与制作，变动菜单的筹划与实施。其中，固定菜单的筹划、设计与制作是以零点餐厅菜单为例进行介绍的，变动菜单的筹划与实施是以宴会菜单为例进行介绍的。

□ 主要概念和观念

▲ 主要概念

固定菜单　变动菜单

▲ 主要观念

顾客欢迎指数　销售额指数　餐具损耗率

□ 重点实务

固定菜单的设计与制作　变动菜单的筹划与实施

基本训练

□ 知识训练

▲ 复习题

1）为星级宾馆中餐零点餐厅设计菜单时主要应考虑哪些因素？

2）国内酒店中餐零点餐厅菜单的设计与制作通常存在哪些问题？

3）计算宴会销售预算总额时，主要包括哪些内容？

▲ 讨论题

1）固定菜单是针对哪些客人设计的？

2）变动菜单是针对哪些客人设计的？

□ 能力训练

▲ 理解与评价

点评酒店举办宴会时，另收客人专用设施设备使用费的情况。

▲ 案例分析

训练项目

案例分析－Ⅶ

相关案例

没有为祝酒者准备酒水

背景与情境： 20世纪80年代末，全国首届旅游局长研讨班在上海市一家新开业的三星级宾馆隆重举行。上海市人民政府为祝贺研讨班的举行并欢迎远道而来的各位局长，在开幕式前一天举行了欢迎晚宴，宴会厅里人头攒动。上海市分管旅游工作的副市长发表了热情洋溢的讲话，全场气氛热烈，最后这位副市长建议大家举杯，共庆研讨班隆重举行。此时，饭店方面才发现没有为这位副市长准备祝酒的酒水，等服务人员匆忙斟上红酒、副市长再次祝酒时，会场上已经没有了刚才热烈的气氛。

问题： 如何防止此类问题的发生？

训练要求： 同第1章"基本训练"中本题型的"训练要求"。

▲ 实训操练

训练项目：零点菜单制作　、

训练任务：根据所学内容，制作一份零点菜单。

训练要求：

1）菜单可以在三星级酒店使用。

2）餐厅定位为粤菜风格。

3）制作时间为一周。

训练步骤：

1）每4～5位同学为一组，1人为组长。

2）每位同学分别负责菜单信息的搜集、制作材料的确定、菜肴在菜单上的排列及文本编辑等内容。

□ 课程思政

训练项目

课程思政－Ⅶ

相关案例

过度包装的菜单

背景与情境： 元宵节当晚，家住河东区的张先生在他家附近的一家饭店预订了晚餐。他在订菜时发现，饭店的菜单上配有菜肴的照片，从照片上看，不少菜肴价格便宜、分量足，因此他感到很满意。最后，他花490元预订了一桌十菜一汤的元宵宴。当全家八口到此就餐时却发现，端上来的菜肴与菜单照片大相径庭：黄焖两样并不像照片那样色彩鲜明，面筋与肉全为暗棕色，根本分不出来；菜单上原本分量十足的毛血旺，不仅主料严重缩水，辅料也有较大变化。

一位饭店负责人透露，菜单照片优化的现象在餐饮行业十分普遍，多数餐厅的菜肴照片并不是真实照片，而是从网上精挑细选出来的。一些设计公司也可以承担菜单的设计，商家告诉设计公司一些基本的要求，并不需要交出实拍照片，就可以得到精美的菜单，每本菜单的设计费只有一两百元。

对此，有律师称：如果商家提供的菜肴与照片明显不符，且事先没有告知消费者，则有消费欺诈的嫌疑。如果商家在菜单上标明"图片仅供参考，以实物为准"等字样，则视为事先告知了消费者，就不能认定为消费欺诈，但也可认定为存在误导消费者的行为。如果消费者认为菜肴与菜单照片差距较大，应及时取证，以便日后维权。

资料来源　宋雪飞. 饭店菜单过度"包装"忽悠人　实物与照片差太远［N］. 渤海早报，2010-03-01.

问题：

1）菜单过度包装存在思政问题吗？

2）试对上述问题做出你的思政研判。

3）说明你做善恶研判的依据。

训练要求：同第 1 章 "基本训练" 中本题型的 "训练要求"。

第8章 餐饮原料的采购、验收与储存管理

● 学习目标

通过本章的学习，应当达到以下目标：

职业知识：学习和把握"餐饮原料的采购、验收与储存管理"的相关概念，餐饮原料采购、验收和储存等环节的管理，以及"业务链接"等知识；能用其指导本章"教学互动"和"基本训练"中"知识训练"各题型的认知活动，正确解答相关问题。

职业能力：点评"中国绿茶与铁观音等茶叶需要冷藏储存，而红茶则否"，训练专业理解力与评价力；运用本章知识研究相关案例，培养在"餐饮原料的采购、验收与储存管理"的特定情境中分析问题与多元表征的能力；参加"采购规格书设计"实训，训练相应的专业技能。

课程思政：结合本章教学内容，依照相关规范或标准，对章后"课程思政-VIII"案例情境中的企业或其从业人员服务行为进行思政研判，培养高尚的道德情操，树立社会主义核心价值观。

引例：开业三年后才第一次进行"清仓盘点"

背景与情境：20世纪90年代初，我国华东某省会城市新开了一家四星级酒店，从表面上看，开业、运营一切都顺顺当当，也无大的差错。三年之后，酒店的运行基本走上正轨，酒店开始抓企业的内部管理，于是想到了清仓盘点。结果不盘点不知道，一盘点吓一跳。在食品冷冻仓库内，居然还存放着一大批酒店开业前购进的食品原料，其中最昂贵的是对虾，数量达几百千克。

资料来源　根据作者的专业实践活动、教学体会撰写。

在上述案例中，企业的损失是严重的，教训是深刻的。亡羊补牢固然必要，防患于未然更重要。

8.1　餐饮原料的采购与验收管理

餐（菜）单确定之后，对应的所有食品原料均需要通过采购工作来获得。食品原料的采购是餐厅为客人提供菜单上各种菜肴的重要保证，只有原料的质量合格，才能保证菜肴口味鲜美。如果食品原料的采购数量、质量和价格不合理，就会使餐饮成本大大提高。

本节首先介绍采购的组织形式、采购运作程序，然后介绍采购质量、采购数量、采购价格的控制以及采购方式的选择与控制，最后介绍采购过程中经常碰到的一些技术问题以及如何进行验收管理。

8.1.1　餐饮原料的采购管理

1）采购的组织形式

以酒店为例，其餐饮原料的采购主要由酒店采购部负责。

酒店采购部在酒店中一般属于二级部门，通常归酒店财务部管理。这种组织形式在我国多见于外资、合资及规模较大的酒店。由于采购业务归采购部统管，因此采购过程比较规范，制度比较严密，采购成本、采购资金的管理也比较严格。但是在这种采购组织形式之下，采购的周期长、及时性较差，因此餐饮部有关管理人员必须对食品原料的质量进行规范化管理，对采购时间提出明确要求，以保证供需及时及协调一致。

另外，采购工作做得好坏，采购人员诚信与否，会直接影响到餐饮成本率，这也是做好餐饮成本控制的重要一环。一些小型酒店通常由经营者或经理亲自兼任采购员，可见采购员的选择对于成本控制具有举足轻重的影响。有的管理学家甚至认为，一个好的、理想的采购员可以为餐饮企业节约5%的餐饮成本。

2）采购程序的制定

酒店可根据自己的管理模式，制定相应的采购程序，但无论采用哪种采购程序，其设计的目的和原理都是相同的。餐饮原料的采购程序如图8-1所示。

在图8-1中，餐饮部所需要的食品应向仓库申领，申领应采用正式的申请手续——食品领料单，仓库根据食品领料单发放食品，所有餐饮原料都必须经过这

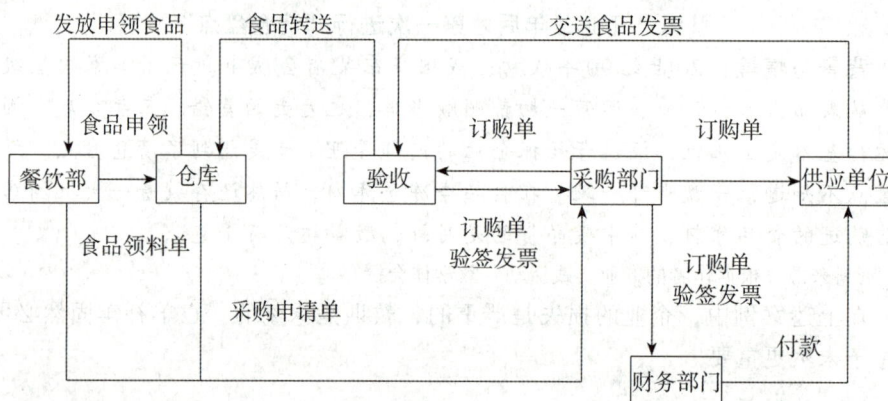

图8-1 餐饮原料的采购程序

一手续获得。发放的餐饮原料既可以是仓库之前保管储藏的，也可以是当天经验收合格的新鲜食品原料。

餐饮部和仓库分别通过采购申请单向采购部门提出订货要求。餐饮部订购的通常为新鲜食品；仓库订购的是各类可以储存保管的食品，当库存量低于规定的数量时，就要提出采购申请，以保证安全库存量。

采购部门接到采购申请之后，应通过正式的订购手续向供应单位订货，同时给验收部门一份订购单，以备收货时核对。

订货后，供应单位或个体经营者如果送货上门，则由验收部门验收合格后转送入库；如果供应单位不提供送货服务，则由采购部门运输回来，然后交验收部门验收入库。验收部门收到餐饮部订购的新鲜食品后，应立即通知餐饮部通过申领手续及时领回。

对于单据的处理，应由验收部门将货物发票验签之后，连同订购单交采购部门，采购部门再交财务部门审核，最后由财务部门向供应单位支付货款。

在整个采购程序中，各部门应明了：各项工作均应以向生产部门及时提供适质、适价、适量的食品为唯一目标。

3）采购质量的控制

食品原料的质量即食品原料的适用性，食品原料越适于使用，质量就越高。

餐饮管理人员在确定本企业的目标和编制有关计划时，应规定食品原料的质量标准。采购部经理或成本管理员应当在其他经营管理人员的协助下，列出本企业经常采购的食品原料的目录，并以采购规格书的形式对各种食品原料的质量做出规定。

（1）采购规格书的概念

采购规格书（Purchasing Specification）是对酒店要采购的食品原料的质量、规格等做出详尽规定的企业采购书面标准。

（2）采购规格书的样式

采购规格书的样式见表8-1。

表8-1

××酒店采购规格书

制定时间：

1.原料名称
2.原料用途 （明确说明原料的用途，如橄榄供调制鸡尾酒、烤煎汉堡包、做小馅饼等用）
3.原料的一般概述 （提供有关所需物品的一般质量资料。例如，比目鱼，整条，椭圆形，长为宽的2倍左右；鱼肉硬而有弹性，呈白色，色泽明亮且清晰；鱼鳃无黏液，粉红色；鱼鳞紧贴鱼身）
4.详细说明 （买方应列明其他有助于识别合格产品的因素，包括： 　*产地　　*规格　　　*比重 　*品种　　*份额大小　*容器 　*类型　　*商标　　　*净料率 　*式样　　*稠密度 　*等级　　*包装物）
5.原料检验程序 （收货时与生产时需要进行检验。例如，收货时，对应该冷藏保管的原料可用温度计检验，容量应该是24棵生菜的箱子可通过点数检验，已加工成形的肉块可通过称重抽查）
6.特别要求 （列出明确表明质量要求的其他信息。例如，标记和包装要求、交货和服务要求等）

所有采购规格书都应包括以下内容：

① 产品通用名称或常用商业名称。

② 法律法规确定的等级、公认的商业等级或当地通用的等级。

③ 商品报价单位或容量。

④ 基本容器的名称和大小。

⑤ 容器中的单位数或单位大小。

⑥ 重量范围。

⑦ 最小或最大切除量。

⑧ 加工类型和包装。

⑨ 成熟程度。

⑩ 防止误解所需的其他信息。

（3）采购规格书的作用

一份实用的采购规格书可以成为订货的依据、购货的指南、供货的准则、验收的标准。

4）采购数量的控制

采购规格书确定之后，食品的质量标准可使用相当长一段时间，采购数量标准却需要经常修改。一般来说，企业每天都需要修改采购数量标准。

（1）采购对象的分类

企业采购的食品原料，有些应立即用于生产，有些应存入仓库。从采购的角度出发，食品原料可分为以下两大类：

①容易变质的食品原料——鲜活原料。

容易变质的食品原料是指购入后必须在较短时间内使用完的食品原料，一般是指鲜活食品原料。例如，生菜和鲜鱼会很快变质；有些肉类和乳酪可保存稍长一段时间，但与罐头或其他加工食品原料相比，这些食品原料也会很快变质。因此，容易变质的食品原料应当在进货之后立即使用。

②不易变质的食品原料——可储存原料。

不易变质的食品原料是指可以储存较长一段时间的食品原料，如大米、面粉、食盐、糖、水果罐头和蔬菜罐头、香料、调味品等。这些食品原料的包装物通常是盒子、箱子、袋子、瓶子、坛子、罐子等。在常温条件下，这些食品原料可在储藏室里存放数周甚至数个月。

（2）鲜活类食品原料采购的数量控制

鲜活类食品原料不可久存的特点决定了企业必须遵循在消耗完已购鲜活原料后才能进货的原则。因此，采购的第一步工作便是掌握手头拥有的鲜活食品原料存量，然后根据营业量预报决定下一期营业所需的原料数量，最后算出采购数量。采购鲜活类食品原料通常有以下两种方法：

①日常即时采购法。

消耗量变化较大、保存期短，因而必须经常采购的鲜活类食品原料，如新鲜肉类、禽类、水产海鲜类原料等，可以采用这种方法进行采购。这种方法较为简单，但要求管理人员每天巡视储藏室和冷库，对各种相关原料进行盘点，记录实际库存量，并根据营业量预报和具体情况，决定所需原料的采购数量。

②长期订货法。

某些鲜活类食品原料，如面包、鸡蛋、奶制品、水果、蔬菜等，其消耗量一般变化不大，因此可以采用长期订货法进行采购。

长期订货法有两种形式：

第一，企业与某一供货单位商定，由供货单位以固定的价格每天或每隔数天供应规定数量的某种或某几种食品原料。例如，企业可与某食品公司签订采购合同，由该食品公司每天供应5箱鸡蛋，企业不再每天进行采购联系。其价格预先商定，数量固定不变，直到企业或食品公司感到有必要调整数量或价格时再重新协商决定。

第二，企业与某一供货单位商定，要求供货单位每天或每隔数天把企业的某种或某几种原料补充到一定的数量。这就要求企业对所有有关原料逐一确定最高储备量。为了防止补充超过最高储备量，企业通常使用采购定量卡（见表8-2），以此对每次进货的数量加以控制。这就需要企业派专人每天进行盘点，记录各种原料的实际库存量，然后在供货单位送货前，通知其各种原料的需购量。

表8-2　　　　　　　　　　　采购定量卡

年　　　月　　　日

原料名称	最高储备量	现存量	需购量
A	100千克	20千克	80千克
B	75千克	10千克	65千克
C	30箱	6箱	24箱
D			
E			
F			

长期订货法主要用于采购需求相对稳定的鲜活类食品原料。在企业原料需求量相对稳定时期，使用此方法比较方便、可靠。长期订货法也可以应用于某些消耗量较大的日常消耗品的采购，如餐厅所需的餐巾纸等，这类物品的大量储存无疑会占用大量的仓库面积，因此可采用长期订货法，定期由供货单位供应。

（3）干货类食品原料采购的数量控制

干货类食品原料不像鲜活类食品原料那样容易变质，因此可以较大批量地进货，但它可能会造成原料积压和资金占用。从财务角度来说，这种资金占用是一种机会成本，即由于把资金花在食品原料上，而不得不放弃其他最佳选择的效益价值。因此对这类原料的采购数量也必须进行控制，尽量降低实际库存量，这样可以减少库房占用、防止偷盗、节省人力。干货类食品原料的采购一般有两种方法：定期订货法和永续盘存卡订货法。

①定期订货法。

干货类食品原料最常用的采购方法是定期订货法。定期订货法是一种订货期固定不变，即订货间隔时间不变，如一周一次或两周一次或一月一次，但每次订货数量任意的一种方法。订货间隔时间通常根据企业原料储备占用资金定额的有关规定来确定。每到订货日期，仓库保管员首先应对库房进行盘点，然后决定订货数量，其计算方法如下：

订货数量=下期需用量−实际库存量+期末需存量

其中，期末需存量是指每一订货期末酒店必须剩下的足以维持到下一次送货日的原料储备量。期末需存量的确定必须考虑该原料的日平均消耗量及订购期天数，即发出订购通知至原料入库所需的天数，还应考虑天气或交通运输等原因可能造成的送货延误，以及下期内可能突然发生的原料消耗量增加等因素。为了在特殊情况下确保原料供应，企业一般还在期末需存量中加上保险储备量，通常是增加订购期内需要量的50%，所以期末需存量的计算公式实际如下：

期末需存量=日平均消耗量×订购期天数×150%

例如，某酒店芦笋罐头每月订货一次，该原料的消耗量为平均每天10罐，正常订货周期为5天，即送货日为自订货日起的第五天。如果仓库保管员发现目前货架尚存70罐，而下期需用量约为300罐（10罐/天×30天），期末需存量为75罐（10罐/天×5天×150%），则可推算出这一次的订货数量为305罐（300罐−70罐+75罐）。如果芦笋罐头是24罐装1箱，那么这一次的订货数量应该是13箱，共312罐。这样，虽然实际订货数量比推算订货数量多了7罐，但由于每次订货时都必须减去当时的实际库存量，因此本次多购的数量必然会从下次的订货数量中减除。

②永续盘存卡订货法。

永续盘存卡订货法也称订货点订货法或定量订货法。永续盘存卡订货法比定期订货法能够更有效地控制采购工作，但需要企业配备专门人员管理永续盘存卡。小型企业一般不会采用这种方法，因为觉得这种方法不方便、不经济，但大型企业多使用这种方法。

采用永续盘存卡订货法要求每一种原料都必须建立一份永续盘存卡，以登记进货数量和发放数量；每一种原料都需要有最高储备量和订货点量。所谓订货点量，就是定期订货法中的期末需存量，在此指当某种原料的储备量下降到应该立即订货时的数量。订货点量的计算公式如下：

订货点量=日平均消耗量×订购天数×150%

最高储备量的确定要考虑诸多因素，如仓库面积、酒店确立的原料库存额、订货周期、每日消耗量、供货单位最低订货量规定等。

根据以上各种因素，企业就可以计算出比较合理的各种原料的最高储备量了。最高储备量可以指某种原料在最近一次进货后可以达到但一般不应超过的储备量，也可以指某种原料在任何时候都应保持的储备量，此处指前一种。

永续盘存卡由食品成本管理员保管。由于每种原料都有订货点量，因此管理员不必每天都进行实际库存盘点，只要观察永续盘存卡账面数字即可。当结余数降至或接近订货点量时，便可发出订货通知。订货数量的确定较简单，其计算公式如下：

订货数量=最高储备量-（订货点量-日平均消耗量×订购天数）

例如，某餐饮企业采购黄桃罐头，日平均消耗量为20罐，订货期为5天，最高储备量为300罐，订货点量为150罐。10月28日，管理员发现该原料永续盘存卡（见表8-3）上现存量已降至订货点量，即发出订货通知。根据上述公式，订购数量应为250罐（300罐-（150罐-20罐/天×5天））。因该原料12罐装1箱，所以管理员决定订购21箱共252罐。5天后，该批货运抵，原料现存量回升至最高储备量（永续盘存卡见表8-3）。

表8-3　　　　　　　　　　　　永续盘存卡

编号：1432

品名：黄桃罐头		最高储备量：300罐		
规格：		订货点量：150罐		
单价：				
日期	订单凭号	进货量（罐）	发货量（罐）	现存量（罐）
⁝				（承前）
2020年10月28日	No.3128-252		20	150
2020年10月29日			18	132
2020年10月30日			19	113
2020年10月31日			23	90
2020年11月1日			22	68
2020年11月2日		252	18	302
⁝				

以上是酒店常用的几种控制采购数量的方法。需要注意的是，不论使用何种方法，都必须结合当时的具体情况确定订货数量，也就是说，既要考虑当时营业量增长或下降的趋势，又要考虑市场供应情况。

5）采购价格的控制

采购工作的目标之一是用理想的价格获得理想的原料和服务。原料的价格受各种因素的影响，如市场的供求状况、餐饮原料的需求程度、采购数量、食品本身的质量、供应单位的货源渠道和经营成本、供应单位支配市场的程度、其他供应单位的原料价格等。针对这些影响因素，酒店可以采取以下方法控制采购价格：

（1）规定采购价格

通过详细的市场价格调查，酒店对厨房所需的某些原料提出购货限价，规定在一定的范围内按限价进行采购。当然，这种限价是酒店依据专人调查后获得的信息而做出的。限价一般针对采购周期短、随进随用的新鲜原料。

（2）规定购货渠道和供应单位

为了使采购价格受到控制，许多酒店规定采购部门只能从指定单位购货，或者只允许采购规定渠道的原料，因为酒店已同这些供应商议定了购货价格。

（3）控制大宗和贵重原料的购货权

大宗和贵重原料的价格是影响餐饮成本的主要内容。因此，有些酒店规定由餐饮部提供食品原料使用情况的报告，由采购部门提供各供应商价格情况的报告，具体向谁购买由酒店决策层确定。

（4）提高购货量和改变购货规格

大批量采购可以降低购货单价。另外，当某些原料的包装规格有大有小时，如有可能，大批量购买厨房可以使用的包装规格大的原料，也可以降低购货单价。

（5）根据市场行情适时采购

当某些食品原料在市场上供过于求、价格十分低廉而厨房又大量需要时，只要质量符合标准并有条件储存，就可利用这个机会大量购进。当原料刚上市、价格日渐上涨时，采购量应尽可能减少，只要能满足短期生产即可，等价格稳定时再行采购。

（6）尽可能减少中间环节

绕开中间商，从生产商或种植者手中直接采购，往往可以获得优惠价格。

同步案例8-1

混批当季海鲜　成本降了三成多

背景与情境：秋冬是黄鱼的上市季节，以前我们大批量采购黄鱼都是按照规格分别采购。现在我们采用了混批的方法，采购价是15元/500克。采购回来后，按照鱼的大小，分成大、中、小三类存放。目前，小黄鱼的市场价是15元/500克，大黄鱼的市场价是30元/500克。计算下来，黄鱼的采购成本比以前降低了30%。

资料来源　高岳青. 混批当季海鲜　成本降了三成多［EB/OL］．［2014-12-03］. http：//www.canyin168.com/glyy/cbkz/201412/62327.html.

问题：分析此种方法的优劣。

分析提示：这种方法虽然很有效，但是存在较大的局限性。在采购海鲜食材方面，掌握好时机非常重要。例如，每年我国沿海都会有近三个月的封海期，在封海期很多海鲜原料都比较紧缺，从而导致海鲜价格成倍上涨，有时甚至完全买不到。因此，餐饮企业应该在封海期来临前一个月就着手大量采购。如果是冰鲜原料，采购时间还可以略微提前。这样才可能以较低的价格购入原料，避开原料紧缺期。

6）采购方式的选择与控制

要想实现理想的采购目标，必须选择和使用合适的采购方式。采购方式多种多样，原料供应市场纷繁复杂，究竟应采用何种采购方式，其实并没有固定的模式，关键要看酒店的餐饮生产规模和业务要求。酒店应结合市场实际情况进行比较分析，从而选择适合本企业的最佳采购方式。下面介绍了常用的几种采购方式，并简要分析了其特点。

（1）公开市场采购

公开市场采购方式适用于需要每天进货的食品原料。酒店绝大部分食品原料的采购业务均属于此种性质。所谓公开市场采购，即竞争价格采购，是指企业采购部门通过电话联系，或通过直接接触（采购人员去供货单位或对方来采购单位），取得所需原料的报价（每种原料至少应取得三个供货单位的报价），然后分别将这些报价登记在市场订货单（见表8-4）上，最后选择其中原料质量最好、价格最优、服务最周到的供货单位。

表8-4　　　　　　　　　　　　　市场订货单

年　　月　　日

原料名称	现存量	应备量	已订量	需购量	市场报价（元/千克）		
					甲	乙	丙
肉类							
A							
B	75千克	250千克	100千克	75千克	7.90	7.96	8.00
C	70千克	200千克	50千克	80千克	8.20	8.30	8.16
D							
禽类							
A							
B							
C							
D							
海鲜类							
A							
B							
C							
D							
果蔬类							
A							
B							
C							
D							
干制品							
A							
B							
C							

食品原料采购管理人员：＿＿＿＿　　　厨师长：＿＿＿＿　　　采购主管：＿＿＿＿

（2）无选择采购

企业有时候会遇到这样的情况：需要采购的某种原料在市场上奇缺，或者仅一家单位有货供应，或者急须得到某种原料而不论对方价格高低。在这种情况下，企业往往采用无选择采购方式，即将订货单与空白支票一同交给供货单位，由供货单位填写空白支票。无选择采购会使企业对该原料的成本失去控制，因此企业只有在不得已的情况下才能使用这种方式，并且在订货之前总要进行一番讨价还价。

（3）成本加价采购

当某种原料的价格涨跌幅度较大，或很难确定其合适的价格时，企业往往会采用成本加价采购方式。这里的成本是指批发商、零售商等供应单位的原料成本。在某些情况下，供货单位和采购单位双方都把握不住市场价格的动向，这时便可采用成本加价采购方式，即在供货单位购入原料时所花成本的基础上加一个百分比，作为供货单位的盈利部分。对供货单位来说，这种方法降低了因价格骤然下降可能带来的亏损风险；对采购单位来说，所加的百分比一般比较小，因而仍有利可图。采取成本加价采购方式的主要困难是很难确切掌握供货单位原料的真实成本。

（4）招标采购

招标采购是一种比较正规的采购方式，一般只有大型企业才使用。采购单位把需要采购的原料名称及规格标准，以投标邀请的形式寄给各有关供货单位，供货单位接到邀请后即可报出价格，以密封的形式将报价单寄回采购单位。一般来说，原料符合规格标准且出价最低者中标。这种方式有利于采购单位选择最低的价格，但是由于这种方式要求双方签订采购合同，因此不利于采购单位在合同期间另行采购价格可能更低廉、质量更好的原料。

（5）"一次停靠"采购

企业营业所需的原料品种名目繁多，必须向众多的供货单位采购，这就意味着企业每天必须花费大量的人力和时间处理票据和验收货物。为了降低采购、验收工作的成本，有的企业开始尝试新的采购方式，即凡属于同一类的原料，企业都从同一个供货单位购买。例如，企业向一家奶制品公司采购所需要的奶制品原料，向一家食品公司采购所需要的罐头食品，这样每次只需要向供货单位开出一张订单、接收一次送货、处理一张发票即可。

然而，这种方式对大型餐饮企业来说，仍不理想。于是有人提出了原料采购也可采用超级市场购物方式的设想，即"一次停靠"采购。对纽约某家酒店进行的一项调查表明，这家酒店在1个月之内曾从97家食品供应商手中购买食品原料，订货697次，先后接收交货703次、处理发票703张。显而易见，酒店花费在联系订货、验收交货、结账付款方面的时间和人力相当可观。于是，一些人便依据超级市场购物"一次停靠"的理念，成立了一家酒店物资供应公司，以批发价格提供酒店业务所需的几乎全部原料。那家酒店经过研究，认为采取这种"一次停靠"采购的方式，不仅可行而且能够节省大量开支，遂与该酒店物资供应公司签约，将其作为主要的供货单位。结果是理想的，酒店平均每月只进行25次订货、25次验收交货，每月只处理3张发票，采购费用大大降低。目前，我国也出现了酒店物资供应公司。

（6）合作采购

合作采购是指两家以上的企业组织起来，联合采购某些原料。其主要优点是通过大批量采购，每家企业都有机会享受优惠价格。尽管每家企业各有特色，但它们完全可以使用合作采购的方式去采购某些相同标准的食品、饮料等。

（7）集中采购

大型酒店公司或集团往往建立地区性的采购办公室，为本公司在该地区的所有酒店采购所需食品原料。具体方法是各酒店将各自所需的原料及其数量定期上报公司采购办公室，采购办公室汇总以后进行集中采购。订货以后，可以由供货单位分别运送到各酒店，也可以由采购办公室统一验收，随后再行分送。

集中采购的优点是：可以享受优惠价格，便于与更多的供应单位联系，因此有更多的挑选余地；有利于某些原料的大量储存，因此能保证各酒店的原料供应；能够减少酒店采购人员营私舞弊的机会。

集中采购也有不足之处：酒店必须接受采购办公室采购的食品原料，不利于酒店按自己的特殊需要进行采购；由于集中采购，因此酒店不得不放弃当地可能出现的廉价原料；集中采购会使各酒店的菜单趋向雷同，各酒店自行修改菜单的能力也受到了限制，从而不利于酒店标新立异，也不利于酒店形成自己独特的风格。

总之，各企业应根据自己的类型、规模、业务特点、市场条件等因素选择合适的采购方式。

7）采购过程中遇到的具体问题

在采购过程中，企业还会遇到一些具体问题。这些具体问题经归纳整理如下：

（1）适宜的采购时间

当库存物品消耗到一定数量时，必须立即订货，以保证在剩余的物品用完之前，又有新的物品补充进来，这时的储备量称为订货点。订货点必须准确合理，既不能造成物品积压，又不能引起供应脱节。库存物品的周转过程如图8-2所示。

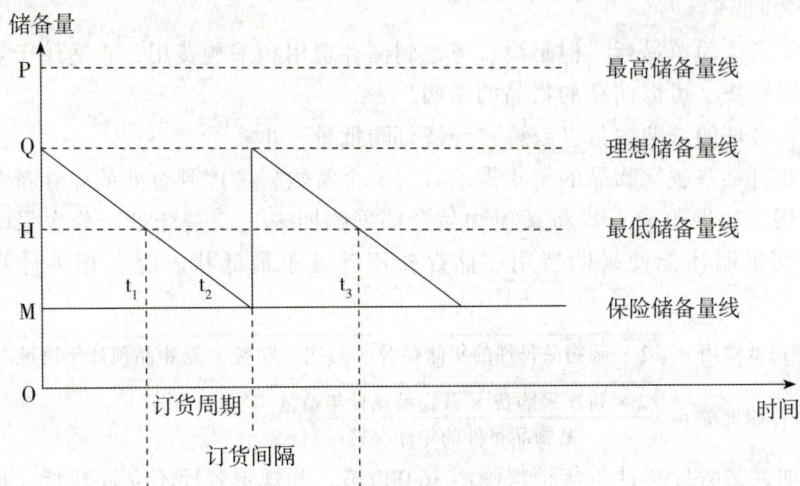

图8-2　库存物品的周转过程

在图8-2中，P为最高储备量；Q为理想储备量；H为最低储备量（订货点）；M为保险储备量。时间轴从原点O开始，库存物品数量在原点O时为Q。随着企业业务的持续开展，库存物品不断被消耗，数量由Q降至H。这时企业必须进行采购，因为采购物品需要时间，所以物品不可能立即得到补充。在等待采购物品到来的这段时间内（t_2-t_1），企业业务仍在照常进行，所以储备量又由H降至M。这时新采购的物品到位，储备量又重新恢复到Q，至此完成了一个循环。t_2-t_1这段时间是从发出订货单到收到所订货物的时间，被称为订货周期。为了避免发生意外而影响企业的正常经营，企业必须保留一部分物品储备，这部分物品的数量M被称为保险储备量。从这次采购开始到下次采购开始的时间（t_3-t_1）被称为订货间隔。由图8-2可知，企业发出订货单时的储备量即订货点应该是H。H的计算公式为：

$$H=t×d+M$$

式中：H为订货点（箱、件等）；t为订货周期（日、月等）；d为平均需求量（箱/日、件/月等）；M为保险储备量（箱、件等）。

在使用上式确定订货点时，需要注意订货周期与平均需求量的单位要统一。

例如，某餐厅每月销售啤酒6 000瓶，订货周期为10天，保险储备量为1 000瓶，计算订货点。

解：$H=t×d+M=10×6\,000÷30+1\,000=3\,000$（瓶）

当啤酒储备量降到3 000瓶时，应该发出订单，重新采购。

如果市场上啤酒的供应状况有所好转，订货周期只需要5天，则订货点为：

$$H=5×6\,000÷30+1\,000=2\,000（瓶）$$

由此可知，订货周期缩短将减少储备量，需求量的增加将增加储备量。

保险储备量的多少应根据供应商的供货表现来决定，一般用供应商可能误期供货的最长时间乘以这段时间的平均需求量计算得出。如上例中，啤酒供应商最长的误期记录为5天，每日平均需求量为200瓶，则保险储备量（M）为1 000（5×200）瓶。

订货点法简单易行，但是没有考虑到储存费用和采购费用，它适用于需求量大、周转较快、可以储存的物品的采购。

（2）合理的采购数量（或称"经济订购批量"）

企业对某些餐饮物品的全年需求数为一个常数，考虑到企业的库存量及储存保管费用，一般不会一次将某项物品全部采购回来，而是分批、分次采购。那么，如何采购才能使采购费用、储存费用等处于最低状态呢？相关计算公式如下：

$$全年最低费用 = \sqrt{2 × 某物品每件的年储存费 × 每次采购费 × 某物品预计年销量}$$

$$经济订购批量 = \sqrt{\dfrac{2 × 每次采购费 × 某物品预计年销量}{某物品每件的年储存费}}$$

例如，某餐厅预计每年销售啤酒36 000箱，并规定餐厅不允许缺货。每箱啤酒的进价为25元，每箱啤酒的储存费每月为进价的3%（含损耗），每次采购费用为20元。

计算：①经济订购批量。

② 全年最低费用。

③ 订货间隔（每年以360天计算）。

解：每箱的年储存费=25×3%×12=9（元）

每次采购费=20元

啤酒的预计年销量=36 000箱

①经济订购批量 $= \sqrt{\dfrac{2 \times 20 \times 36\,000}{9}} = 400$（箱/次）

②全年最低费用 $= \sqrt{2 \times 9 \times 20 \times 36\,000} = 3\,600$（元）

③每年采购次数=36 000÷400=90（次）

订货间隔=360÷90=4（天）

在实际工作中，企业应灵活使用以上公式，以达到使全年费用最低的目的。

（3）有利的采购价格

除了前面已提及的控制采购价格的方法之外，要想保证有利的采购价格，还要考虑以下内容：

① 采购价格与原料使用价值的关系。

② 采购价格与支付条件的关系。

③ 采购价格与购买次数的关系。

（4）最优的质量

前文已经提到，食品原料越适于使用，质量就越高。从这个意义上说，最优的就是最适用的。这里有一个经济成本的概念。例如，熬一锅牛肉汤，需要投入一定数量的牛肉，这里的牛肉可以是牛里脊，也可以是牛腿肉，还可以是加工其他产品后剩余的牛肉边角料。很明显，就原料的质量而言，牛里脊最好，价格也是最高的；与之相反的是牛肉边角料，质量和价格都是最低的。但用来熬汤，两者的效果几乎没有差异，就企业而言，其自然会选用牛肉边角料熬汤，因为牛肉边角料最适用。同样的原理，可以被广泛运用到餐饮采购管理之中。

餐饮采购工作的主要对象是食品原料，这里有必要介绍一下原料的成品程度。原料的成品程度可以分为五等：毛品、初加工品、待烹制品、初制成品、制成品。成品程度是根据原料的被加工程度进行分类的。举例来讲，直接从市场购入的鲜活河虾对餐饮企业而言属于毛品；经过清洗、去壳，得到的虾肉是初加工品；将淀粉、味精、盐等作料拌入虾内，再挂上糊，准备制作虾球，这属于待烹制品；入油锅、炸好，取出虾球入盘，这属于初制成品；将调制好的黄油淋在虾球上，再点缀上拼花，这时就可以出菜供应了，"黄油脆皮虾仁"就是制成品。食品原料的成品程度如图8-3所示。

对餐饮企业而言，所购入的原料成品程度越高，需要支出的生产和管理费用就越少，反之亦然。降低成本，增加收益，是企业经营活动的基本原则。从这一点上讲，购进制成品最合算。这一点对人工费用昂贵的发达地区的餐饮企业尤其适用。

毛品　　没有经过任何加工制作

初加工品　　经过一部分加工制作

待烹制品　　经过一部分加工制作，有待烹饪

初制成品　　加工制作基本结束，剩下最后一道工序待完成

制成品　　可以销售供应

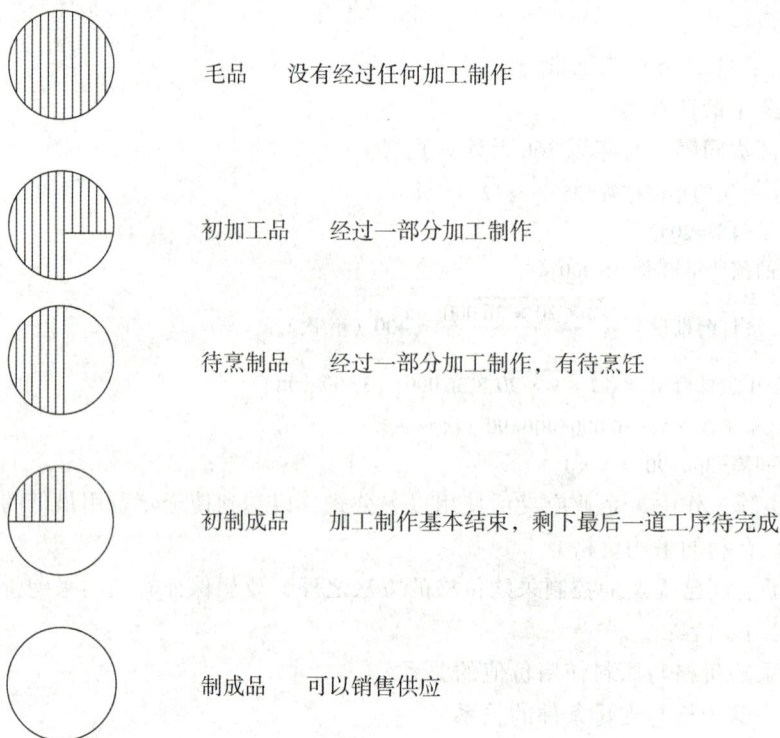

图8-3　食品原料的成品程度

原料的成品程度越高，购入时就越贵；原料的成品程度越低，购入时就越便宜。从这一点上讲，购进毛品最合算。这一点对人工费用较低的欠发达地区的餐饮企业尤为适用。

图8-4清楚地表明了不同成品程度原料的购入价格、费用的比例结构。

图8-4　不同成品程度原料的购入价格、费用的比例结构

需要说明的是，图中五类成品程度的原料制成菜肴后，获取的利润是不一样的。

那么，最优的质量究竟是什么样的呢？这要视企业的具体情况进行分析和选

择。一般来说，成品程度高的食品原料在餐饮企业中占有越来越重要的地位，这已为许多中外餐饮企业的实践所证明。高成品程度的原料有许多优点：原料少而精；原料的利用率极高；便于运输；占用库房的空间相对较小；易于储存保管；切削损失小；加工制作简便迅速，能耗小；制作工具和器械比较简单，便于标准加工；便于企业进行定额生产；便于增加经营项目，扩大经营范围，延长经营时间，提高服务质量，等等。

向高成品程度发展是餐饮企业用料的趋势，但是高成品程度的原料并不能也不会完全替代低成品程度的原料，这是因为低成品程度的原料具有许多高成品程度原料不具备的优势：品种丰富，分布广泛；价格低廉；新鲜；营养成分完整无损；便于就地取材；顾客偏爱，等等。

因此，最优的质量是一个动态的概念，餐饮采购管理人员不能从静止的视角去看待它。

（5）理想的交易对象

理想的交易对象是指在众多供应商中信誉可靠、服务良好、价格合理且在同一区域的供应商。

（6）理想的交易地点

采购活动的交易地点应尽可能选在企业附近，以方便交易及事务处理。

同步案例 8-2

改革开放初期便有私家车的采购员

背景与情境：20 世纪 80 年代中期，北京一家大型的四星级酒店开业了，采购部选用了一批刚从职业院校毕业的学生作为采购员。两年过去了，由于管理不善，酒店经营没有多大起色，采购工作也问题颇多，很多采购员居然拥有了自己的私家车（那个年代的北京，普通百姓鲜有私家车）。经过几番调查，也没得出结论，最终不了了之。

问题：出现这种情况的原因是什么？如何整治？

分析提示：同其他管理工作一样，采购管理也应该首先建立一套完整的保障采购工作正常进行的体系，然后实际运用这套体系并对其进行调查分析，最后维护好这套体系，使其正常运作。

8.1.2　餐饮原料验收管理

1）建立合理的验收体系

进货之后，餐饮企业就不能把不合格的货物再卖出去，因此餐饮管理人员应首先建立一套合理、完整的验收体系，保证整个验收工作在机制、体系上完善。

（1）称职的验收员

验收员必须诚实，对验收工作有责任心，食品原料知识丰富。

（2）实用的验收设备和器材

餐饮企业一般设有验收处或验收办公室。它一般位于企业的后门或边门处，这样送货车开到企业后门或边门就可以看到验收处了。此外，验收处还要有足够大的空地，便于卸货。

验收处还要有具有记录功能的磅秤，可将货物的准确重量印在发票或收据上，这样不仅可以节省人力，还可以减少手工录入的错漏。验收处还应有直尺、温度计、小起货钩、纸板箱切割工具、铁榔头、铁皮箱切割工具、一两把尖刀以及足够数量的公文柜等。公文柜用于存放验收处的各种表格，如验收单、验收日报表等。此外，还有一种经过特殊设计的验收架，一些水果如橙子等可放在上面，以查看是否有腐烂。若质量没有问题，架子上的水果可漏下来，再装入容器。

（3）科学的验收程序和良好的验收习惯

验收程序规定了验收工作的工作职责和工作方法，使得验收工作规范化。同时，按照程序进行验收，养成良好的验收习惯，是验收高效率的保证。

（4）经常监督检查

餐饮企业管理人员应不定期检查验收工作，复查货物的重量、数量和质量，同时使验收员明白，企业非常关心和重视他们的工作。

2）确定科学的验收操作程序

根据验收的目的，验收程序主要包括以下三个环节：

① 核对价格。

② 盘点数量。

③ 检查质量。

3）有关验收表格

（1）发货票

所有到货物品都应有发货票。发货票应一式两联，送货人将发货票交给验收员之后，要求验收员签名，验收员签名后将第二联交还送货人，证明企业已收到供货单位发出的货物。第一联应交给财务部门，由财务部门付款。表8-5为发货票示例。

表8-5

北海市副食品公司

发货票

户名_____　　　　　　　　　　_____年___月___日

项目	单位	数量	单价	小计

（2）验收单

验收员每天应详细填写验收单（见表8-6），准确记录验收处收到了哪些商品，哪些商品没有发货票等。有些验收员为了图省事，在验收单上只记录供应单位名称和送货金额，这种做法是错误的。

表8-6 货物验收单

		_____酒店		编号：_____	
供货单位：_____				日期：_____	
供货单位地址：_____					
订购单编号：_____					
存货编号	名称及规格	单位	数量	单价	合计金额
总计金额					
验收员：_____				送货员：_____	
储藏室管理员：_____					

验收员在验收单上填写供货单位的名称、货物名称及规格、单位、数量、单价及合计金额与总计金额之后，应在验收单上签名，以明确责任。在大型酒店，验收单应一式三联，第一联送经理室，然后转总会计师；第二联留验收处；第三联送成本会计师。

（3）冷藏食品标签

在验收时，验收员还应给肉类和海产品加上存货标签，使用存货标签有以下优点：

① 促使验收员称重。

② 发料时，可将标签上的数额直接填到领料单上，便于计算食品成本。

③ 标签编号有助于了解储存食品原料，防止偷盗。

④ 在标签上填明各种相关数据，可简化存货控制程序。

⑤ 便于存货流转工作。

使用鱼、肉存货标签时，要遵守下列工作程序：

①验收员应为每一块肉、每一条鱼、每一只家禽（单独作为一个计量单位时，上同）或每一箱肉、鱼、禽加上标签。

②标签应分为两半，一半系在食品原料上，另一半送食品成本会计师（见表8-7）。

表8-7   鱼、肉类食品存货标签

标签号：	标签号：
收货日期：	收货日期：
项目：	项目：
重量/单价/成本：	重量/单价/成本：
发料日期：	发料日期：
供货单位：	供货单位：

③厨房领用原料之后，解下标签，加锁保管。原料用完之后，将标签送交食品成本会计师，核算当天鱼、肉、禽的成本。

④食品成本会计师核对由其保管的另一半标签，根据未使用的标签，盘点存货。如果存货短缺，则应分析是否存在偷盗或记错的现象。

需要补充的是，给冷藏鱼、肉、禽食品挂上标签的方法已被许多酒店推广到较贵重食品原料的保管中。

（4）验收日报表

验收日报表有以下作用：

① 分别计算食品成本和饮料成本，为编制有关财务报表提供资料。

② 计算餐饮直接采购食品总额，以便计算每日食品成本。

在大型企业里，应配有数名验收员和管理人员，以便将收货控制的责任从验收员转至管理人员。表8-8与表8-9为两份验收日报表，它们分别记录了食品验收情况与饮料验收情况。

（5）验收章

食品原料验收完毕之后，验收员应在送货发票上签字并接收原料。有些酒店为了方便控制，要求在送货发票或发货单上加盖验收章（见表8-10）。验收章的作用如下：

① 证实收到食品原料的日期。

② 由收到食品原料和发货票，并检查数量、质量、价格的验收员签名，明确责任。

③ 由食品成本会计师核对发货票金额的准确性。

④ 由总经理与总经理指定的人签名，同意付款。

（6）退货通知单或贷方通知单

如果到货数量不足，或者质量不符合要求，或者存在其他问题，验收员应填写退货通知单或贷方通知单，见表8-11和表8-12。

表8-8

食品验收日报表

日期：202×-07-14　　编号：032218

货品名	供应商名称	发票号	数量	单价	金额	直接采购食品				库房采购食品					
						一厨房		二厨房		一号库		二号库		三号库	
						数量	金额	数量	金额	数量	金额	数量	金额	数量	金额
二级猪排	区副食品公司	34670	50千克	10.00元/千克	500.00元					50千克	500.00元				
二级小牛肉	区副食品公司	34670	35千克	12.00元/千克	420.00元					35千克	420.00元				
一级猪里脊	区副食品公司	34670	25千克	11.00元/千克	275.00元					25千克	275.00元				
青豆罐头	××罐头食品厂	25681	5箱	35.00元/箱	175.00元							5箱	175.00元		
磨菇罐头	××罐头食品厂	25681	6箱	30.00元/箱	180.00元							6箱	180.00元		
合计					1 550.00元										
活鲫鱼	桥塊副食品店	34671	10千克	10.00元/千克	100.00元					10千克	100.00元				
活青鱼	桥塊副食品店	34671	6千克	12.00元/千克	72.00元					6千克	72.00元				
鲜猪肉	桥塊副食品店	34671	10千克	10.00元/千克	100.00元	3千克	30.00元			7千克	70.00元				
四季豆	桥仙菜场	25682	12千克	1.60元/千克	19.20元	12千克	19.20元								
生菜	桥仙菜场	25682	5千克	1.70元/千克	8.50元	4千克	6.80元			1千克	1.70元				
葡萄	大兴果品店	25682	10千克	2.20元/千克	22.00元	6千克	13.20元			4千克	8.80元				
梨	大兴果品店	25682	8千克	1.80元/千克	14.40元	6千克	10.80元			2千克	3.60元				
合计					336.10元										
总计					1 886.10元										

表8-9   **饮料验收日报表**

日期：202×-07-14   编号：02556

品名	供应商名称	发票号	箱数	瓶/听数	每瓶容量（毫升）	每瓶单价（元）	每箱单价（元）	总金额（元）
黑牌苏格兰威士忌	××洋酒公司	34781	5	12	700	120.00	1 440	7 200
路易老爷白兰地	××洋酒公司	34781	4	12	750	50.00	600	2 400
四玫瑰波本威士忌	××洋酒公司	34782	4	12	750	70.00	840	3 360
百威啤酒	金钥匙	34782	30	21	355	4.00	84	2 520
龙徽干白葡萄酒	正泰公司	34782	20	10	500	5.00	50	1 000
总计								16 480

表8-10   **验收章**

××酒店验收章
日　期_____
单　价_____　　金　额_____
经手人_____　　验收员_____

表8-11   **退货通知单**

（副本备存）   编号：

发自：   交至：

　　_____   _____

　　_____   _____

　　_____   _____

发货票号码：_____   发货票日期：_____

货品	单位	数量	单价	合计

理由：   总计：

送货员签字：   负责人签字：

表8-12　　　　　　　　　　　　贷方通知单

（一式两联）	编号：
发方： _____	收方： _____
_____	_____
发货票号码： _____	发货票日期： _____

货品	单位	数量	单价	合计

原因：	总计： _____
（送货员签名）	（制表人签名）

开具贷方通知单的工作程序为：

① 在发货票上注明哪些商品存在问题。

② 填写贷方通知单，要求送货员签名并把其中一联交送货员带回。

③ 将贷方通知单存根贴在发货票背面，在发货票正面注明正确的数额。

④ 打电话通知供货单位，本企业已使用贷方通知单修正发货票金额。

⑤ 如果供货单位补发或重发货物，新送来的发货票应按常规处理。

⑥ 将问题货物的发货票单独存档，直至问题解决。

（7）无购货发票收货单

验收员收到无发货票的货物时，应填写无购货发票收货单（见表8-13），以防出现差错和争议。无购货发票收货单一般一式两联，验收员在验收单上注明无发货票之后，将第一联送财务部，第二联作为存根留在验收处。

表8-13　　　　　　　　　　　无购货发票收货单

No.　　　　　　　　　　　　　××酒店	
发货单位： _____	日期： _____

数量	项目	单位	小计
			验收员_____

财务部门收到发货票之后，应送交验收员。验收员将无购货发货票收货单第二联贴在发货票背面，在验收单上补填发货票上的数额，再按正常程序交由财务部门付款。

4）验收控制

餐饮企业不仅要有良好的验收体系，而且应指定专人负责验收体系的控制工作。验收体系的控制工作应该由财务部门和总会计师负责。

验收员和食品成本会计师都是财务部门的成员，但是为了防止他们串通，验收员不应直接向食品成本会计师汇报工作。食品成本会计师应监督验收体系的工作，如果验收员的工作没做好，食品成本会计师应向验收员指出问题所在，并向总会计师汇报。

只有不负责验收工作，食品成本会计师才能真正做好本职工作。许多企业的总会计师因工作繁忙，或者不熟悉验收业务，往往要食品成本会计师负责验收工作，这样做的后果是：食品成本会计师无法发挥监督作用，并且容易与验收员串通，使企业遭受损失。

在管理良好、纪律严明的企业，优秀的食品采购员会经常检查验收处和验收员的工作，厨师长也会经常检查食品原料的质量并了解食品成本，总会计师每天也会抽空到验收处检查工作。

此外，尽管酒店总经理、餐饮部经理的工作非常繁忙，但他们仍应该每天或不定期检查验收处的工作。

在大型餐饮企业，除上述人员应检查验收处的工作之外，还应经常请企业外部人员不定期抽查验收处的工作。

在做好验收工作的同时，企业还应做好防盗工作，具体要求如下：

① 指定专人负责验收工作，不能谁有空谁验收。

② 验收工作和采购工作分别由专人负责。

③ 如果验收员兼管其他工作，应尽可能将交货时间安排在验收员比较空闲的时候。

④ 货物应运送到指定验收区域。

⑤ 验收完成后，应尽快将食品原料送入储藏室，防止食品原料变质和员工偷盗。

⑥ 不允许推销员、送货员等进入储藏室或食品生产区域。验收、检查区域应靠近酒店入口处，入口处大门应加锁，大门外应安装门铃。送货员到达之后，应先按门铃。送货员在验收处时，验收员应始终在现场。

8.2 餐饮原料的储存管理

食品原料的储存管理和发放控制也对餐饮产品的质量和企业食品成本控制有着举足轻重的影响。餐饮原料储存管理不严，不仅会导致企业的餐饮成本和经营费用提高，而且会导致客人得不到高质量的餐食。

8.2.1　餐饮原料储存管理概述

要搞好餐饮原料储存管理工作，首先应了解储存管理工作的特点及目的，掌握餐饮原料储存管理工作的基本原则。

企业保持一定量的库存物品，目的是使生产和销售活动能均衡地、不间断地正常进行。餐饮原料的储存既是生产和销售的准备阶段，也是企业开源节流的重要一环。缺少库存准备阶段，生产和销售将会面临原料供应短缺的危险，并可能会因此停工、停产，给企业带来损失；储存原料过多，会使企业出现原料积压的现象，造成资金周转减慢、储存管理费用上升，从而引起极大的浪费。因此，加强餐饮原料储存管理工作是十分重要的。

要做好餐饮原料储存管理工作，通常要注意以下几点：

① 将餐饮原料采购活动与企业生产和销售的需要有机结合起来，进行有效的储存管理。

② 依据餐饮原料自身的特点，制定相应的管理方法和制度。

③ 加强对库存物品的经济核算，减少实际成本开支。

④ 提高库存物品流转速度。

8.2.2　餐饮原料储存管理的总体要求及基本过程

餐饮原料经采购入店，再经过验收程序归入仓库后，从管理程序上讲，即进入了储存管理阶段。

在这一环节，相关管理人员首先应掌握餐饮原料储存管理的总体要求；然后应掌握餐饮原料储存管理的基本过程。

1）餐饮原料储存管理的总体要求

（1）对原料储藏区域的要求

储藏餐饮原料的仓库也称原料储藏室，储藏室每天都要接收、储存和发放大量的餐饮原料，但是不少酒店、餐厅对储藏室的设计工作不太重视，如各个原料储藏室相隔很远，甚至分散在不同的楼面，从而影响了原料储存管理工作。

储藏室设计人员和企业经管人员在储藏室设计工作中需要考虑的因素主要有以下几个方面：

①储藏室的位置。

从理论上讲，储藏室应尽可能位于验收处与厨房之间，以便于将食品原料从验收处运入储藏室及从储藏室送至厨房。但是在实际工作中，受建筑布局的限制，往往不易做到这一点。如果一家酒店有几个厨房且位于不同的楼层，则应将储藏室安排在验收处附近，以便及时将已验收的食品原料送进储藏室，这样可以降低原料被"顺手牵羊"的可能性。一般而言，原料储藏室位于建筑的底楼或地下室为佳。

②储藏室的面积。

确定储藏室面积时，应考虑企业的类别、规模、菜单、销量、原料市场的供应情况等因素。菜单经常变化的企业，储藏室的面积应大一些。有些企业远离市场，进货周期较长，这类企业的储藏室也应大一些。有些企业经常一次性大批量进货，这些企业也需要有较大面积的储藏场地。

（2）对各类储藏库（储藏室）的要求

不同易坏程度的餐饮原料需要不同的储存条件；由于餐饮原料使用的时间不同，因此应分别存放在不同的地点；不同成品程度的餐饮原料，如新鲜的鱼、半成品的鱼和加工成成品的鱼，也需要不同的储存条件和设备。因此，餐饮企业应设置不同功能、不同类别的库房。库房的类别通常有以下几种：

①按地点分类。

A.中心库房；

B.（各餐饮经营点的）分库房。

②按物品的用途分类。

A.食品库；

B.酒类饮料库；

C.非食用物品库。

③按储存条件分类。

A.干藏库；

B.冷藏库；

C.冰鲜库；

D.冻藏库。

（3）食品原料储藏库对温度、湿度和光线的要求

几乎所有的食品、饮料对温度、湿度和光线的变化都十分敏感，不同的食品、饮料在同一种温度、湿度和光线条件下的敏感程度是不一样的。因此，不同的食品、饮料应存放在不同的储藏库内，并给予不同的温度、湿度及光线条件，使食品、饮料始终处于最佳待用状态。

①温度要求。

a.干藏库。干藏库的温度最好控制在10~21℃。

b.冷藏库。冷藏的主要作用是防止细菌生长。一般而言，细菌在10~50℃繁殖最快，因此所有冷藏食品都必须保存在0~4℃的冷藏库里。

由于冷藏间的存放对象不同，因此相应的冷藏温度也不同：

·肉类的冷藏温度为0~2℃；水果和蔬菜的冷藏温度为2~4℃（有些水果是不宜在冷藏条件下存放的，如香蕉等）。

·乳制品的冷藏温度为0~2℃。

·鱼的最佳冷藏温度为0℃左右。

同时存放多种食品的冷藏库只能采用折中方案，将温度调节在2~4℃。

c.冰鲜库。冰鲜库的温度一般应控制在0℃左右。

d.冻藏库。冻藏库的温度一般应保持在-24~-18℃。

表8-14给出了常用食品原料的储藏温度。

表8-14　　　　　　　　　　　　**常用食品原料的储藏温度**

储藏库	食品原料	适宜的温度
干藏库	1.干货食品原料	10~21℃
	2.米面类	10~19℃
	3.烈酒类	10~21℃
	4.果酒	10~21℃
	5.啤酒	10~21℃
	6.矿泉水	10~21℃
冷藏库	1.肉类	0~2℃
	2.水产品（主要为海产品）	0~2℃
	3.禽类	0~2℃
	4.乳制品	0~2℃
	5.黄油和鸡蛋	0~2℃
	6.新鲜水果和蔬菜	2~3℃
	7.熟食	2~4℃
	8.啤酒和矿泉水（备服务时用）	3~4℃
冰鲜库	拟短期内食用的新鲜水产品	0℃左右
冻藏库	所有需要冷冻储藏的食品（拟长期储存的肉、禽、鱼等）	-18~-24℃

②湿度要求。

食品原料储藏库的湿度也会影响食品储存的时间。不同的食品原料对湿度的要求是不一样的。

A.干藏库。干藏库的相对湿度应控制在50%~60%；如果是储藏米、面等食品的仓库，则其相对湿度应该再低一些。如果干藏库的相对湿度过高，则应安装去湿干燥装置；如果相对湿度过低，空气太干燥，则应使用加湿器或在库内泼水。

B.冷藏库。水果和蔬菜冷藏库的湿度应控制在85%~95%；肉类、乳制品及混合冷藏库的湿度应控制在75%~85%。相对湿度过高，会使食品变得黏滑，从而促进细菌生长，加速食品变质；相对湿度过低，会使食品干枯，这时可在食品上加盖湿布，或直接在食品上泼水。

C.冰鲜库。冰鲜库的相对湿度应控制在85%左右。

D.冻藏库。冻藏库应保持高湿度，否则干冷空气会从食品中吸收水分。冷冻食品应用防蒸发或防潮湿的材料包好，以防食品失去水分或脂肪变质发臭。

③光线要求。

所有食品原料仓库均应避免阳光直射。仓库的玻璃窗应使用毛玻璃。在选用人工照明装置时，应尽可能挑选冷光灯，以免由于电灯光热使仓库的室内温度升高。

（4）食品原料储藏库对通风和清洁卫生的要求

食品原料储藏库的高度至少应为2.4米，以保持空气流通。如果使用空调，则仓库里应有充足的压力通风设备。干藏库最好每小时换4次空气。冷藏库和冻藏库的食品不要靠墙存放，也不要直接放在地板上或顶到天棚，以利于空气流通。

干藏库、冷藏库的地板和墙壁的表面应经受得起重压，易于保持清洁并能防油污、防潮湿。

仓库内应有下水道，以便清洗冰箱，擦洗墙面和地面。

食品原料仓库在任何时候都应保持清洁卫生。企业应制定清洁卫生制度，按时打扫。

冷藏食品每天都应整理，溅出的食物应立即擦净。冷藏库内墙可用温肥皂水洗刷，洗刷后应立即用清水冲洗。冷藏库应每天擦洗地面。

干藏库同样应每天清扫，特别要注意阴暗角落和货架底下。食品原料仓库内绝对不可堆放垃圾。

干藏库要做好防虫、防鼠工作。墙上、天棚上和地板上的所有洞口都应堵塞住，窗口应安装纱窗。如果暖气管和水管必须穿过储藏室的墙壁，则管子周围应进行填塞。在杀虫、灭鼠工作中，经管人员应聘请专家指导，以便正确使用杀虫剂和灭鼠药。

业务链接8-1

食品原料仓库储存条件的三要素

食品原料仓库储存条件的三要素是指：适宜的温度、湿度和光线。

教学互动8-1

每年新进的绿茶应该如何存放

背景资料： 每年清明节前后，各酒店均会采购大批当季的绿茶（如西湖龙井、黄山毛峰等），入库的绿茶通常会分成两类分别保管：一类为近期泡饮的；另一类为下半年消费的。

问题： 下半年消费的绿茶应该存放在哪里？为什么？

要求： 同"教学互动1-1"的"要求"。

2）餐饮原料储存管理的基本过程

餐饮原料储存管理的基本过程可分为三个阶段：入库验收、储存保管、离库处理。

（1）入库验收

上一节我们介绍了餐饮原料的入库验收工作，这项工作通常由采购部门与仓库联手进行，采购部门的验收侧重于对货品数量的点验，仓库的验收则侧重于对原料本身质量的检查和分类。

①质量检查。

质量检查是以数量检查为前提的。库房在确认了原料数量之后，便开始质量检查工作。质量检查工作的重点包括两个方面：一是入库原料的质量把关；二是对原料自身储存条件的分析。入库原料的质量把关主要根据采购规格书所定的标准进行，对原料自身储存条件的分析主要是看采购的原料是否适宜存放在酒店的仓库中。

②分类签收。

通过质量检查的原料应立即入库保管。原料入库之前，要进一步分类、登记和签收。分类是为了更好地管理；登记和签收是为了建立脉络清晰的账目体系。

（2）储存保管

储存保管的基本要求是：合理存放，精心养护，认真检查，使物品在保管期内质量完好、数量准确；使库存耗损和管理费用下降到尽可能低的水平；方便原料发放，更好地为生产和销售服务。

①库存原料保管的五项原则。

A.库存原料的储藏量应与生产、销售、消费相吻合。

B.库存原料应分类集中存放在明确的地点。

C.应建立健全的库存原料保管、养护与检查制度。

D.加强对仓库保管人员的管理工作。

E.尽可能降低储存环节的费用。

②影响储存保管的因素。

A.原料的种类和性质。

B.原料的成品程度。

C.餐饮生产部门的生产能力。

D.仓库的储存能力。

E.市场的供应状况。

F.供货期限。

G.仓库内部工作的组织实施。

H.餐饮企业的购销政策和计划。

③科学、合理的储存方法。

采用科学、合理的储存方法往往能够达到事半功倍的效果。这些方法包括：

A.分类划区。根据原料的类别合理规划原料摆放的固定区域。分类划区的粗细程度，应根据企业的具体情况和条件来决定。

B.四号定位。四号是指库号、架号、层号、位号。四号定位是指对四者统一编号并与账页上的编号对应，即把各仓库内的原料进一步按种类、性质、体积、重量等不同情况，对应堆放在固定的位置上，然后用四位编号标出来。这样，只要知道原料的名称、规格，就可迅速、准确地寻料、发料。

C.立牌立卡。这是指对经过定位、编号的各类原料建立料牌和卡片（此处的"料牌"即前文提到的"食品存货标签")。料牌上应写明原料的名称、编号、到货日期，还可加上涂色标志；卡片上应记录原料的进出数量和结存数量等。

D.五五摆放。五五摆放就是根据各种原料的性质和形态，以"5"为计量基数进行堆放，按照"五五成行、五五成排、五五成串、五五成方、五五成堆"的方法，使每个摆放单位的商品均为25件。这样，既能使原料整齐、美观，又便于清点、发放。

需要注意的是，并非所有食品原料都可以五五摆放，因为食品原料的外形、包装等在许多情况下是无规则的。

④食品原料的分类、分条件储存保管。

A.干藏库。在干藏库储存的食品原料主要有：

· 米、面粉、豆类食品、粉条、果仁等。

· 调料，包括酱油、醋等液体调料和盐、糖、花椒等固体调料。

· 罐头、瓶装食品，包括罐头和瓶装的鱼、肉、禽类等。

· 部分水果和部分蔬菜。

· 糖果、饼干、糕点等。

· 干果、蜜饯、脱水蔬菜等。

干藏库的管理要点为：

a.干藏库应该安装性能良好的温度计和湿度计，并由管理人员定时检查，以防仓库的温度、湿度指标超过许可范围。

b.每一种原料都必须有固定的存放位置，任何原料的储存都应至少离地面25厘米，离墙壁5厘米。

c.入库原料的包装上应注明进货日期，以利于按照先进先出的原则进行发放，保证食品质量。

d.仓库应定期进行清扫、消毒，预防和杜绝虫害、鼠害。

e.塑料桶或罐装原料应带盖密封；箱装、袋装原料应存放在带轮的垫板上，以利于挪动和搬运；玻璃器皿盛装的原料应避免阳光直接照射。

f.尽量控制有权进入仓库的人员的数量。员工的私人物品一律不准放在仓库内。仓库人员不在岗时，仓库应另外加锁以防外人进入。备用钥匙应用纸袋密封，存放在经理办公室，以备急需之用。

B.冷藏库。在冷藏库储存的食品原料主要有：

· 新鲜的鱼、肉、禽类食品。

· 部分新鲜的蔬菜和水果。

· 蛋类、乳制品。

· 加工后的成品、半成品，如糕点、冷菜、熟食等。

· 马上使用的饮料、啤酒等。

冷藏库的管理要点为：

a.冷藏前应仔细检查每一种食品原料，不要把已经变质或者不洁的原料送入冷藏库或冷藏箱。

b.需要冷藏的食品原料应尽快冷藏，尽量缩短耽搁时间。

c.冷藏设备的底部及靠近冷却管道的地方一般温度最低，这些地方应留给乳制品、肉类、禽类、水产类食品原料。

d.冷藏设备主要用于储存容易腐败变质的食品原料。因此，一些热带水果如香蕉、菠萝等，部分蔬菜及块茎类果实如西红柿、马铃薯、洋葱、南瓜、茄子等，都无须冷藏，其储藏温度以16~20℃为宜。

e.冷藏时应拆除鱼、肉、禽类等食品原料的外层原包装，因为原包装物上往往沾有污泥及细菌，但经过加工的食品如奶油、奶酪等，应连同原包装一起冷藏，以免发生食品干缩、变色的现象。

f.剩余食物应密封冷藏，以免受冷干缩或沾染其他食物的气味，同时也能防止滴水或异物混入。

g.有强烈特殊气味的食物应冷藏在密封容器中，以免影响其他食物。

h.冷藏温热的熟食应使用浅底、口大的容器，避免使用深底、口小的桶状容器。一般情况下，应先在水中冷却，再行冷藏。

i.重视冷藏库、冷藏箱的卫生，制定清扫规程，定期打扫。

C.冰鲜库。在冰鲜库储存的主要是以新鲜的鱼类为代表的水产品。

冰鲜库的管理要点为：

a.随时注意存放在库内的以新鲜的鱼类为代表的水产品的新鲜度，以防其新鲜度发生变化。

b.提高库存新鲜食品的周转速度。

c.严格执行仓库的保管制度。

D.冻藏库。在冻藏库储存的食品原料主要有两类：

·需要长时间保存的冻肉、鱼、禽及部分蔬菜食品。

·已加工的成品和半成品食物。

冻藏库的管理要点为：

a.把好进货验收关，冷冻食品在验收时必须处在冰冻状态，避免将已经解冻的食物送入库房。

b.冷冻食品的温度应控制在-18℃以下，冻藏库的温度越低，温差变化越小，食品储存期及食品质量越能得到保证。

c.冷冻储存的食品原料，特别是肉类，应该用抗挥发性的材料包装，以免原料失水过多，引起变色、变质，因此冻藏库内的相对湿度应尽可能高一些。

d.冷冻食品一经解冻，尤其是鱼、肉、禽类，应尽快烹制；否则，由于温度回升，很容易导致细菌快速繁殖。

e.冷冻食品一经解冻，不得再次冷冻储藏；否则，食物内复苏了的微生物会导致食物腐烂变质。此外，再次冷冻会破坏食物内部的组织结构，影响食物的外观、营养成分及味道。

f.有些冷冻食品，主要是蔬菜，可直接烹制，无须解冻，这样有利于保持其外形和色泽。大块肉类必须先行解冻，一般应放置在冷藏室内解冻，切忌在室温下解冻，以免引起细菌、微生物的急速繁殖。如果时间紧急，则应将肉块用洁净的塑料袋盛装，密封置于自来水池中，用自来水冲洗，以助解冻。

g.不能将原料堆放在地面上或紧靠墙壁，以免妨碍库内空气流通，影响储存质量。

h.坚持先进先出的原则，所有原料必须注明入库日期及价格，并经常挪动储存的食品原料，防止某些原料储存过久，造成浪费。

（3）离库处理

离库处理又叫发货、发料、送料，它是储存管理中的最后一个环节。其基本要求是：做好准备工作，严格离库审核手续，按库存原料周转规律准确无误地发送，并科学、合理地做好成本登记工作。

离库处理是原料申领方和发放方共同的工作。对申领方来讲，包括申报、待批、领料、核查、提货、运送等作业环节；对发放方来说，包括备货、审核手续及凭证、编配、分发、核定成本、复核等作业环节。离库处理工作的重点主要针对后者。

①食品原料的发放。

发料工作即从企业采购入库经验收无误的原料中或从食品原料的库存中发出食品原料，供给生产部门使用的过程。由定义可知，发料的形式有两种：无须入库储存原料的发放和库存原料的发放。

A.无须入库储存原料的发放（也称直接采购原料的发放）。

无须入库储存原料主要是指立即使用的易变质原料。食品原料经验收合格之后，从验收处直接发至厨房，其价值按当日进料价格计入当天食品成本账内。食品成本控制员在计算当日食品成本时，只需要从进货日报表的直接进料栏内抄录数据即可。

B.库存原料的发放。

库存原料包括干藏的食品、冷藏的食品、冰鲜藏的食品和冻藏的食品等。这些食品原料经验收后入库房储存备用，在生产部门需要时从仓库领出，在领出当日转入当日食品成本账目。因此，每次发放库存原料都应有正确的记录，这样才能准确计算出每天的食品成本。仓库每天向厨房和酒吧发出的原料都要登记在食品仓库发料日报表上，月末将每日食品仓库发料日报表上的发料总额汇总，便可得到本月仓库发料总额。食品仓库发料日报表的式样见表8-15。

C.库存原料发放的控制。

a.定时发料。规定发料时间非常重要，因为这直接影响着生产过程。厨房根据自己所需要的食品原料填写领料单，仓库按领料单进行备料。

为了使仓库管理人员有充分的时间整理库房，并检查各种原料的库存情况，不致因忙于发料而影响其他工作，仓库应规定每天的领料时间。

表 8-15　　　　　　　　　　　　**食品仓库发料日报表**

日期：202×-01-03

货号	品名	数量	单价（元）	金额（元）	成本分摊部门	领料单号	备注
BC-315	黄油	20块	6.00	120	咖啡厅厨房	3856	
BC-514	鸡蛋	15千克	3.20	48	中餐厅厨房	3472	

本日发料汇总：发料项目数_____，总金额_____，制表人_____

　　b.凭单发料。凭单发料，即凭领料单发料。领料单是仓库发出原料的原始凭证。领料单上应准确记录仓库向各厨房发放的原料的数量和金额。食品原料领料单的式样见表 8-16。

表 8-16　　　　　　　　　　　　**食品原料领料单**

领料部门：酒吧　　　　　　　　　　　　　　　　　　　　　日期：202×-05-05

仓库类别：干藏库□　　冷藏库□　　冻藏库□

品名	货号	领料数量（箱）	实发数量（箱）	单价（元）	食品金额（元）	饮料金额（元）
黄桃罐头	AA3301	2	2	30	60	
1.25L雪碧	AA4031	1	1	50		50
				合 计	60	50
领料人： 发料人：		领料部门领导：			本单领料总金额	110

　　为便于分类统计成本，最好将食品金额与饮料金额分别记录，并注意标明仓库的类别。领料单必须由厨师长或领料部门指定的管理者签字后，仓库才能发料。仓库发料时，领料人和发料人都要签字。领料单上如果还有空白处，发料人应当着领料人的面将空白处划掉，以免被人私自填写。领料单至少一式三联：一联随发出的原料交回领料部门作为记录；一联送财务部食品成本控制员；一联仓库留存，以汇总每日的领料总额。

　　c.准确计价。原料从仓库发出后，仓库保管员有责任在领料单上列出各项原料的单价，计算出各项原料的金额，并汇总领取食品原料的总金额。

肉类及其他冷冻食品发出后，仓库保管员应解下系在货物上的标牌，把标牌上的单价和金额记在领料单上。

干货及其他一些食品的规格和价格相对比较稳定，在发放时只需要在领料单上填写实发数量，再乘以每件货物的单价，即可计算出领料总额。

②饮料的发放。

饮料购入后，其采购金额全部计入库存额，领出后才计入成本。仓库发放饮料同样要凭领料单，领料单必须由酒吧经理或餐厅经理签字后才有效。

由于饮料在销售时毛利较大，并且一些名贵酒价值很高，因此对饮料的发放应严格控制。一些零杯销售的酒水（通常是名贵酒），不仅要凭领料单，还要凭酒吧和餐厅退回的空瓶才能发放（这些酒瓶在发放时已注上企业的记号）。酒吧或餐厅每天退回的空瓶数应该是昨天的消耗量（零杯销售的酒除外），每日领取的饮料量实际上是补充昨天消耗掉的饮料量，这样可以使酒吧或餐厅的饮料储存量保持在标准水平。例如，酒吧中的人头马VSOP的标准储存量应为5瓶，用完2瓶后的空瓶在领料时送回再领取2瓶，这样酒吧每天营业开始时，该酒始终保持5瓶的标准储存量。

由于酒吧或餐厅在营业中经常销售整瓶酒水，有的客人喝了一半后会连瓶将酒水带走，因此整瓶酒水的空瓶难以收回。为了加强控制，整瓶酒水的销售要填写整瓶销售单。客房用餐服务中的整瓶酒水销售也要填写整瓶销售单。在领料时，以整瓶酒水销售单代替空瓶作为领料的凭证。

酒吧或餐厅保持标准储存量，有利于保证饮料的供应，并且方便其对饮料进行控制。凭空瓶和整瓶销售单领料，酒吧或餐厅可随时按实际结存的饮料瓶数和空瓶数（或整瓶销售单上的数量）对照标准储存量，以检查饮料的短缺数。各种品牌的饮料无论在何时检查，都应满足下式：

满瓶饮料数+不满瓶数+空瓶数（或整瓶销售数）=标准储存量

酒吧或餐厅的储存面积较小，对饮料的控制难度大，因此对于标准储存量，应根据每天的平均消耗量计算，一般不多于3天的需求量。

宴会、团体用餐等重大活动一般无法设定标准储存量。为宴会领取的酒水量一般大于预计需用量，在宴会结束后应立即将未用完的酒水退回。退回的酒水要填写食品饮料调拨单。

③原料的内部调拨及转账处理。

大型酒店往往拥有多处餐厅、酒吧、厨房。餐厅之间、酒吧之间、餐厅与酒吧之间等常因业务需要而发生食品、饮料的互相调拨、转让，厨房之间的食品原料调拨则更为普遍。为了保证各部门成本核算的准确性，酒店内部食品、饮料的调拨应坚持使用调拨单，以记录所有调拨事项。在统计各餐厅和酒吧的食品、饮料成本时，要减去各部门调出的食品、饮料金额，加上调入的食品、饮料金额，这样可使各部门的经营情况得到准确反映。食品饮料调拨单应一式三份或四份，调入与调出部门各留存一份，另一份及时送财务部门，有的企业还要送一份给仓库记账。食品饮料调拨单的式样见表8-17。

表8-17 　　　　　　　　　　食品饮料调拨单

调入部门：多功能厅 调出部门：大堂吧			时间：202×-06-01 编号：3750821			
品名	规格	单位	数量		金额（元）	
			请拨数	实拨数	单价	小计
可口可乐	330ml	箱	4	4	40	160
雪　碧	330ml	箱	4	4	40	160
合计						320

调出部门经手人：　　　　　　　主管：　　　　　　　仓库保管员：

调入部门经手人：　　　　　　　主管：

本章概要

学习微平台

延伸阅读8-2

□ 内容提要

　　本章共分两节，第一节介绍了餐饮原料的采购与验收管理，第二节介绍了餐饮原料的储存管理。

　　□ 主要概念和观念

　　▲ 主要概念

采购规格书　招标采购

　　▲ 主要观念

日常即时采购法　长期订货法　定期订货法　永续盘存卡订货法　经济批量订货法　食品储存的三要素

　　□ 重点实务

餐饮原料采购中对价格、质量、数量的管控方法　餐饮原料储存中如何保证食品在正常的保质期内不会变质。

基本训练

□ 知识训练

▲ 复习题

1）完整的餐饮原料采购管理体系应包括哪些方面？

2）餐饮原料采购管理中较为实用的价格控制方法有哪些？

3）餐饮原料的储存管理应做好哪些工作？

4）不同类型的餐饮原料仓库对保管温度、湿度和光线各有哪些要求？

▲ 讨论题

1）冰鲜库适合存放哪类食品？

2）餐饮原料储存管理中的"十六字"方法具体指什么？

3）对于名贵酒水的发放，应做好哪些工作？

□ 能力训练

▲ 理解与评价

点评中国绿茶与铁观音等茶叶需要冷藏储存，而红茶则不可冷藏储存。

▲ 案例分析

训练项目

案例分析-Ⅷ

相关案例

冷冻机转个不停

背景与情境： 浙北某三星级宾馆为确保冷冻仓库的清洁卫生，要求入库存放的原料必须先去掉包装纸箱，结果导致冰块直接暴露在冷冻仓库的温度感应探头之下。这样一来，一种从未有过的状况出现了，冷冻机一刻不停地运转，直至马达被烧坏，维修部修复马达后情况依旧。

问题： 究竟是什么原因导致仓库的冷动机转个不停？

训练要求： 同第1章"基本训练"中本题型的"训练要求"。

▲ 实训操练

训练项目：采购规格书设计

训练任务：以国产牛排为采购对象，设计一份实用的采购规格书。

训练要求：参照本教材相关内容介绍。

训练步骤：

1）以个人为单位。

2）通过网络或实地考察餐饮企业，了解餐饮企业使用牛排的具体要求。

3）将这些要求通过采购规格书的形式表现出来。

□ 课程思政

训练项目

课程思政-Ⅷ

相关案例

海鲜餐企采购收回扣200余万元

背景与情境： 据媒体报道，广州花都区某知名海鲜连锁餐企的采购人员在采购期间收取回扣，涉案金额达到了200余万元。事发后企业报警，经过近一年的调查取证，6月20日正在广州黄沙水产市场收取回扣的该采购人员被民警抓捕。

资料业源　佚名. 200多万元的采购回扣！餐饮行业的潜规则怎么解决？[EB/OL]. [2017-06-26]. http://www.sohu.com/a/152081244_739118.

问题：

1）本案例中的企业从业人员存在哪些思政问题？

2）试对本案例中海鲜餐企采购人员行为进行思政研判。

3）说明你所做研判的规范依据。

4）如何杜绝此类事件发生？

训练要求： 同第1章"基本训练"中本题型的"训练要求"。

第9章 餐饮产品的生产管理

学习微平台

思维导图9-1

● 学习目标

　　通过本章的学习，应当达到以下目标：

　　职业知识：学习和把握"餐饮产品的生产管理"的相关概念，餐饮生产活动的基本特征、与其他行业或酒店其他部门的对比，酒店餐饮生产组织机构的设置及各部门的职能，餐饮生产人员的选配，餐饮生产场所布局的基本要求与整体布局安排，餐饮产品质量的形成过程与设计质量控制及其常用方法，饮品的使用标准计量、饮用器具、执行标准操作配方与遵循标准操作规范，管事部的组织结构与职能，以及"业务链接"等知识；能用其指导本章"同步思考"、"教学互动"和"基本训练"中"知识训练"各题型的认知活动，正确解答相关问题。

　　职业能力：点评"酒店中酒水销售的毛利水平远高于菜肴销售的毛利水平"，训练专业理解力与评价力；运用本章知识研究相关案例，培养在"餐饮产品的生产管理"的特定情境中分析问题与多元表征的能力；参加"'宫保鸡丁'标准菜谱制作"实训，训练相应的专业技能；通过搜集、整理与综合关于"餐饮生产质量控制"的前沿知识，撰写、讨论与交流《"餐饮生产质量控制"最新文献综述》，培养在"餐饮产品的生产管理"中"自主学习"的通用能力。

　　课程思政：结合本章教学内容，依照相关规范或标准，对章后"课程思政-IX"案例情境中的企业或其从业人员服务行为进行思政研判，培养高尚的道德情操，树立社会主义核心价值观。

引例：厨师长开餐时的现场督导

背景与情境：比较中西方酒店的厨房管理，你会发现有许多不同的地方。围绕着餐饮产品质量控制这个核心问题，中西方酒店在开餐时的控制方式各不相同，其中西方酒店的一些做法尤其值得我们借鉴。一般情况下，西方酒店的厨房在开餐时，厨师长会站在厨房与餐厅的连接处（此时中餐厨师长要么在头炉，要么在厨师长办公室），其主要职责有两个：一是负责所有从餐厅进厨房的点菜单的生产任务安排；二是对厨师烹饪的产品进行出品前的质量检查。中餐厨房的这两项工作则通常是由传菜组的领班负责的，其直接后果是出品质量普遍不高。究其原因：一是传菜组的领班对生产计划安排与出品质量检查缺乏权威性；二是传菜组的领班不具备专业性。

资料来源　根据作者的实践体会和认识撰写。

"他山之石，可以攻玉。"中餐厨房在内部管理上可以借鉴西方酒店的做法，开餐时厨师长现场督导便是一例。

9.1　餐饮生产管理概述

9.1.1　餐饮生产活动的基本特征

1）餐饮生产活动过程的完整性和内容的复杂性

餐饮生产活动，尤其是传统意义上的厨房生产活动，与工业生产活动有很大不同。餐饮生产的过程十分完整，从餐饮原料的验收、粗（初）加工、切配、烹饪加工到将产品送至出菜口，整个过程几乎都是在厨房的小天地中完成的。

餐饮生产活动的基本特征还表现为生产内容的复杂性。从工艺加工的角度来看，首先是选择原料，原料质量的鉴别难度颇高，需要看、闻、摸、按，有时还需要用仪器鉴定等；然后是粗加工，包括分选、宰杀、冲洗、刮削、浸泡、发制、晾晒等；接下来是切配部门的切割、配制、分份；最后是上炉灶烹饪成菜。从非工艺加工的角度来看，有冷菜、点心、热菜等专项烹饪作业群体，呈现出众多的岗位与加工形式。

2）餐饮生产活动时间的间歇性

餐饮生产活动的节奏是由餐厅的营业情况决定的。餐厅内如果高朋满座，厨房内则炉火熊熊；餐厅若门庭冷落，厨房则冷冷清清，无事可做。这使得餐饮生产活动时忙时闲，呈现出明显的间歇性。这种用餐的时间性规律，使得厨房工作在一日之中几经"峰顶"和"谷底"阶段。餐饮生产时间的规律如图9-1所示。

餐饮生产活动时间的间歇性还表现在某种具体产品的生产上。一种类型的就餐者可能喜欢这种食品，另一种类型的就餐者可能喜欢另一种食品，这两类就餐者的轮流交替出现，马上会引起厨房产品生产上的时间性变化。对于这种变化，厨房在制订生产计划时是难以预料的。

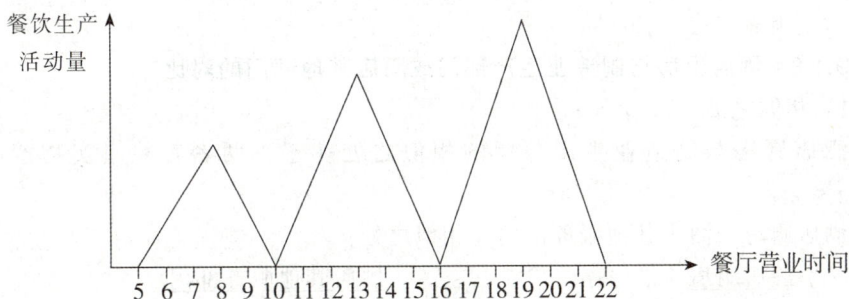

图9-1　餐饮生产时间的规律

3）餐饮生产活动强度的超常性

在各行各业现代化的进程中，餐饮生产或许是发展最慢的行业之一，其中的原因是多方面的，有技术方面的，有社会方面的，有观念方面的，也有市场方面的。绝大部分餐饮产品都是靠手工完成的，在整个餐饮生产活动中，手工劳动的比重占到90%以上。此外，餐饮生产活动的环境也是整个酒店所有劳动岗位中最艰苦的，高温、油渍、噪声等，时时刻刻困扰着生产加工者。烹制加工完毕的菜肴，没有通过类似工业品销售部门的中转，而是直接送到了餐厅的餐桌上，产品预制的可能性很小，现点现做，现做现吃，一气呵成，更加大了餐饮生产活动的强度。

4）餐饮生产活动效率的低下性

如前所述言，由于餐饮生产活动时至今日基本上仍以手工劳动为主，这就决定了餐饮生产活动效率的低下性。

此外，餐饮产品一旦生产出来，必须立即端上客人的餐桌，留给质量检查的时间很少，尤其是在营业高峰时期。对于质量欠佳的菜肴，虽然可以由餐厅服务来加以弥补，可菜肴入口之后，终究不能遮掩真相。饮食消费心理揭示，人们对味觉的不满意程度，远超过对视觉、嗅觉、触觉等的不满意程度。被就餐者拒绝的餐饮产品几乎没有返工的余地，这与其他种类的产品截然不同。对这类没有返工整修余地的产品，我们称为一次性质量产品。但是，遭到拒绝的一次性质量产品并不都是质量欠佳的产品，在许多场合下，评判餐饮产品质量好坏的标准是由消费者确定的。众口难调大大降低了餐饮生产活动的效率。

业务链接9-1

做厨师带来的伤疤

背景与情境：国内一著名旅游学校主讲餐饮课的老师于1993年由国家选派去德国某酒店学院进修。其中有一门课程是西餐烹饪，由于这门课程是结合该酒店学院师生的正常用餐进行的，因此多了"真枪实弹"的味道。这门课程结束时，这位老师的手上、身上多了许多伤疤，主要来自餐饮生产中的刀伤、烫伤和机械伤，最大一块伤疤位于右手背上，疤痕有两个鸡蛋大小。通过这门课程的学习，这位老师不仅学到了烹饪知识，更主要的是亲自体会到了做厨师的辛苦。

9.1.2 酒店厨房与制造业生产部门或酒店其他部门的对比

1）相似之处

酒店厨房与制造业生产部门的相似之处在于：两者都从事实物产品的生产。

酒店厨房与酒店其他服务部门的相似之处：

酒店厨房	酒店其他服务部门
成品一般不宜储存	产品不可储存
生产与消费间隔时间短	生产与消费同步进行
日生产量受当日需求量的影响	日生产量受当日需求量的影响
劳动密集型	劳动密集型

2）不同之处

（1）酒店厨房与制造业生产部门的区别：

酒店厨房	制造业生产部门
成品一般不可储存	成品可以储存
生产与消费间隔时间短	生产与消费相分离
日生产量受当日需求量的影响	日生产量不受当日需求量的影响
劳动密集型	资本密集型

（2）酒店厨房与酒店其他服务部门的区别：

酒店厨房	酒店其他服务部门
从事生产	从事服务
生产实物产品	生产无形产品
变动成本比重较大	主要为固定成本

酒店厨房和酒店其他服务部门虽同属于酒店，但一个是生产部门，另一个是服务部门。服务部门的工作内容主要有回答询问、帮助客人点菜等，而酒店厨房作为一个生产部门，其生产要素类似制造业的生产三要素，即人、设备和原料。因此，酒店厨房组织生产就是要组织好这三要素，如果组织不好，就会出现下列三个方面的问题：

第一，三要素不平衡。例如，设备充裕、原料丰富、需求量大，但人员不足；或人员充足、设备充裕、需求量大，但原料不足；或人员充足、原料丰富、需求量大，但设备不足。这样的生产都无法满足需求。

第二，三要素存在质量差异。例如，设备较好，原料质量较好，但人员技术水平低；或人员技术水平高，原料质量较好，但缺少合适的设备；或人员技术水平高，有合适的设备，但没有合适的原料。这些都会影响餐饮产品的质量。

第三，生产成本经常受到原料价格的影响。厨房一般不主张储存过多的食品原料，以保证食品质量和降低储存费用，因此市场原料价格的波动会直接影响到生产成本。为此，酒店厨房管理必须重视三要素的合理组合。

同步思考9-1

酒店业应归入哪一产业?

背景资料：同钢铁与机器制造业相似，酒店业需要雇用大量的劳动力以维持其正常运行，但酒店业又不同于钢铁与机器制造业，人们习惯上将酒店业归入劳动密集型产业，而将钢铁与机器制造业归入资本密集型产业。

问题：如何理解酒店业属于劳动密集型产业这种说法?

理解要点：

（1）酒店业的成本构成。

（2）酒店业对员工文化程度的要求。

（3）酒店运行需要的人员数量。

学习微平台

延伸阅读9-1

9.2　餐饮生产组织机构及人员配置

要使餐饮生产活动正常开展，首先应建立起合理的餐饮生产组织机构，并本着科学、合理、经济、高效、实用的原则，配置相应的生产工作人员。

本部分首先介绍了酒店餐饮生产组织机构的设置，然后介绍了餐饮生产机构中各部门的职能、生产人员选配的具体方法。

9.2.1　酒店餐饮生产组织机构的设置

根据餐饮生产规模、结构和方式的不同，餐饮生产组织机构有不同的表现形式。但它并非一成不变，随着酒店经营方式、策略的变化，餐饮生产组织机构也必须进行相应的调整和改变，以反映餐饮生产各岗位和工种之间的最新关系。

1）现代大型厨房的组织机构

现代大型厨房的特点是设有一个集中加工的主厨房（又叫加工厨房），负责所有经营产品的原料加工和切割，以及配份。这种加工有别于普通的初加工，它是将原料加工成可以直接烹调的待烹制品，并按产品规格进行配份，然后进行冷藏，随时供各烹调厨房领用。各个烹调厨房根据各自厨房的供应品种，向主厨房订取半成品，再由主厨房集中向采购部申请订购加工所需的原料。

目前，西方一些大型酒店的厨房和国内一些发达地区酒店（如上海新锦江大酒店）的厨房，采用的就是这种组织机构。这种组织机构是工业化革命进入酒店行业的标志之一，由于所有原料验收入店之后均采用标准加工方法，因此产品本身的质量得到了极大的保证；由于采用了标准配份方法，因此产品的数量标准得以维持；由于采取了集中统一的加工配份方法，因此原料的利用程度达到了最大化，餐饮效益处于最佳状态。现代大型厨房的组织机构如图9-2所示。

2）中型厨房的组织机构

中型厨房通常分为中餐厨房和西餐厨房两部分。与现代大型厨房相比，中型厨房的规模要小些，每个厨房兼有多种生产功能。中型厨房的组织机构如图9-3所示。

```
                        ┌──────────┐
                        │  总厨师长  │
                        └──────────┘
                             │
                        ┌──────────┐
                        │  总厨助理  │
                        └──────────┘
                             │
  ┌─────────────────────────┴─────────────────────────┐
┌──────┐ ┌──────────────┐         ┌──────────────┐ ┌──────┐
│ 助手  │ │  蔬菜加工厨师  │    ┌───┐│  水产加工厨师  │ │ 助手  │
└──────┘ └──────────────┘    │厨 ││└──────────────┘ └──────┘
┌──────┐ ┌──────────────┐    │师 ││┌──────────────┐ ┌──────┐
│ 助手  │ │  水果加工厨师  │    │长 │││  干货加工厨师  │ │ 助手  │
└──────┘ └──────────────┘    │   ││└──────────────┘ └──────┘
┌──────┐ ┌──────────────┐    │   ││┌──────────────┐ ┌──────┐
│ 助手  │ │  肉类加工厨师  │    │   │││  早餐加工厨师  │ │ 助手  │
└──────┘ └──────────────┘    │   ││└──────────────┘ └──────┘
┌──────┐ ┌──────────────┐    └───┘│┌──────────────┐ ┌──────┐
│ 助手  │ │  禽类加工厨师  │         │ 自助餐加工厨师 │ │ 助手  │
└──────┘ └──────────────┘         └──────────────┘ └──────┘
```

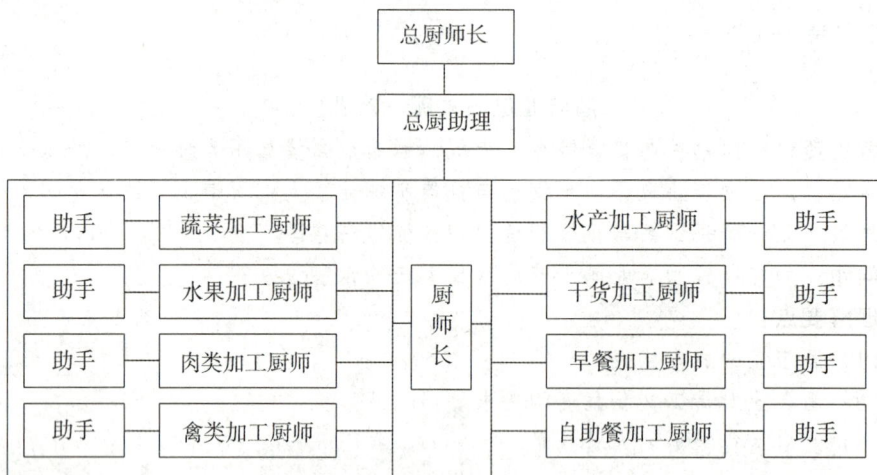

图9-2　现代大型厨房的组织机构

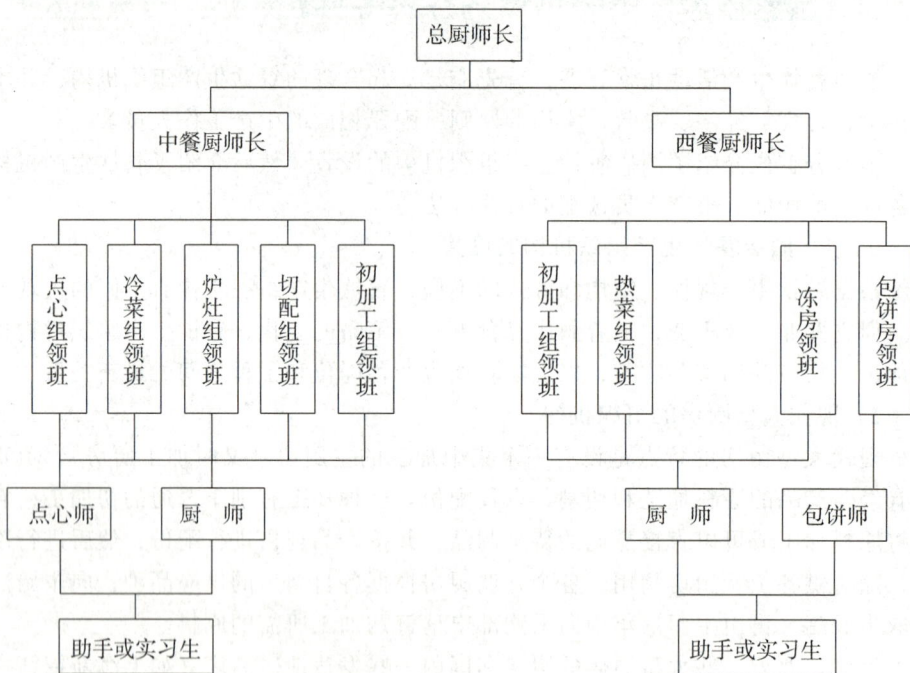

```
                        ┌──────────┐
                        │  总厨师长  │
                        └──────────┘
              ┌──────────────┴──────────────┐
         ┌──────────┐                   ┌──────────┐
         │  中餐厨师长 │                   │  西餐厨师长 │
         └──────────┘                   └──────────┘
  ┌────┬────┬────┬────┬────┐       ┌────┬────┬────┬────┐
┌───┐┌───┐┌───┐┌───┐┌───┐   ┌───┐┌───┐   ┌───┐┌───┐
│点心││冷菜││炉灶││切配││初加│   │初加││热菜│   │冻房││包饼│
│组 ││组 ││组 ││组 ││工组│   │工组││组 │   │领班││房 │
│领班││领班││领班││领班││领班│   │领班││领班│   │   ││领班│
└───┘└───┘└───┘└───┘└───┘   └───┘└───┘   └───┘└───┘
  ┌────────┬────────┐           ┌────────┬────────┐
┌──────┐ ┌──────┐        ┌──────┐ ┌──────┐
│ 点心师 │ │ 厨  师 │        │ 厨  师 │ │ 包饼师 │
└──────┘ └──────┘        └──────┘ └──────┘
     └────────┘                  └────────┘
  ┌──────────────┐           ┌──────────────┐
  │  助手或实习生   │           │  助手或实习生   │
  └──────────────┘           └──────────────┘
```

图9-3　中型厨房的组织机构

3）小型厨房的组织机构

小型厨房规模较小，因此组织机构也比较简单，通常只设置几个主要的职能部门。更小的厨房可不设立部门而直接设岗位。小型厨房的组织机构如图9-4所示。

4）粤菜厨房的组织机构

改革开放以来，粤菜风靡全国，受岭南地区饮食习俗自身特点的影响，粤菜厨房组织机构的设置也独具风格。这种厨房的优点在于分工细致、职责明确，便于督导和监控管理。粤菜厨房的组织机构如图9-5所示。

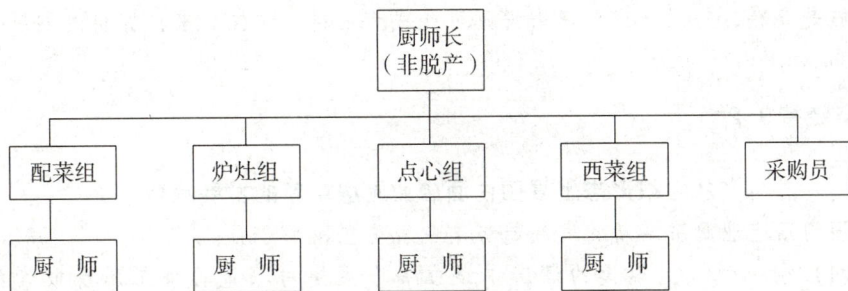

图9-4 小型厨房的组织机构

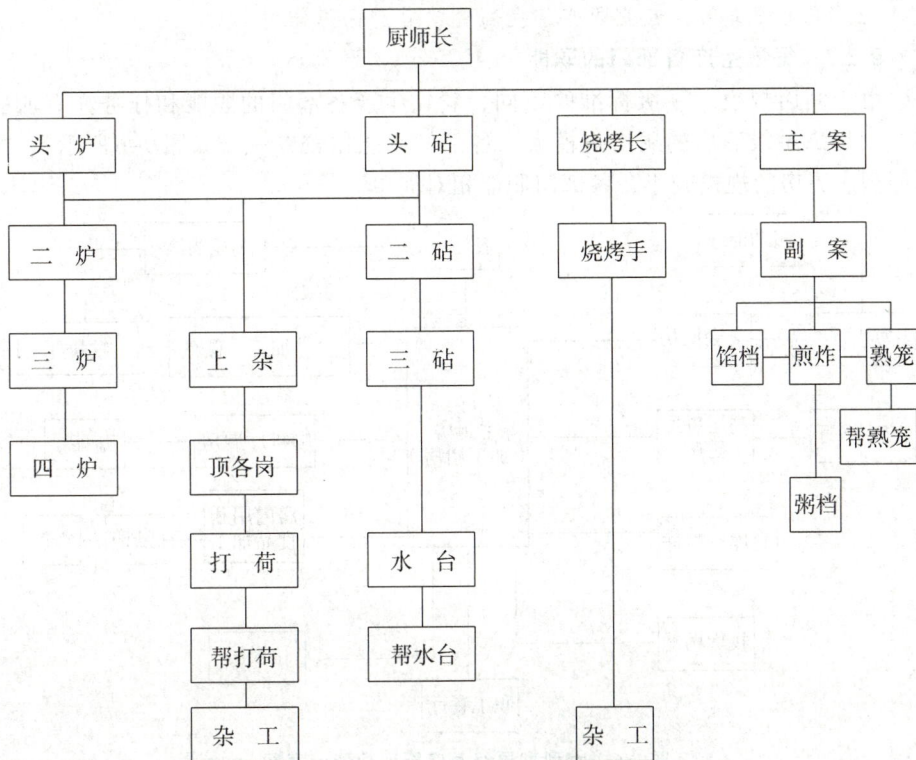

图9-5 粤菜厨房的组织机构

同步思考9-2

提高原料利用率的厨房切配中心机制

背景资料：受西方发达国家酒店组织机构设置方式的影响，国内许多著名的酒店均在餐饮部建立了切配中心，酒店各厨房需用的原料由切配中心统一进货、加工成形，并发往各厨房使用。

问题：这种机制最突出的优点在哪里？

理解要点：这种机制最突出的优点在于餐饮原料的利用率得到了很大的提高。高档酒店的厨房在使用原料时，往往只选用原料的最佳部位，其余部分弃之不用。成立切配中心之后，可由切配中心统一调配原料，部分原料对某个厨房来说可能是弃料，对另一个厨房来说则可能成为主料。这样一来，原料的利用率大幅提高。

> **业务链接9-2**
>
> **从组织形态上看国内酒店业厨房革新的发展趋势**
>
> 国内酒店业厨房革新的发展趋势集中表现在两个方面：
>
> （1）在中型以上规模的酒店中设立一个主厨房（也称加工厨房或切配中心），由主厨房负责其他所有厨房原料的洗削、切配等。
>
> （2）强化管事部的专业职能，提高餐饮后勤保障作用。

9.2.2 餐饮生产各部门的职能

由于酒店规模、星级标准的不同，餐饮生产各部门的职能和任务亦有所区别。大型高星级酒店的厨房规模大，各部门职能比较专一（如图9-6所示）；中小型酒店厨房的规模较小，各部门职能相对简单。

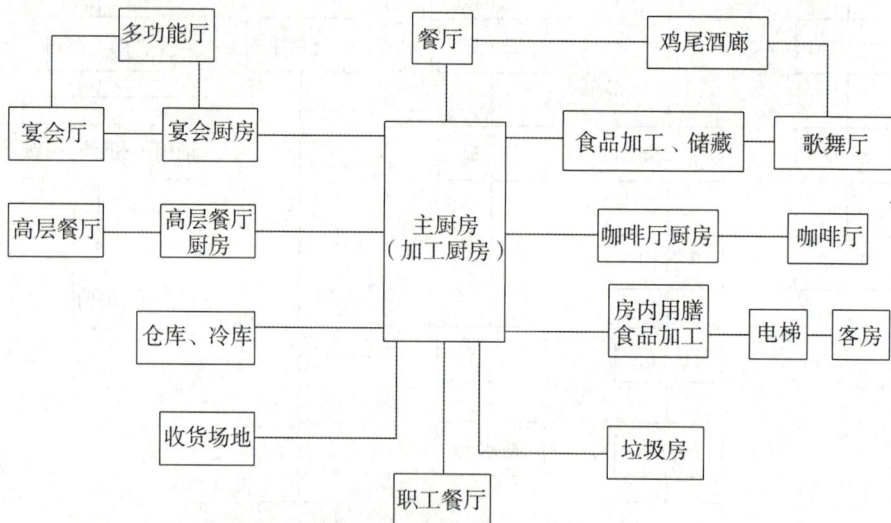

图9-6 大型高星级酒店厨房功能示意图

1）加工部门

加工部门主要负责菜点原料的初加工，向切配岗位提供净料。原料加工的范围和程度，因分工及要求的不同而有较大差别。有的加工部门只负责蔬菜的初加工，有的加工部门则负责所有原料的初加工，有的加工部门甚至要求将原料加工成形后提供给配菜部门。

2）配菜部门

配菜部门主要负责原料的成形加工和配份，是加工的后一道工序。配菜部门对餐饮成本控制起着决定性作用，因为菜肴的数量、规格主要由配菜部门控制。

3）炉灶部门

炉灶部门主要负责将配制成的待烹制品烹制成菜肴并及时提供给餐厅，它是对菜肴口味、质量起关键作用的部门。

4）冷菜、冻房部门

冷菜、冻房部门主要负责冷菜的制作和供应。中餐粤菜厨房的烧味部和卤水部的功能类似于冷菜部门，因其生产上突出了粤菜冷菜的特色而定名。西厨冻房不仅负责冷菜的制作，还负责色拉、果盘等生冷食品的制作与出品。

5）点心部门

点心部门主要负责各类点心的制作和供应。中餐粤菜厨房的点心部门还负责茶市小吃的制作和供应；有的点心部门还兼管甜品、炒面类食品的制作。西厨点心部又称包饼房，同样负责各类面包、蛋糕等的制作与供应。

9.2.3 餐饮生产人员的选配

餐饮生产人员的选配包括两层含义：一是指满足餐饮生产需要的厨房所有员工（含管理人员）的配备，也就是厨房人员的定额；二是指生产人员的分工定岗，即厨房各岗位的定员。

1）确定生产人员数量的要素

不同规模、不同档次酒店的厨房，配备的员工数量自然各不相同，即使同一地区、同一规模、同一档次酒店的厨房，配备的员工数量也不尽相同。影响员工配备的因素是多方面的，只有综合考虑以下因素，再进行生产人员的定额，才是全面而可行的：

（1）餐饮生产规模

厨房的大小、多少，厨房的生产能力如何，对生产人员定额起着主要作用。厨房规模大，餐饮服务接待能力就大，生产任务无疑较重，配备的各方面生产人员就要多一些；反之，厨房规模小，餐饮服务对象有限，则厨房可少配备一些生产人员。

（2）厨房的布局和设备

若厨房结构紧凑，布局合理，生产流程顺畅，餐饮产品运输路程短，餐饮生产人员就可减少；若厨房多而分散，并且各个厨房间隔或相距较远，或不在同一楼层，甚至不在同一幢建筑内，餐饮生产人员则要增加。

厨房设备性能先进、配套合理、功能全面，不仅可以减少生产人员数量，而且可以提高生产效率，扩大生产规模；相反，则需要多配备人员以满足生产需要。

（3）菜单与产品标准

菜单是餐饮生产的任务书。菜单品种丰富，产品规格齐全、加工制作复杂、加工标准较高，无疑会增加工作量，因此应多配备一些生产人员；反之，可少配备生产人员。快餐店、火锅店厨房由于供应菜式固定、品种有限，因此可少配备生产人员。

（4）员工的技术水准

如果员工技术过硬、操作熟练程度高，则工作效率也高，此时厨房可少配备一些生产人员；如果员工大多为新手，或不熟悉厨房产品的规格标准，或缺乏默契、配合不好，则工作效率低，此时厨房需要多配备一些生产人员。

（5）餐厅营业时间

餐厅营业时间的长短，对生产人员的配备也有很大影响。有些酒店除了经营一日三餐外，还要提供夜宵，负责酒店住客18小时或24小时的房内用膳，甚至外卖。随着营业时间的延长，厨房的工作班次就要增加，生产人员就要多配一些。若餐厅仅提供午、晚两餐，则厨房可少配备1/3~2/5的生产人员。

2）确定生产人员数量的方法

有关生产人员数量的确定，很难找到一种十分精确的方法，以下几种方法可供参考：

（1）按比例确定

国外酒店一般是30~50个餐位配备1名生产人员，其差距主要在于经营品种的多少和风味的不同。国内旅游酒店或其他档次较高的酒店一般是15个餐位配备1名生产人员，规模小或规格高的特色餐饮部门，甚至每7~8个餐位就配备1名生产人员。

粤菜厨房内部员工的配备比例一般为：一个炉头配备7个生产人员。例如，2个后镬（炉头），配2个炉灶厨师，2个打荷，1个上杂，2个砧板，1个水台、大案（面点），1个洗碗，1个择菜、煮饭，2个走楼梯（跑菜），2个插班。如果炉头数在6个以上，可设专职大案、专职伙头。在其他菜系的厨房，炉灶与其他岗位人员（含加工、切配、打荷等）的比例一般是1∶4，点心与冷菜工种人员的比例一般为1∶1。这些仅作为参考。

（2）按工作量确定

将规模、生产品种既定的厨房全面分解，测算每天加工生产制作所有菜点所需要的时间，即可计算出完成当天所有餐饮生产任务的总时间，然后乘以一个员工的缺勤系数（包括轮休和病休等），再除以每个员工规定的日工作时间，便可计算出餐饮生产人员的数量。其公式为：

餐饮生产人员的数量＝总时间×（1+10%）÷8

（3）按岗位描述确定

根据厨房规模设置岗位，将厨房所有工作任务分岗位进行描述，进而确定各岗位完成相应任务所需要的人员数量，最后汇总得出厨房用工数量。

3）岗位人员的选择

将厨房员工分配到合适的岗位上，不仅是人事部门的工作，餐饮生产管理人员也应提供建议。餐饮生产管理人员相比人事部门，更清楚每个岗位需要配备什么样的人。人事部门应为餐饮生产管理人员提供员工的工作经历、综合素质以及岗前培训情况等方面的资料。

学习微平台

延伸阅读9-2

9.3　餐饮生产场所的安排与布局

没有满意的员工，就没有满意的顾客；没有使员工满意的工作场所，也难以使员工为顾客提供满意的用餐环境。合理的生产场所布局是生产餐饮产品、体现高超烹饪技艺的客观要求。餐饮生产的工作流程、生产质量和劳动效率，在很大程度上受厨房布局的影响。生产场所的布局科学与否，不仅直接关系到员工的劳动量和工作方式，而且影响生产场所与餐厅间的联系。本节所提及的餐饮生产场所主要是指以厨房为代表的餐饮生产场所。

9.3.1 餐饮生产场所布局的基本要求

餐饮生产场所的布局是指厨房各部门位置的具体安排及厨房设备和设施的分布。厨房的布局，依据酒店的规模、位置、档次和经营策略的不同，具有不同的风格。

科学的布局可以帮助厨房减少浪费、降低成本，同时也方便管理，能够提高员工的工作质量、生产效率，减少员工外流。厨房的布局必须注意以下几个方面：

（1）保证工作流程通畅、连续，避免回流现象。

（2）厨房各部门应尽量安排在同一楼层并力求靠近餐厅。

（3）兼顾厨房的促销功能。

厨房虽然是餐饮后台，但若设计独具匠心、巧妙得体，不仅可以活跃餐厅气氛，而且可以推动厨房产品的销售。鲜活水产品通常售价不菲，若将活的鱼虾缸、池置于餐厅与厨房相连处，正面可供就餐宾客观赏、选点，背面方便员工取、捞作业，这样不仅美化了餐饮环境，而且可以刺激客人的消费欲望。

（4）作业点安排紧凑。

（5）设备尽可能兼用、套用。

（6）创造良好的工作条件。

一般来说，厨房的通风、照明、温度、湿度、噪声等问题比较突出，从而严重影响了员工的工作效率。进行厨房布局时，必须重视厨房的工作条件，这样才能提高工作效率。

（7）符合卫生和安全要求。

厨房是食品加工生产部门，国家对食品卫生的监管有专门的法规。此外，厨房里容易发生刀伤、烫伤、火灾等事故，必须特别小心。因此，卫生和安全也是厨房布局过程中一定要重视的问题。

9.3.2 餐饮生产场所的整体布局安排

餐饮生产场所的布局安排，即确定食品生产各部门的具体位置，将生产所需要的设备、用具合理组合成操作加工的点、线，并分布在生产场所内。这是一项复杂且受多种因素影响的工作，因此在进行布局安排时，设计者、管理者、生产者、设备专家应共同讨论、研究决定。

整体布局是指餐饮生产系统的整体设计规划，通常中小型酒店的生产场所是一个具有多种功能的大厨房，而大型酒店的生产场所是由若干个功能不同的分点厨房组成的。大型酒店各分点厨房是相互联系的整体，因此在厨房的位置、面积、生产功能的分配、生产产品的流程上，都要体现整体作业的协调性。

1）厨房面积的确定

现代西方文明普遍认为，宽敞、舒适的工作条件能批量生产出优质的产品，因此西方国家酒店的厨房布局在面积、温度、湿度、照明等方面都与餐厅相互匹配，厨房加上后台其他设施，其面积一般占到整个餐饮总面积的50%左右；国内酒店则与之相反，在进行布局时，往往将面积最小、条件最差的空间留给厨房。

确定厨房面积的方法一般有两种：

一是以餐厅就餐人数为参数来确定。通常而言，餐厅就餐人数越多，平均每位用餐者所需的厨房面积就越小（见表9-1），这主要是因为小型厨房的辅助间和过道等所占的面积不可能按比例缩得太小。

表9-1　　　　　　　　　　　厨房面积规格

餐厅就餐人数	平均每位用餐者所需的厨房面积（平方米）
100	0.679
250	0.679
500	0.460
750	0.370
1 000	0.348
1 500	0.309
2 000	0.279

二是以餐厅面积或餐饮生产及服务总面积为依据来确定。通常而言，除去辅助间，厨房面积应占餐厅面积的40%~50%，占餐饮生产及服务总面积的21%左右，餐饮生产及服务各部门面积所占比例见见表9-2。

表9-2　　　　　　　　　餐饮生产及服务各部门面积所占比例

部门名称	所占比例（%）
餐厅	50.0
客用设施	7.5
厨房	21.0
仓库	10.0
清洗间	6.5
员工设施	3.0
办公室	2.0

确定厨房面积时应留有一定的弹性，这是因为不同酒店的餐饮定位、档次、功能以及用料、制作工艺、设施设备、场地的可用面积等情况是不同的。

2）餐饮生产场所的区域安排

餐饮生产场所的区域安排是指根据餐饮生产的特点，合理安排生产的先后顺序和生产的空间分布。一般而言，一家酒店根据其产品生产流程（如图 9-7 所示），大致可以分成三个区域。

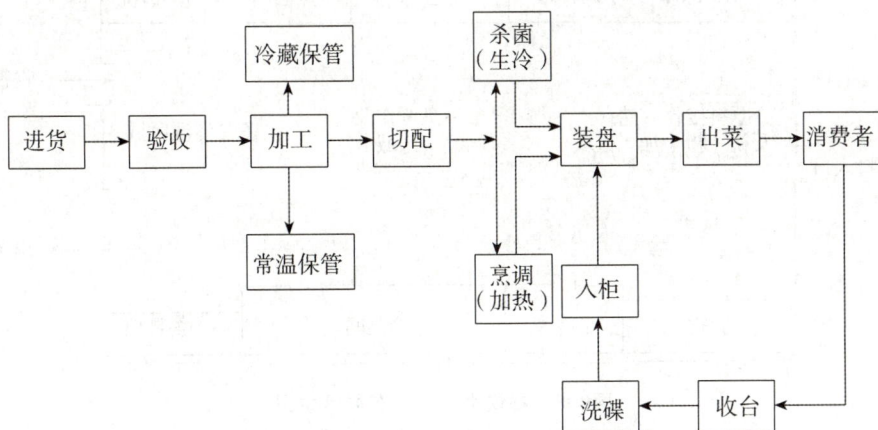

图9-7　餐饮产品生产流程

（1）原料接收、储存及初（粗）加工区域

此区域应靠近原料入口处，区域中有干藏库、冷藏库、冰鲜库、冻藏库等，此外还有相应的办公室和适当规模的初加工间。这个区域的面积应根据加工的范围和程度确定。

（2）烹调作业区域

此区域内应包括冷菜间、点心间、配菜间、炉灶间，以及相应的小型冷藏室和周转库。这个区域是产品的集中生产区域，因此应设置可透视监控厨房的办公室。冷菜间、点心间、办公室应单独隔开，配菜与炉灶区域可以不做分隔。

（3）备餐清洗区域

此区域内应包括备餐间、餐具清洗间和适当的餐具储藏间。小型厨房可以用工作台等做简单分隔。

同步案例9-1

厨房与餐厅的空间距离多少为宜？

背景与情境：某三星级酒店的厨房被安排在距主楼约 50 米处的另一幢建筑之内，且这两幢建筑之间没有遮盖。传菜时，菜肴直接同外界接触，酷暑与寒冬的气候状况直接影响了菜肴的温度，酒店的餐饮质量因此难以得到保证。

问题：分析厨房与餐厅的空间距离怎样安排才合适。

分析提示：厨房与餐厅应尽可能安排在同一平面之上且最好紧挨着。这对于菜肴传递的及时性、前后台间信息沟通的方便性及保证菜肴综合质量等都是十分重要的。

以上三个区域是任何酒店厨房都必须具备的，设计时应形成相对独立且功能清晰的格局，以确保厨房有一个顺畅的生产流程。上述三个区域的布局可参阅图9-8。

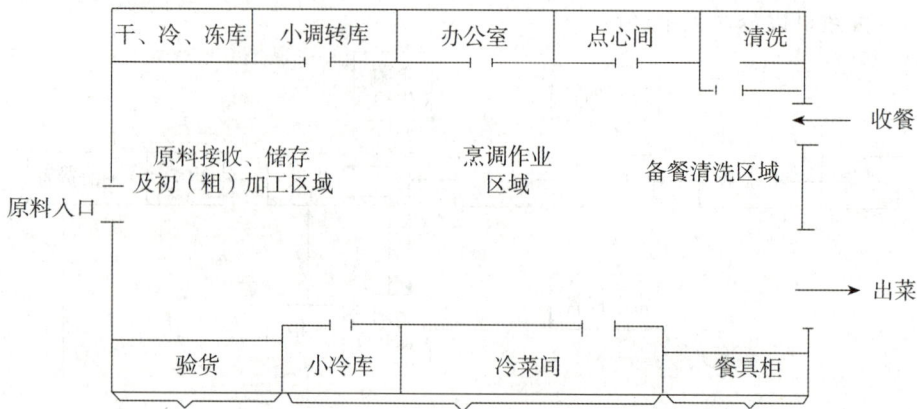

图9-8　餐饮生产场所布局示意图

教学互动9-1

如何做好厨房与餐厅接口的设计？

背景资料：无论是高星级酒店还是社会餐馆，在进行布局时，一般都不太重视厨房与餐厅的接口，这使得厨房作业时产生的噪声（人或设备造成的）、湿气、高温、油烟等对餐厅客人的用餐环境产生了负面的影响。

互动问题：如何做好厨房与餐厅接口的设计？

要求：同"教学互动1-1"的"要求"。

学习微平台

延伸阅读9-3

9.4　餐饮生产质量控制

餐饮生产，即由餐饮企业承担的对菜肴、点心、饮料等对象的加工、制作过程。餐饮生产质量的高低，直接反映了餐饮生产、制作人员技术水平的高低。因此，对餐饮生产质量的控制应成为餐饮生产管理的重点。

要想做好餐饮生产质量控制，首先应了解餐饮生产质量的内涵及构成要素，然后应掌握餐饮生产质量控制的方法。

9.4.1　餐饮生产质量的内涵

餐饮生产质量主要包括两个方面，即餐饮产品本身的质量和外围质量。餐饮产品本身的质量好体现在以下方面：提供给客人的食品无毒、无害、卫生、营养；食品的色、香、味、形俱佳，温度、质地适口，客人用餐之后能获得满足。外围质量好体现在以下方面：员工的服务热情、及时、周到且有效率，就餐环境舒适，能满足客人猎奇、享乐的心理需求，能体现客人的身份和地位。

本节将把重点放在餐饮产品本身的质量上面。

1) 餐饮产品本身质量的构成要素

（1）产品的安全卫生

安全卫生是衡量餐饮产品质量的首要标准。安全卫生首先是指加工菜肴等的食品原料本身不含有毒素；其次是指食品原料在采购、加工等环节中未遭受有毒、有害物质（如有毒有害化学品）的污染；最后是指食品原料本身不存在由于有害细菌的大量繁殖而带来的食物变质等现象。在这三个方面中，无论哪一个方面出现了问题，均会直接影响产品本身的安全卫生。

（2）产品的营养

随着社会的进步以及科学技术的发展，人们越来越重视食品的营养价值。鉴别餐饮产品是否具有营养价值，主要看两个方面：一是食品原料是否含有人体所需的营养成分；二是营养成分的含量是多少。

（3）产品的颜色

食物的颜色是吸引消费者的第一感官指标，人们往往首先通过视觉对食物进行评判。"色"会以先入为主的方式给就餐者留下第一印象。

餐饮产品的颜色通常由动物、植物组织中天然产生的色素形成。餐饮产品的生产、加工过程能对菜点成品的颜色产生影响，烹调加工的目的之一就是通过恰当的处理，使餐饮原料的颜色转变为理想的颜色。

改变餐饮产品颜色的另一种方法是添加含有色素的调味品，如黄油、番茄酱、酱油等。

餐饮产品对颜色的要求是自然清新、色彩鲜明；适应季节变化；适合不同地域、不同审美标准；合乎时宜，和谐悦目，能给就餐者以美感。那些色彩混沌、色泽暗淡的菜肴，不仅表明其在营养方面的质量欠佳，而且会影响就餐者的胃口和就餐情绪。

（4）产品的香气

餐饮产品的香气是指菜肴等产品飘逸出的芳香。人们在就餐时，总是先闻到菜肴的香气，再品尝菜肴的滋味。在人们将食物送入口中之前，气味就已经由空气进入鼻中。之所以将"香气"单独列出来，是因为食物的香气对于增进食欲有着重要的作用。人的嗅觉比味觉灵敏得多，但嗅觉感受比味觉感受更易疲劳。另外，人对气体的感受程度同气体产生物本身温度的高低有关。一般来说，物体本身的温度越高，其散发的气味就越易被感受到。因此，要特别重视热菜的味道，如响油鳝糊的麻油香与蒜香、生煸草头（在北方又称三叶菜）的清香与酒香、姜葱炒膏蟹的辛香、北京烤鸭的肥香、砂锅狗肉的橘香等，未品其味，先闻其香，芳香浓郁，诱人食欲，催人下箸。反之，如果菜肴特有的芳香不能得以呈现和挥发，则就餐者对菜肴质量的评价自然不会很高。

（5）产品的滋味

产品的滋味是指餐饮产品入口后对人的味觉系统产生作用，在人们口中留下的感受。味是传统中餐菜肴质量指标的核心，人们去餐厅用餐，并非仅仅满足于嗅闻菜肴的香味，他们更想体验食物的味道。酸、甜、苦、辣、咸是五种基本味，五味调和百味香。基本味的不同组合，可以调制出丰富的滋味，如川菜就有"百菜百味"之说。

（6）产品的外形

产品的外形是指菜肴的外形、造型。原料本身的形态、加工处理的技法，以及装盘拼摆等，都直接影响到菜肴的"形"。

刀工精美，装盘饱满，能给就餐者以美的感受。其效果的取得，要靠厨师的艺术设计，如松鼠鳜鱼栩栩如生，冬瓜盅艳丽多彩，凤尾虾如凤似玉。另外，利用围边进行盘饰点缀，可以使热菜的造型更加多姿多彩，如碧绿鲜带子配一对紫菜头雕红蝴蝶，珊瑚虾的中间摆一个面塑的老寿星等，既使得菜肴更加饱满，又使得就餐时的主题更加突出。厨师成功的艺术构思，无不使客人食欲大增。

热菜造型以神似为主，冷菜造型比热菜造型更方便，因此要求更高。冷菜需先烹制后装配，因此美化菜肴的时间较充裕。在一些主题餐饮活动中，对冷菜进行有针对性的装盘造型就更加有必要和富有效果。

对菜肴的"形"的追求要把握分寸，过分精雕细刻，反复触摸摆弄，有可能会污染菜肴，甚至给人一种华而不实、杂乱无章的感觉，这也是对菜肴的"形"的极大破坏。

（7）产品的质感

质感，即菜肴给人的质地方面的印象。质感包括这样一些属性：韧性、弹性、胶性、黏附性、纤维性及脆性等。菜肴的质感也是影响其可接受性的一个重要因素。如果菜肴的质地不能被接受，那么菜肴就会成为不合格产品，所以，人们一般不愿购买发软的脆饼，不喜欢多筋的蔬菜等。

菜点在口中被牙齿咬碎，使口腔表面分泌出大量的味觉与嗅觉刺激物。这些刺激物会为大脑提供有关该菜点质地的感觉。通常，菜点的质地感觉包括以下几个方面：

① 酥：菜肴入口后迎牙即散，成为碎渣，产生一种似乎有抵抗又无阻力的微妙感觉，如香酥鸭。

② 脆：菜肴入口后迎牙即裂，并且顺着裂纹一直劈开，产生一种有抵抗力的感觉，如清炒鲜芦笋。

③ 韧：菜肴入口后带有弹性，咀嚼时产生的抵抗力不那么强烈，但时间较久。韧的特点要经过牙齿较长时间的咀嚼才能感受到，如干煸牛肉丝、花菇牛筋煲等。

④ 嫩：菜肴入口后有光滑感，一嚼即碎，没有什么抵抗力，如糟溜鱼片。

⑤ 烂：菜肴入口即化，几乎不用咀嚼，如米粉蒸肉。

菜肴的质地受欢迎与否在很大程度上取决于原料的性质、菜肴的烹制时间及温度等。因此，制作菜肴时必须将严格的生产计划与每道菜肴合适的烹制时间结合起来，这样才能生产出合格的产品。

（8）产品的盛器

盛器是指餐饮产品生产出来以后，用于盛装的容器。对盛器的基本要求是：

菜肴的分量与盛器的大小一致；菜肴的名称与盛器的名称相呼应；菜肴的身价与盛器的贵贱相匹配。总之，不同的菜肴应配以不同的盛器，配合恰当则相映生辉、相得益彰。虽然大部分盛器对菜肴质量并不会产生太大的直接影响，但是对于用煲、砂锅、铁板、火锅、明炉等营造特定气氛和需要长时间保温的菜肴来说，盛器对其质量有着至关重要的影响。例如，豉油鳗鱼用盘子代替明炉装鱼，不仅无法继续加温，而且会很快冷却，从而直接影响菜肴的质量和效果。热菜用保温盛器，冷菜用常温餐具，能够不同程度地提高菜肴的质量。如果菜肴本身质量较好，但盛装在五花八门的残破餐具里，那么菜肴的总体质量无疑将会降低。

（9）产品的温度

产品的温度，即菜点的出品温度。同一种菜肴，同一道点心，出品食用的温度不同，口感质量也会有明显差别。例如，蟹黄汤包，热吃汤汁鲜香，冷后则腥而腻口，甚至汤汁凝固。又如，拔丝苹果，趁热食用，可拉出千丝万缕，冷后则像一块糖饼。因此，温度也是衡量菜肴质量的重要指标之一。科学研究发现，不同温度下食品的风味和口感是不一样的。餐饮生产及服务人员要想更好地把握每类菜肴的特色品质，可以遵循以下温度规定：

食品名称	出品及提供食用温度
冷菜	10℃左右
热菜	70℃以上
热汤	80℃以上
热饭	65℃以上
砂锅	100℃
啤酒	6~8℃
冷咖啡	6℃
果汁	10℃
西瓜	8℃
热茶	65℃
热牛奶	63℃
热咖啡	70℃

（10）产品的声效

声效，即产品在声音、声响方面的效果。有些菜肴，由于厨师的特别设计或特殊盛器的配合使用，已经在消费者心中形成定式——菜肴上桌是会发出声响的，如虾仁锅巴等锅巴类菜肴和铁板鳝花等铁板类菜肴。此类菜肴上桌时，会发出"吱吱"的响声，这说明菜肴的温度是足够的，质地（尤其是锅巴的酥脆程度）是达标的，为餐桌营造的气氛是热烈的；相反，如果该发出响声的菜肴没有出声，则说明菜肴的温度不够，或者质地不符合要求，或者服务不及时等，即没有达到人们约定俗成的评判标准，这时就餐者就会觉得菜肴质量不高，从而感到失望和扫兴。

2）消费者对餐饮产品本身质量的感官评定

客人对于所点的菜肴，是从不同的角度进行鉴赏和评定的，无论是菜肴的外观、风味还是结构组织。通常来说，客人是通过身体的感觉器官，如眼、耳、鼻、口（舌、牙齿）和手来评定菜肴质量的。手虽然很少直接接触食物，但夹取菜肴的餐具给手的感觉同样可以帮助客人了解菜肴的质量。因此，客人对菜肴本身质量的评判，是在调动以往的经历和经验并结合产品的质量指标，通过感官鉴定而得出的。菜肴与就餐客人感官印象的关系如图9-9所示。

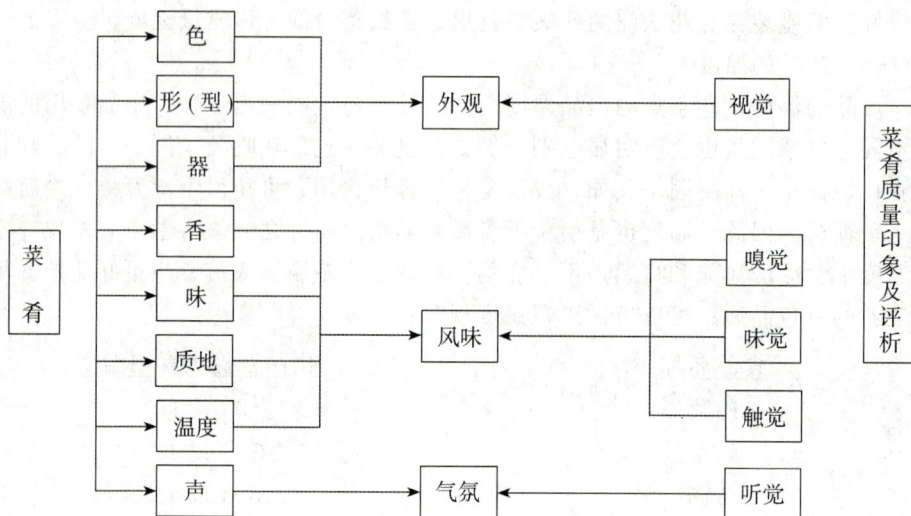

色 — 形（型）— 器 → 外观 ← 视觉
香 — 味 — 质地 — 温度 → 风味 ← 嗅觉 / 味觉 / 触觉
声 → 气氛 ← 听觉
菜肴
菜肴质量印象及评析

图9-9　菜肴与就餐客人感官印象的关系

感官质量评定法，是评价餐饮产品质量的最基本、最实用、最简便有效的方法。感官质量评定法是指应用人的感觉器官，通过对菜肴的鉴赏和品尝来评定菜肴各项质量指标的方法，即用眼、耳、鼻、舌、手等感官，通过看、听、嗅、尝、嚼、咬、夹等方法，检查菜肴外观（色、形），品尝菜肴风味（味、质、温）等，从而确定菜肴质量的一种评定方法。

（1）嗅觉评定

嗅觉评定就是运用嗅觉器官来评定菜肴的气味。菜肴的气味大部分来自食品原料本身，调味及烹调处理亦可为菜肴增添受消费者喜爱的香气，如椒盐里脊的咸香等。保持并能恰到好处地增加芳香的菜肴，为好的产品；破坏、损害了原有芳香或因香料投放失当、烹调不得法、掩盖原料固有香味而产生令人反感气味的菜肴，都为不合格产品。

（2）视觉评定

视觉评定即根据经验用肉眼对菜肴的外部特征（如色彩、光泽、形态、造型），菜肴与盛器的配合，装盘的艺术性等进行检查、鉴赏，以评定菜肴质量的优劣。充分利用天然色彩、合理搭配、烹调恰当、自然和谐、色泽诱人、刀工美观、装盘造型优美别致的菜肴，为合格优质产品；反之，原料合格而刀工差，或切配合适而调味用料重，或成品褐黑无光泽，或烹制较好而装盘不得体、不整洁的菜肴，都为不合格产品。

（3）味觉评定

味觉是舌头表面味蕾接触食物受到刺激时产生的反应，可以辨别甜、咸、酸、苦、辣等滋味。菜肴口味是否符合风味要求，味觉评定具有很重要的作用。纯咸或单酸等呈单一口味的菜肴几乎没有。除了甜品以甜味为主（大多数甜品亦具有香味，属于香甜口味），绝大部分菜肴都是复合口味，如咕噜肉为酸甜型、椒盐鱼条为咸香型、怪味鸡为麻辣咸鲜酸甜香综合型等。用料准确、比例恰当、口味独特的菜肴，为合格产品；虽经调味，但是味型不突出，或者出于谨慎，淡而寡味的菜肴，都为不合格产品。

（4）听觉评定

声波刺激耳膜就会产生听觉。听觉也能用于评定菜肴质量，尤其是锅巴及铁板类菜肴。以听觉评定菜肴质量，既可检查其温度是否符合要求，质地是否已处理得酥松（主要指锅巴类菜肴），同时还可以考核餐饮服务是否全面得体。若菜肴在及桌时发出响声，香气四溢并配有相应的防溅措施（铁板类菜肴添加菜盖），则证明菜肴的质量还是可以的；反之，若响声菜给人以无声或声音很微弱的感觉，则其质量是不合格的。

（5）触觉评定

触觉评定是指通过人的舌、牙齿以及手对菜肴直接或间接地咬、咀嚼、按、摸、敲等活动，检查菜肴的组织结构、质地、温度等，从而评定菜肴质量。例如，通过咀嚼可以感觉菜肴的老嫩，通过口腔的接触可以判断汤、菜的温度是否合适，用手掰食面包可以检查其松软状态及筋道程度，用手（借助汤匙、筷子）可以检查菜肴是否软嫩、酥烂等。若菜肴软硬适当、酥嫩适口，则其质量优良；若菜肴老硬干枯或过于烂糊，则为低劣产品。

鉴赏、评定菜肴的质量时，往往五种感官同时并用，这样才能全面把握菜肴质量。例如，评定烤鸭的质量时，不仅应观鸭皮是否光亮红润，闻闻肥香、焦香是否纯正，还应该用筷子敲敲其表皮是否酥脆，进而品尝其面酱是否香甜咸适中，配食咀嚼的触感是否软、脆、爽、滑、嫩、细、绵、劲等兼具，这样才能做出较正确、全面的评定。

9.4.2　餐饮产品质量的形成过程

餐饮产品质量的形成过程，至少应该经历三个阶段：餐饮产品的设计、餐饮产品的生产制作、餐饮产品的服务。下面重点介绍餐饮产品的设计和生产制作。

1）餐饮产品的设计

餐饮产品的设计是指在生产制作前对餐饮产品的功能、原料状况、加工技术、成本与获利情况等进行一系列分析、安排和调整，以制订出最符合本企业生产情况的规范方案。产品的目标质量在产品的设计阶段就已经基本确定下来了。设计是质量的"母亲"，如果设计达不到要求，那么最终生产出来的产品肯定是一个先天不足的"早产儿"。因此，抓好餐饮产品质量的第一项工作就是把好产品设计关，打好质量的基础。

影响餐饮产品设计质量的因素有：产品的成本、产品的价格、产品成本与产品价格之间的关系。

一般而言，产品的设计质量越高，产品本身所需支出的成本就越高，当成本高到一定程度之后，继续提高产品的设计质量（假设设计质量可以无限度提高），则产品的成本会增加得更快；反之，产品的设计质量越低，产品本身所需支出的成本就越低，当成本低到一定程度之后，若继续降低设计质量，则产品成本降低的幅度会变小。产品设计质量与产品成本之间的关系如图9-10所示。

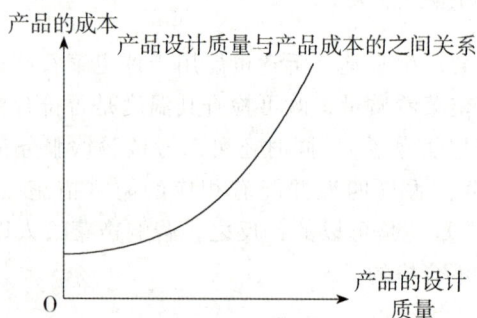

图9-10 产品设计质量与产品成本之间的关系

再看一下产品的价格。通常来说，产品的设计质量越高，产品的价格也越高，但是当价格高到一定程度时，再提高产品的设计质量，产品的价格也不会按比例升高；反之，产品的设计质量越差，产品的价格也越低，但是当价格低到一定程度时，再降低产品的设计质量，产品的价格也不会再下降了。产品设计质量与产品价格之间的关系如图9-11所示。

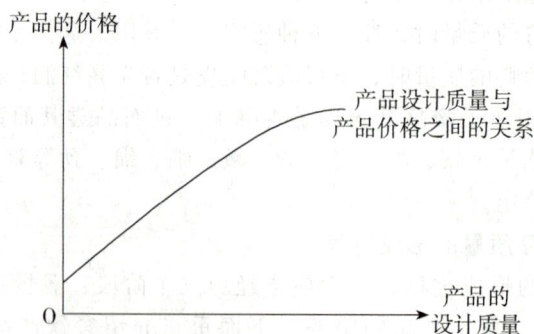

图9-11 产品设计质量与产品价格之间的关系

不同的产品设计质量，会带来不同质量的产品，这些产品的成本和价格也是各不相同的。把产品的设计质量与产品的成本、产品的价格联系起来，我们就会发现它们之间有指导意义的盈利关系，如图9-12所示。

为了使所设计的产品能够盈利，就一定要使产品的设计质量维持在盈利区内。这实际上是一个产品设计质量的适度性问题。质量不合格的产品不能赚钱，质量过高也不能给企业带来超额利润。

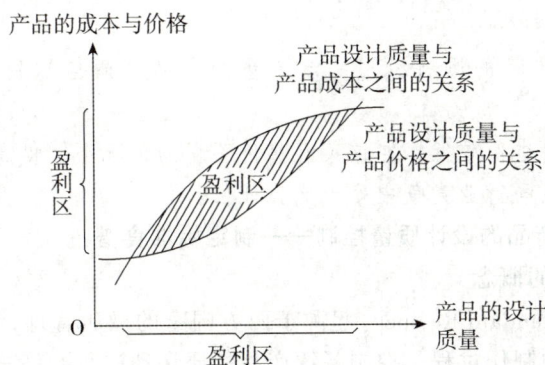

图9-12 产品设计质量、产品成本、产品价格之间的关系

2）餐饮产品的生产制作

餐饮产品的生产制作是指依据产品设计方案，通过具体的加工步骤来达到产品设计所规定的质量指标的过程。

餐饮产品的设计质量主要是通过具体的加工制作来完成的。另外，产品加工制作水平的高低，可以改变产品的设计质量及成本水平。产品加工制作水平的提高，可以帮助降低产品成本；反之，则会带来更多的成本支出。它们之间的关系如图9-13所示。

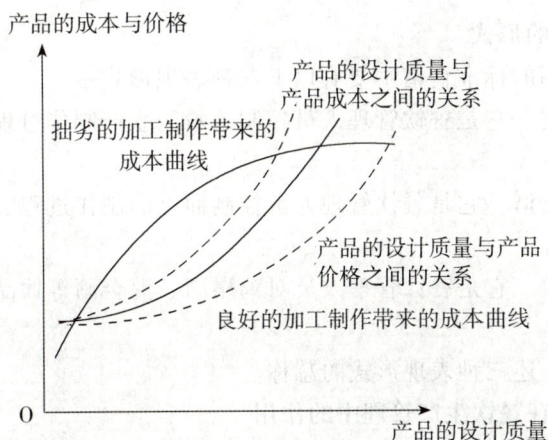

图9-13 产品设计质量、产品成本、产品价格与加工制作水平的关系

显然，良好的加工制作既降低了产品的成本支出，又增加了盈利。因而，抓好产品加工制作过程的管理显得极为重要。

同步案例9-2

制作水平达到设计质量要求并获得厚利

背景与情境：通常，酒店在制作清蒸鳜鱼这道菜时，必须使用鲜活的原料，否则无法达到质量指标。但在南方某城市，笔者曾碰到过这样一位厨师长，他能将死去不久的鳜鱼（进价较低）加工成与用鲜活鳜鱼作原料时一样的效果。

问题：使用刚死去不久的鳜鱼替代鲜活鳜鱼制作菜肴的意义何在？

分析提示：

（1）用较低质量的原料做出一流质量的产品，酒店达到了产品设计质量要求。

（2）由于原料进价较低，在该菜肴售价不变的情况下，提高了毛利率。

（3）使酒店在同行业竞争中处于优势地位。

9.4.3　餐饮产品的设计质量控制——制定标准食谱

1）标准食谱的概念

标准食谱（Standard Recipe）起源于西方国家的酒店管理，是指餐饮企业为了规范餐饮产品的制作过程、控制餐饮产品的质量和进行经济核算而制定的一种印有产品所用原料、辅料、调料的名称、数量、规格以及产品的生产操作程序、装盘要求、制作成本、价格核算方法等内容的书面文档。

2）标准食谱与普通食谱的区别

普通食谱的主要内容包括加工餐饮产品的原料、辅料以及餐饮产品的制作过程两大部分。其作用主要是作为厨师等餐饮产品生产加工者进行生产的工具书。

标准食谱的主要内容除了普通食谱的部分内容之外，还有关于餐饮产品经济核算方面的内容。其作用主要是作为餐饮管理人员控制生产过程、进行餐饮成本核算的依据。

3）标准食谱的形式

餐饮企业使用的标准食谱主要有以下三种表现形式：

（1）标准菜谱。它是餐饮管理人员控制菜肴的生产制作过程、进行成本核算的依据。

（2）标准面点谱。它是餐饮管理人员控制面点的制作过程、进行成本核算的依据。

（3）标准酒谱。它是餐饮管理人员对鸡尾酒、混合酒等饮品实施生产控制及经济核算的依据。

标准食谱是上述三种表现形式的总称。

4）标准食谱在餐饮生产管理中的作用

（1）使用标准食谱，能够使产品的分量、成本和质量始终保持一致。

（2）厨师等生产人员只需要按标准食谱规定的操作方法加工产品即可，从而减少了餐饮管理人员现场监督管理的工作量。

（3）便于生产管理人员依据标准食谱制订、安排生产计划。

（4）按标准食谱生产，即使是技术水平不太高的厨师，也能烹制出符合质量要求的产品。

（5）由于统一使用标准食谱规范生产，因此管理人员对厨师的调配使用也显得比较容易。

当然，使用标准食谱也会产生一些问题：使用标准食谱前，必须对原来使用的食谱进行修改、测试；采用标准食谱，需要花费一定的时间；必须对生产人员进行培训，使他们掌握标准食谱的内容；有些未使用过标准食谱的厨师可能会产生抵触心理，认为使用标准食谱会扼杀自己的创造性和主动性。

5）标准食谱的结构及样本

标准食谱的结构由两部分组成：一是普通食谱；二是产品的成本数据等。标准食谱的样本见表9-3。

表9-3　　　　　　　　　　　**标准食谱（样本）**

类别：　　　　　　　　　　　　　　　　　　　　　　编号：

食品名称			生产厨房	总分量	每份规格	日期
数量	单位	用料	日期：		日期：	
			单位成本	合计	单位成本	合计
总计						

菜肴的准备及加工步骤：	特点及质量标准：

6）制定标准食谱的程序及注意事项

（1）确定主配料原料及数量。这是很关键的一步，它决定了产品的成本。批量制作的产品只能平均测算主配料的数量，如点心等，但无论如何都应力求精确。

（2）规定调味料的品种，试验确定每份用量。调味料的品种、牌号要明确，因为不同厂家、不同牌号的质量差别较大，价格差异也较大。调味料的用量只能根据批量分摊的方式测算。

（3）根据主料、配料、调味料的用量，计算成本、毛利及售价。随着市场行情的变化，单价、总成本会不断变化，因此每项核算工作都必须认真、全面。

（4）规定加工制作的步骤。将必需的、主要的、易产生歧义的加工方法、加工步骤加以统一规定。

（5）选定盛器，落实盘饰用料及式样。

（6）明确产品特点及质量标准。标准食谱既是培训、生产制作的依据，又是检查、考核的标准，其质量要求应明确具体、切实可行。

（7）填制标准食谱。字迹要端正，要使每个员工都能看懂。

（8）按标准食谱培训员工，统一生产出品标准。

9.4.4 餐饮产品质量控制的常用方法

受多种因素影响，餐饮产品的质量变动较大，餐饮生产管理的目的正是确保各类菜点出品质量的可靠和稳定。因此，企业应采取各种措施和有效的控制方法来保证餐饮产品的质量符合要求。

1）阶段控制法

餐饮生产流程可分为食品原料购储、食品生产和食品消费三大阶段。加强对每一阶段的质量检查控制，可以有效保证餐饮产品的质量。

（1）食品原料购储阶段的控制

食品原料购储阶段的控制主要包括原料的采购控制、验收控制和储存控制。在这一阶段，应重点控制原料的采购规格、严格验收质量和储存管理方法。

① 严格按采购规格书采购各类菜肴的原料，确保购进原料能够最大限度地发挥应有作用，并使加工生产变得方便快捷。对于没有制定采购规格标准的一般原料，也应以方便生产为前提，选购规格分量相当、质量上乘的原料，不得乱购残次品。

② 全面细致验收，保证进货质量。验收各类原料时，要严格依据采购规格书规定的标准，对于没有制定采购规格书的原料或对质量把握不准的新上市的品种，要随时约请有关专业厨师进行认真检查，以保证验收质量。

③ 加强储存原料管理，防止原料因保管不当而降低质量标准。严格区分原料性质，进行分类储藏。及时检查清理各类储藏库，避免将不合格或变质原料发放给厨房。厨房已申领但暂存在周转库的原料，同样要加强检查、整理，以确保质量可靠和卫生安全。

（2）食品生产阶段的控制

食品生产阶段主要应控制申领原料的数量与质量、菜肴加工与配份以及烹调的质量。

①加工是菜肴生产的第一个环节。厨房应严格按计划领料并检查各类将要加工的原料的质量，确认可靠才可以进行生产；同时，要根据烹调的需要，事先明确规定加工、切割的规格、标准，并对员工进行培训，督导执行。原料切割规格见表9-4。

表9-4 原料切割规格表

成品名称	用料	切割规格
笋片	罐装冬笋	长5.5厘米，宽2厘米，厚0.2厘米
鱼条	青鱼肉	宽0.8厘米，长5厘米
⋮		

经过加工、切割后，大部分动物、水产类原料还需要进行浆制（上浆），这道工序对菜肴的色泽、嫩度和口味会产生较大影响，如果因人而异，则烹调人员会无所适从，成品难免千差万别。因此，对各类菜肴的上浆用料应做出规定，以指导员工按规定操作。上浆用料规格见表9-5。

表9-5 上浆用料规格表

用料 ＼ 品种	鸡片	…		
精盐	60克			
水	700毫升			
生粉	200克			
蛋清	6只			
松肉粉	5克			

②配份是决定菜肴原料组成及分量的一道工序。这不仅要求在开餐前将所需的干货原料涨发到位，还要求准备一定数量的配菜小料，即料头。对大量使用的菜肴的主、配料的控制，要求配份人员严格按菜肴配份价格表，称量取用各类原料，以保证菜肴风味（见表9-6）。中菜切配、西菜切配以及冷菜装盘均可规定用料品种和数量。随着菜肴的翻新和菜肴成本的变化，如有必要，餐饮生产管理人员还应及时测试用料比例，调整用量，修订配菜规格并督导执行。

表9-6 　　　　　　　　　　　　　　　菜肴配份规格表

菜肴名称	主料		配料		盛器规格	备注
	名称	数量	名称	数量		
玉环柱甫	元贝	12粒	节瓜	1 250克	10人大盘	
⋮						

经常使用的主要味型的调味汁，应批量集中兑制，以便开餐烹调时各炉头随时取用，减少因人而异的偏差，保持出品口味质量的一致性。调味汁的兑制应由专人负责，并根据一定的规格比例制作（见表9-7）。

表9-7 　　　　　　　　　　　　　　　调味汁用料规格表

调味汁名称 \ 用料	京都汁	…			
浙醋	500克				
白糖	300克				
芝麻酱	100克				
梅子	100克				
茄汁	150克				
姜汁	75克				

（3）食品消费阶段的控制

菜肴由厨房烹制完成即可交服务员出菜，这里有两个环节容易出现差错，必须加以控制，其一是备餐服务，其二是上菜服务。

①备餐即为菜肴配齐相应的作料、器具等。加热后调味的菜肴（如炸、蒸、白灼菜肴等）大多需要配备作料，否则菜肴淡而无味；有些菜肴在食用时必须借助一定的器具，否则食用起来姿态很不雅观或很不方便（如吃整只螃蟹等）。因此，备餐间有必要对有关菜肴的作料和器具的配备情况做出规定，以督促服务员在上菜时带齐（见表9-8）。

表9-8　　　　　　　　　　　　　　**菜肴作料、器具配备表**

菜名	作料	器具	备注
白灼基围虾	虾汁	洗手盅	每客一份
⋮			

②服务员上菜要及时规范，主动报菜名；对于食用方法独特的菜肴，应向客人做适当介绍或说明；同时要把握上菜次序和上菜节奏。分菜时要注意菜肴的整体美观和分毕后的组合效果，始终注意保持餐饮产品在宾客食用前的形象美观。对于客人需要打包和外卖的食品，同样要注意尽可能保持其各方面质量的完好。

以上所述强调了餐饮产品在各阶段应制定一定的规格标准，以控制其生产行为和操作过程。对生产结果和目标的控制，还有赖于各个阶段和环节的全方位检查。建立、实行严格的检查制度，是餐饮产品质量的有效保证。

此外，餐饮产品质量检查也应根据生产过程，抓好生产制作检查、成菜出品检查和服务销售检查三个方面。

生产制作检查，即在菜肴加工生产过程中，下一道工序的员工必须对上一道工序的加工制作质量进行检查，如果发现质量不符合标准，应予返工，以免影响成品质量。

成菜出品检查，即菜肴送出厨房前必须经过厨师长或菜肴质量检查员的检查。成菜出品检查是对菜肴烹制的质量把关，因此必须严格执行，不可马虎迁就。

服务销售检查，即餐厅服务员也应参与食品质量的检查。服务员直接与宾客打交道，从销售的角度检查菜点质量，往往要求更高。因此，要注意调动和发挥服务员进行餐饮产品质量检查的积极性，切实改进和完善出品质量。

2）岗位职责控制法

利用岗位分工，强化岗位职责并施以检查督导，对餐饮产品的质量亦有较好的控制效果。

（1）所有工作项目均应全面落实

餐饮生产要达到一定的标准要求，各项工作必须全面落实，这是岗位职责控制法的前提。餐饮生产既包括炒菜、切配等重要岗位，也少不了打荷、领料、食品雕刻等容易被忽视的岗位。厨房所有工作应明确划分、合理安排，做到生产各个环节的质量都有专人负责，这样才能保证餐饮生产的顺利进行。

（2）岗位责任应有主次

厨房各岗位承担的工作责任并不是均衡一致的。将一些价格昂贵或为高规格、重要宾客提供的菜肴的制作以及技术难度较大的工作交给头炉、头砧等重要岗位，可以在充分发挥厨师技术潜能的同时，进一步明确责任，有效减少和防止质量事故的发生。对于厨房中难度较大的工作，也应规定由各工种的主要岗位完成，如配兑调味汁、调制点心馅料、涨发高档干货原料等。为了便于对菜肴的质量进行考核，酒店应经常调查客人对菜肴生熟、口味的评价。打荷在根据订单（或宴会菜单）安排烹制出菜时，应将每道菜肴的烹制厨师的工号记下，以备待查。

对菜肴出品质量不直接构成影响或影响不是太大的岗位并非没有责任，只不过其比主要岗位应承担的责任轻一些而已。

3）重点控制法

重点控制法是指针对餐饮生产与出品的某个环节出现的质量问题，或针对重点客情、重要任务以及重大餐饮活动而进行的更加详细、全面、专注的督导管理，以及时提高和保证餐饮生产与出品质量的一种方法。

（1）重点岗位、重点环节控制

酒店应通过对餐饮生产及产品质量的检查和考核，找出影响或妨碍生产秩序和产品质量的环节或岗位，并以此为重点，加强控制，提高工作效率和出品质量。例如，炉灶烹调出菜速度慢，菜肴口味时好时差，通过跟踪检查发现炒菜厨师重复操作程序过多，每菜必尝，对菜肴口味把握不住。经过分析，原来这些厨师多为新手，在菜肴的调味、用料及烹制方面缺乏经验。因此，餐饮生产管理者必须加强对炉灶烹调岗位的指导、培训和对菜肴出品质量的把关检查，以提高烹调速度，防止和杜绝不合格菜肴送出厨房。某段时期中的几个薄弱环节通过加强控制管理，问题得到了解决，但其他环节又有可能出现新的问题，所以应及时调整工作重点，进行新的控制督导。

这种控制方法的关键是寻找和确定餐饮生产控制的重点，对餐饮生产过程进行全面细致的检查和考核。对餐饮生产和产品质量的检查，可采取管理者自查的方式，也可依据宾客意见征求表或通过向就餐客人征询意见等方式进行。此外，酒店还可聘请质量检查员以及有关专家进行检查，进而找出影响产品质量的原因，以改进工作并提高餐品质量。

（2）重点客情、重要任务控制

酒店应根据厨房业务活动的性质，区别对待一般生产任务和重点客情、重要生产任务，加强对后者的控制会给酒店带来更多的社会效益和经济效益。

重点客情或重要任务，是指由于客人身份特殊或者消费标准较高，因此从菜单制定开始就要强调针对性，从原料的选用到菜点的出品，均要注意安全、卫生和质量。餐饮生产管理人员要加强对每个岗位、每个环节的生产督导和质量检查控制，尽可能安排技术水平高、心理素质较好的厨师为其制作、生产。每一道菜点，在尽可能做到设计、构思新颖、独特之外，还要安排专人跟踪检查，以确保制作和出品万无一失。客人用餐之后，还应主动征询意见、积累资料，以提高工作质量。

（3）重大餐饮活动控制

重大餐饮活动不仅影响范围广，为酒店创造的盈利多，其消耗的食品原料成本也高。加强对重大餐饮活动菜点生产制作的组织和控制，不仅可以有效节约成本，为酒店创造应有的经济效益，而且通过成功组织大规模的餐饮活动，还可以向社会宣传酒店的实力，进而扩大酒店的影响力。对此，餐饮生产管理人员应有足够的认识。

厨房对重大餐饮活动的控制，首先应从菜单制定着手，要充分考虑客人的结构，同时应结合酒店原料库存供应情况以及季节特点，开列一份（或若干份）既具有一定风味特色又能被活动团体广为接受且餐饮生产者力所能及的菜单。接着要精心组织、合理使用各种原料，适当调整、安排厨房人手，计划使用时间，安排厨房设备，妥善、及时地提供各类菜品。餐饮生产管理人员、主要技术骨干均应亲临生产第一线，严格把好各阶段产品的质量关。重大餐饮活动的前后台配合十分重要，走菜与停菜（因宾主讲话、致辞、祝酒、演出活动等影响）要随时沟通并及时通知炉灶等岗位，厨房应设总指挥负责统一调度，确保出品次序。重大餐饮活动期间尤其应采取切实有效的措施，保证餐饮产品的卫生，严防食物中毒事故的发生。举办大型餐饮活动时，厨房冷菜生产量较大，卫生工作尤为重要。对冷菜的装盘、存放及出品要严加控制，避免被污染和变质情况的发生。大型餐饮活动结束以后，要及时处理各类剩余原料和成品，同时注意收集客人的意见，从而为以后类似活动的承办积累经验。

学习微平台

延伸阅读9-4

9.5　饮品生产管理

饮品在酒店的餐饮产品中占有十分重要的地位。一般而言，星级酒店饮品的毛利率在70%~80%，在餐饮部获取的利润中，饮品的利润所占的比重是相当可观的。另外，相对于厨房菜肴的生产制作，对饮品的管理要容易得多。因此，酒店的生产管理者更应做好饮品的生产管理工作。饮品的生产管理工作主要应抓好如下几个方面：使用标准的计量器具与饮用杯具、执行标准的制作配方、遵循标准的操作规范。

9.5.1 使用标准的计量器具与饮用杯具

为了使出品用量标准化，首先应考虑使用标准的计量器具，尤其是那些成本较高的酒水，其用量必须严格用标准计量器具来控制。除了必须使用标准计量器具之外，还必须使用标准的、合乎要求的饮用杯具。

1）标准计量器具

使用标准计量器具的主要目的有两个：一是保证产品的数量标准；二是保证产品的成本标准。

常用的标准计量器具有：

（1）标准量杯

常见的标准量杯有玻璃制和金属制两种，它们通常用于专业酒吧和餐厅的酒吧，主要是在调制混合酒时用于计量原料和控制纯酒类饮品的出品。量杯的容量主要有30毫升、45毫升、60毫升几种。吧台员工在调制鸡尾酒等混合饮品及斟倒纯酒类饮品时，必须按酒店规定的操作方法使用标准量杯。

（2）标准量酒嘴

标准量酒嘴是计量器具的一种，使用时一次只能从酒嘴倒出一个标准分量，倒第二个标准分量之前，需要将瓶口朝上，再重复第一次的动作。每只倒出酒液的多少，因酒嘴的型号而异。

（3）手动酒液计量器

手动酒液计量器装于纯酒类饮品的瓶口，通常将酒瓶瓶口朝下挂于吧台内的墙壁上或酒柜上，使用时用酒杯杯口顶住酒液计量器往上推，酒液就会流出一个标准分量，每推一次流出一份。

（4）电动酒液计量器

现代酒吧常使用由计算机控制的酒液计量器。使用时，应预先调节好标准分量，酒吧员工只要按下相应的按键，便可得到所需的标准分量的酒液。

2）标准饮用杯具

这里的标准饮用杯具有三层含义：

一是餐厅与酒吧必须备有能够满足各种饮用需求的专业酒杯，切不可用威士忌酒杯装干邑酒提供给客人。

二是各种专业酒杯的容量必须同酒店规定的标准份额相吻合。为了确保每次出品的酒液分量达到标准，欧洲许多酒店会在酒杯上印有不同酒类的标准分量刻度线。

三是酒吧配备的各种酒杯应有一个标准存量。

9.5.2 执行标准的制作配方

为了确保饮品的质量稳定、份额一致、成本始终如一，在配制饮品时应使用标准的制作配方。标准的制作配方是餐饮标准食谱在酒吧管理中的一种表现形式。

标准的制作配方需要列出如下内容：

（1）饮品的标准分量。

（2）饮品配料的名称、用量和成本。

（3）饮品的配制、加工方法。

（4）配制饮品的各种器具。

（5）饮用时的载杯。

（6）每份饮品的标准成本。

饮品的标准配方示例见表9-9。

除了对混合酒的配制加工进行标准控制之外，酒店还应制定整瓶酒零杯销售时的服务分量标准，这主要是针对名贵的纯酒而言的。名贵的纯酒大多是烈性酒，销售时以份为计量单位，每一份的分量以30毫升居多。每瓶烈酒的容量一般为700毫升，以30毫升为一份，可分23份左右，除去允许损耗的酒液30毫升，每瓶烈酒应收回22份酒款。管理人员平时就是用这一标准来进行管理的。

表9-9 饮品的标准配方

品名：干马天尼 标准成本：6.10元
编号：038 成本率：29%
类别：混合酒类 售价：21.00元

配料	用量	成本（元）	成本	成本
哥顿金酒	45毫升	4.80		
仙山露味美思酒	5滴	0.30		
腌制橄榄	1个	1.00		

需用器具：
1.混酒杯×1
2.滤冰网×1
3.吧匙×1
4.鸡尾酒杯×1（90毫升）

配制方法：
1.将哥顿金酒与仙山露味美思酒先后倒入放有冰块的混酒杯中
2.用吧匙搅匀
3.盖上滤冰网，将酒液滤入鸡尾酒杯
4.放入橄榄
注：鸡尾酒杯需要预冷（Chilled）

同步思考9-3

问题：根据生产加工方法的不同，酒店的酒品可分为哪几类？

理解要点：根据生产加工方法的不同，酒店的酒品可分为三类：

① 发酵酒（直接发酵取得）。

② 蒸馏酒（通过发酵加蒸馏取得）。

③ 配制酒（在发酵酒或蒸馏酒的基础上加入某些特定的物质）。

教学互动9-2

没按标准调配的鸡尾酒

背景资料： 某酒店刚开业不久，一切均在磨合之中，酒吧的鸡尾酒服务情况亦然。近来常有客人反映鸡尾酒的味不正、量不足、色不准，经过进一步了解，才发现是酒吧调酒员的操作有问题，每次调酒随意性很强，没按标准配方加料。

互动问题： 如何解决这类问题？

要求： 同"教学互动1-1"的"要求"。

9.5.3　遵循标准的操作规范

为了制作出符合质量标准的饮品，服务员在配制饮品时应遵循一定的操作规范和要求。

1）酒杯的温度处理

不同的酒类有不同的饮用温度，杯具的温度也应与之相适应。需在常温下饮用的酒类，如白兰地、利口酒、红葡萄酒等，其饮用杯具既不需要进行升温处理，也不需要进行降温处理，常温状态下的杯具即可作为载杯。一些酒类的饮用温度较低，其饮用杯具必须进行冰镇降温处理，这些杯具包括大多数鸡尾酒杯、白葡萄酒杯、香槟杯、啤酒杯等。

2）冰块的使用

酒水服务中常会用到冰块，服务员应根据标准配方的要求，选择不同表现形式的冰块，如刨冰、碎冰或块状冰等，但不管采用什么表现形式，冰块都应当新鲜、干净、卫生。

3）饮品应充分混合

调酒时常用的方法有兑和、调和、摇和与搅和四种。例如，鸡尾酒若以碳酸饮料作为辅料，通常采用勾兑与调和的方法进行加工；若以乳制品等黏稠的饮料作为辅料，一般应选用摇和的方法进行加工。混合操作的时间长短，应视具体情况而定。

4）倒酒

如果用调酒壶一次调制两份以上饮品，那么在倒酒前应先将载杯准备好，列成一排，先倒入1/4杯，然后倒入1/2杯，直至倒完（不能先倒满一杯再倒第二杯）。这样才能保证每杯酒的浓度、颜色、分量、口味基本一致。

学习微平台

延伸阅读9-5

9.6　管事部的运行与管理

管事部是餐饮工作运转的后勤保障部门，担负着为餐饮生产提供各种物资用品、打扫厨房和清洁各种厨具、确保餐饮生产工作和餐饮服务区域的卫生处于最佳状态的重要职责。管事部的平稳运行是餐饮生产和经营活动正常进行的基本保证。

9.6.1　管事部的组织结构

1）现代大型酒店餐饮管事部的组织结构

现代大型酒店餐饮经营的区域分布在酒店各个层面，有中餐厅、西餐厅、风味厅、酒吧、宴会厅、送餐服务部等。要确保各种餐饮活动顺利进行，必须有一个组织力强的管事部作为后勤，这样才能保障各种物资及时到位，以及卫生等工作的质量。

现代大型酒店的餐饮管事部通常负责宴会部及各类餐厅所需物资的发放、清洗和保养工作，并保持这些区域良好的卫生环境。现代大型酒店餐饮管事部的组织结构如图9-14所示。

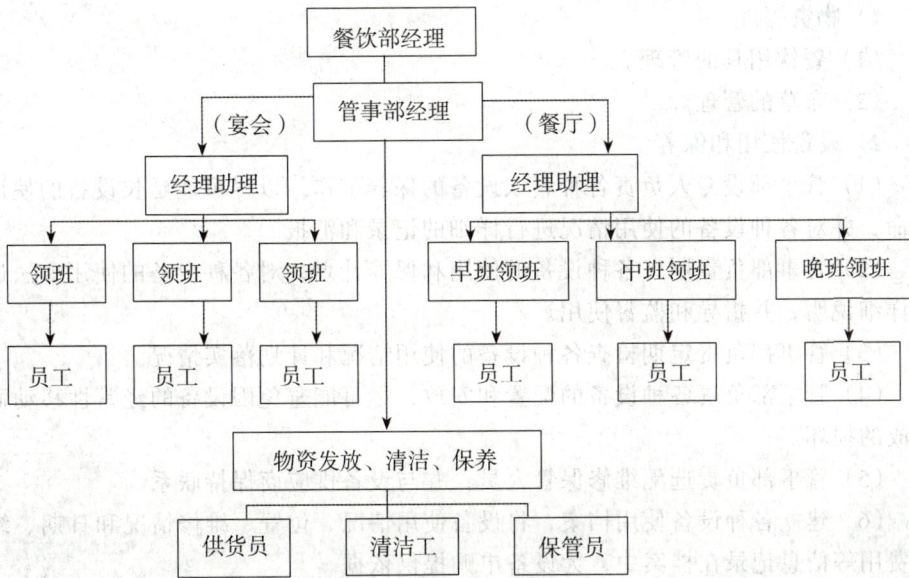

图9-14　现代大型酒店餐饮管事部组织结构图

2）小型酒店餐饮管事部的组织结构

小型酒店餐饮管事部的组织比较简单、结构比较单一，涉及的人员主要有清扫工、勤杂工、洗碗工和物品保管员等。因此，小型酒店的餐饮部一般只配置管事主管，领导几个工作小组，以保证各种餐饮物资及时发放到位和工作环境的卫生清洁。在一些更小的餐饮企业中，一般不直接设立管事部，而是由厨师长直接负责各种物资的提供和保养，至于卫生工作，则单独聘请人员负责。小型酒店餐饮管事部的组织结构如图9-15所示。

9.6.2　管事部的职能

一个运转良好的管事部可以提供一个清洁、卫生的工作场所，使员工在舒适的环境中工作，从而提高员工的工作效率。

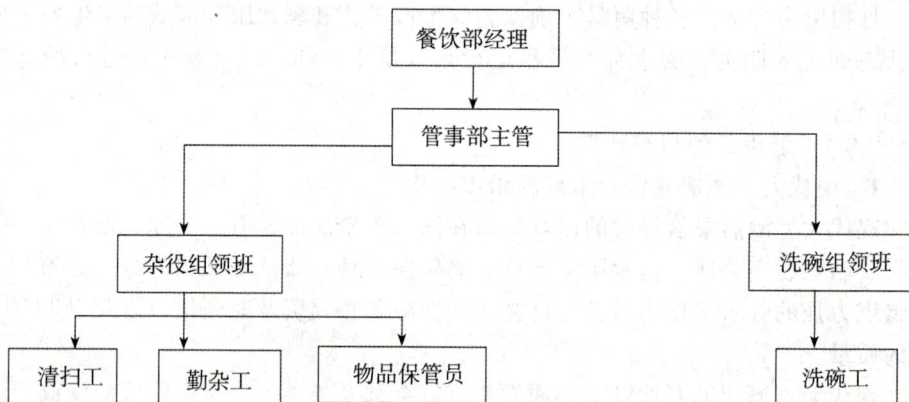

图9-15　小型酒店餐饮管事部组织结构图

管事部的职能包括：

1）物资管理

（1）餐饮用具的管理。

（2）布草的管理。

2）设备使用和保养

（1）管事部设专人负责各种餐饮设备的保养工作，以尽可能延长设备的使用寿命，并对各种设备的使用情况进行详细的记录和汇报。

（2）管事部负责制订各种设备的使用和保养计划，对各种设备的使用方法进行详细说明，并指导和监督使用。

（3）管事部负责定期检查各种设备的使用情况和计划落实情况。

（4）管事部负责各种设备的配置和安放，尽可能避免因设备的经常性移动而造成的损坏。

（5）管事部负责选配维修保管人员，并与设备供应商保持联系。

（6）建立各种设备使用档案，将设备使用情况、位置、维修情况和日期、维修费用等信息记录在档案中，为设备申购提供依据。

3）卫生管理

（1）洗碗间和餐具库房的卫生。

（2）日常卫生。

（3）计划卫生。

管事部必须制订卫生工作计划，如定期清洁餐厅的玻璃门；定期清洁空调出风口；定期清洁餐厅灯饰、风帘机、防尘网等；定期清洁厨房油烟罩、油烟管；定期清洁洗碗机、疏通下水道等。

（4）垃圾处理。

垃圾分为干垃圾和湿垃圾两种。干垃圾主要指玻璃、瓶罐、纸张、食品下脚料以及各种混合垃圾等。湿垃圾主要指食油、油脂、废水和洗涤污水等。可以回收的垃圾可出售。对于不可回收的垃圾，其处理方法为：一是将干垃圾存放在规定的垃圾房，再交城市环保部门处理。二是将湿垃圾集中放在专用的垃圾桶中，

经过滤油器等处理后入下水道，并加强对下水道的检查，定期清洗和疏通下水道。

学习微平台

延伸阅读9-6

本章概要

□ 内容提要

本章共分六节，分别是餐饮生产管理概述、餐饮生产组织机构及人员配置、餐饮生产场所的安排与布局、餐饮生产质量控制、饮品生产管理和管事部的运行与管理。餐饮生产管理即对食品加工过程中的各项活动进行计划、指导、监督、指挥和控制。

□ 主要概念和观念

▲ 主要概念

餐饮产品质量　标准食谱　管事部

▲ 主要观念

菜肴的质感　菜肴的声效　餐饮产品设计质量　餐饮产品生产质量

□ 重点实务

不同规模厨房的组织结构设置　厨房的区域划分　菜肴质量控制

基本训练

□ 知识训练

▲ 复习题

1）餐饮生产活动的基本特征有哪些？

2）现代酒店大型厨房的组织结构与传统酒店大型厨房的组织结构在本质上有何不同？

3）餐饮生产场所布局的基本要求有哪些？

4）餐饮产品的质量具体由哪些方面构成？

5）饮品生产质量控制主要分哪几个阶段？

6）管事部的工作职责主要有哪些？

▲ 讨论题

1）大型酒店切配中心的优缺点分别有哪些？

2）如何理解菜肴产品的设计质量、产品成本、产品价格、产品加工制作水平四者之间的关系？

3）管事部的主要工作职责有哪几项？

□ 能力训练

▲ 理解与评价

点评酒店中酒水销售的毛利水平远高于菜肴销售的毛利水平。

▲ 案例分析

训练项目

案例分析-Ⅸ

相关案例

什么原因影响了鱼肉的口味？

背景与情境：某家三星级酒店由于经营环境良好且管理有方，因此生意十分兴隆。但酒店近来经常接到顾客的投诉，主要是鱼类菜肴总有一股轻微的苦涩味，从而影响了菜肴的质量，当然也影响了酒店的形象。餐饮部经理获知这一情况后，会同厨师长、采购部经理查找问题的原因。采购部经理通过询问采购人员、检查采购环节，没有发现货源渠道上的问题，况且酒店与供应商之间是长期协作关系，采购的鱼也都是鲜活的，不应该出问题。厨师长从切配环节入手一直到炉灶烹饪，找不出厨师方面的问题；再从加工环境看，也没有找到有可能引起鱼味苦涩的原因。问题出在哪里呢？餐饮部经理百思不得其解。正在此时，负责粗加工洗削过程的领班来报，最近一段时间新来了两个年轻人，不会干活，粗加工的速度跟不上下道工序的要求。会不会是他们引起的问题？餐饮部经理赶紧到粗加工组，两位新来的年轻人正笨拙地给一批鲜活的草鱼开膛。再问领班，原来两个年轻人进店之后，由于酒店业务繁忙，因此没时间对他们进行培训，结果他们在工作中使得部分草鱼鱼胆破裂，鱼胆汁外流，从而影响了鱼肉的味道。

问题：试分析该案例给餐饮企业的启示。

训练要求：同第1章"基本训练"中本题型的"训练要求"。

▲ 实训操练

训练项目："宫保鸡丁"标准菜谱制作

训练任务：根据当地人的口味，为"宫保鸡丁"制作一份标准菜谱。

训练要求：每人制作一份厨师可以依此进行烹饪加工的标准菜谱。

训练步骤：

1）以个人为实训单位。

2）走访一家酒店（餐馆），了解其制作"宫保鸡丁"的方法并记录在案。

3）运用所学知识，自己制作一份"宫保鸡丁"标准菜谱（注意与普通菜谱的不同）。

▲ 自主学习

训练项目

自主学习-Ⅲ

自主学习-Ⅲ

【训练步骤】

1）将班级同学组成若干个"自主学习"训练团队，每队确定1个负责人。

2）各团队根据训练项目的需要进行角色分工。

3）通过校图书馆、院资料室和互联网，查阅近三年关于"餐饮生产质量控制"研究的前沿学术文献资料。

4）综合和整理以"餐饮生产质量控制"为主题的前沿学术文献资料，依照"文献综述格式、范文及书写规范要求"，撰写《"餐饮生产质量控制"最新文献综述》。

5）在班级交流各团队的《"餐饮生产质量控制"最新文献综述》。

6）在校园网的本课程平台上展出经过修订并附有教师点评的各组《"餐饮生产质量控制"最新文献综述》，供学生相互借鉴。

□ 课程思政

训练项目

课程思政-IX

相关案例

为追求口感投放有害添加剂

背景与情境： 一位肯透露菜馆内部制作情况的厨师A先生告诉记者，目前菜馆使用最多的添加剂是硼砂。"人们习惯在包粽子时放一点'碱水'泡泡糯米，炸油条时也放点'碱水'，这些'碱水'就是硼砂，放了以后确实会让食物的口感更好些……一些餐馆还用硼砂腌制虾肉，因为口感特别爽滑……除非在添加时被发现，否则很难查出这些食材中含有硼砂，也不会有人那么傻公布这个。"A先生说。

A先生认为，对食客伤害最大的是罂粟壳，"这几乎是公开的秘密。以前每斤罂粟壳60元，现在政府抓得紧了，上涨到每斤200元，并且很难在药店买到了。但还是有很多人买，因为一个手指甲那么点的罂粟壳，就会让整个锅底彻底飘香。政府如果要抓紧监管，罂粟壳是最应该打击的。"

资料来源　曾毅，王丽平，肖颖，等. 餐馆用了什么添加剂你有权知道！[N]. 广州日报，2011-06-03.

问题：

1）试对菜馆投放有害添加剂的行为做出思政研判。

2）说明所做思政研判的依据。

训练要求： 同第1章"基本训练"中本题型的"训练要求"。

餐饮销售管理

● **学习目标**

10.1 餐饮产品销售计划

10.2 餐饮产品价格制定

10.3 餐饮营业场所的销售决策

10.4 餐饮销售控制

● **本章概要**

● **基本训练**

● 学习目标

通过本章的学习，应当达到以下目标：

职业知识： 学习和把握"餐饮销售管理"的相关概念，餐饮产品的销售统计、预测、生产与销售计划，餐饮产品的定价原理、定价目标、定价策略与定价方法，餐厅营业时间、清淡时间价格折扣、亏损先导推销等销售决策，餐饮销售控制的意义，出菜检查员、酒吧销售、餐饮销售指标等销售控制，餐饮销售日报表，以及"业务链接"等知识，能用其指导本章"同步思考"、"教学互动"和"基本训练"中"知识训练"各题型的认知活动，正确解答相关问题。

职业能力： 点评"中国人注重毛利率指标，西方人注重成本利润率"，训练专业理解力与评价力；运用本章知识研究相关案例，培养"餐饮销售管理"特定情境中分析问题与多元表征的能力；参加"数据分析"实训，训练相应专业技能。

课程思政： 结合本章教学内容，依照相关规范或标准，对章后"课程思政-X"案例情境中的企业或其从业人员服务行为进行思政研判，培养高尚的道德情操，树立社会主义核心价值观。

引例：一元钱吃一斤基围虾

背景与情境： 20世纪90年代中期，南京某家新开业的酒店推出了"一元钱吃一斤基围虾"的宣传促销活动，活动的第一天50张餐桌全部满座，销售基围虾300余斤，各式各样的消费者都有，有点了基围虾再点其他菜肴的，但大部分客人几乎只要基围虾。有人说这家酒店的老板是傻瓜，也有人说这家酒店的经营者精明。负责酒店财务工作的经理是这么认为的："推出基围虾特价销售后，每斤虾贴60元（注：当时的基围虾较贵），300斤是18 000元，等于部分广告开支，我们是用一种常人罕用但令人印象深刻的方法做了一次大广告。"

资料来源　蒋一骢. 酒店营销180例［M］. 上海：东方出版中心，1998.

此案例给我们如下启发：第一，营销策划要有创意；第二，经营销售要有肚量；第三，估量客人要有信心。

10.1　餐饮产品销售计划

同其他产品一样，餐饮产品的销售也需要计划来指导。因为餐饮产品的采购、制作、销售之间的时间间隔极其短暂，需要餐饮管理人员精心筹划，尽可能做到采购多少、生产多少、销售多少。

10.1.1　餐饮产品销售统计——餐饮产品销售预测的基础

销售统计即以书面形式记录餐厅菜肴等产品的销售份数。销售统计的复杂程度取决于餐厅经营品种的数量、信息的详细程度以及信息的用途等。

1）原始记录

有关消费者订菜的数量记录，基本上来自餐饮第一线的销售人员——餐厅服务员。餐厅服务员在接受就餐者点菜的时候，将客人点菜的有关信息（菜名、价格、分量、台号、人数等）记录在"点菜单"（Captain's Order）上。点菜单所记录的信息必须完整、清楚、准确。这些信息通常可以通过以下途径获取：

（1）收银员的手工即时统计

餐厅收银员在接受服务员传递的点菜单、开具用餐账单的同时，应做好各种菜肴的销售数量记录。这种信息可以记录在预先准备好的菜肴销售记录卡（见表10-1）上，随着计算机的普及，使用这种方法的餐厅也越来越少了。

这种方法的特点是：信息收集及时，无须专门人员在数据累计后再作专门统计，不需要增加额外的人工费用，但要求收银员必须仔细、完整地做好记录工作。

（2）收餐后的事后统计

有些餐厅的收银员当班时业务量大，工作忙，来不及做统计工作，可以在每餐结束后将点菜单连同账单交给财务部，统计方法如前。这种形式较费时间，如同上一种方法一样，现在也已由计算机替代了。

（3）计算机统计

目前，计算机已经进入酒店各方面的业务管理工作中。利用计算机进行餐饮销售统计工作，需要安装相应的专业软件。计算机统计的特点是快捷、及时、准确。

表10-1　　　　　　　　　　　××餐厅产品销售记录卡

日期：202×.02.10	星期：日	餐别：晚	天气：多云	
菜肴名称	销售份数	总数（份）	单价（元）	销售额（元）
海蜇皮蛋	正正正正一	21	16	336
翡翠虾球	正正正正正正	30	28	840
生炒乳鸽松	正正正正	20	30	600
椒盐焗肉排	正正正一	16	18	288
总计		87		2 064
客人数	正正正正正正			
	正正正	50人		

2）信息的汇总及使用

有关管理人员在获取餐饮销售统计数据之后，可以选用不同的方式将这些数据汇总。常见的汇总方法如下：

（1）按经营日期汇总

所谓按经营日期汇总，就是将每日的销售统计数据按日期排好，每周或每月汇总在一张表上。这种汇总方法的作用如下：

① 反映菜肴总销售趋势及各菜肴销售趋势，可以预计次日、下周和下月的菜肴销量，便于做好生产计划安排。

② 通过销售数量的统计，了解各菜肴的受欢迎程度，便于及时对菜单进行分析和调整。这种按经营日期汇总的方法，见表10-2。

表10-2　　　　　　　　××餐厅按经营日期统计汇总的销售数据

日期	1	2	3	4	5	6	7	8	9	10	11	12	13	14	15
星期	一	二	三	四	五	六	日	一	二	三	四	五	六	日	
品名															
海蜇皮蛋	21	18	26	18	27	20	18	22	20	27	20	26	18	19	
翡翠虾球	43	39	50	29	36	31	28	41	27	52	27	34	28	27	
生炒乳鸽松	34	40	51	35	41	29	25	35	38	49	33	42	29	24	
椒盐焗肉排	30	35	40	21	37	25	19	32	37	38	20	38	26	18	
总数（份）	128	132	167	103	141	105	90	130	122	166	100	140	101	88	
客人数	90	93	117	72	99	74	63	91	92	116	70	98	71	62	

（2）按每周几的形式汇总

按每周几的形式汇总就是按每星期中的各天数分别统计销售数据，将数据按周一、周二……周日分别汇总。这种销售统计方法能反映出一周中每天客流量的变化情况和各天的销售规模及规律，了解一周中每天各类菜肴的销售份数，便于计划一周中每天、各菜的销售与生产数量和相应的人员配备（见表10-3）。

表10-3　　　　　　　××餐厅按每周几的形式汇总销售数据

星期	一						二					
日期	1	8	15	22	29	小计	2	9	16	23	30	小计
品名												
海蜇皮蛋（份）	21	23	20	19	21	104						
翡翠虾球（份）	43	39	42	45	40	209						
生炒乳鸽松（份）	34	33	30	32	33	162						
椒盐焗肉排（份）	30	29	31	35	31	156						
总数（份）	128	124	123	131	125	631						
客人数（人）	90	87	87	92	88	444						
销售额（元）												
平均消费额（元）												

（3）按销售时段汇总

许多餐厅常对各时段的销售额和客人数进行汇总统计，对于快餐厅、咖啡厅和酒吧而言，这种统计汇总更为重要，因为这些经营场所营业时间长，在低谷和高峰时段的需求量波动大。掌握各时段的销售数据能帮助餐厅管理人员做好生产时间上的安排工作，也便于其制订不同时间的生产计划，帮助管理人员确定员工工作的班次和安排员工人数。同时该信息还能显示出餐厅营业的低谷时段，以便计划低谷时段的推销活动和餐厅的营业时间。表10-4为××咖啡厅12：00—24：00的经营时段内对销售额和客人数的统计数据。

表10-4　　　　　　　××咖啡厅有关时段销售数据统计

时段	客人数（次）	销售额（元）
12：00—13：00	16	800
13：00—14：00	45	2 350
14：00—15：00	45	2 150
15：00—16：00	26	1 350
16：00—17：00	3	160
17：00—18：00	4	210
18：00—19：00	23	1 150
19：00—20：00	39	2 005
20：00—21：00	48	2 410
21：00—22：00	49	2 500
22：00—23：00	36	1 810
23：00—24：00	24	1 200
总计	358	18 095

（4）按各菜肴的销售百分比汇总

有些餐厅除了统计各菜肴的销售份数外，还统计各菜肴的销售百分比。进行这种统计往往不能只取一天的数值，因为一天的数值受许多偶然因素影响，很难反映出客观规律，要取一段较长时间的数据来计算百分比。表10-5是××餐厅2月份累计的有关菜肴销售百分比的数据。

表10-5　　　　　××餐厅2月份有关菜肴销售百分比数据统计

品名	销售份数	占点销量的比例（%）
海蜇皮蛋	1 803	28.52
翡翠虾球	1 952	30.88
生炒乳鸽松	1 431	22.64
椒盐焗肉排	1 135	17.96
总数	6 321	100.00

各菜肴销售百分比统计，对于各菜肴的销售预测和各菜肴的生产计划具有极大的参考价值。如果销售百分比是较长时间的累积值，能较客观地反映出各菜肴的销售和需求规律，在预测了未来的菜肴销售总额后，可预测各菜肴的销售量，并根据销售量制订各菜肴的销售和生产计划。除此之外，这种信息对于分析菜单上各菜肴的受欢迎度，决定是否继续提供某种菜品有很大意义。

3）统计时的注意事项

（1）天气状况

在国内，不理想的天气尤其是恶劣的天气一般会导致就餐人数减少，销售额下降；但在欧美国家，雨天或者阴天时酒店的就餐人数反而会增加，因为天气不佳，人们减少了户外活动。

（2）特殊日子和特殊活动

重要的节假日会对餐饮销售量有一定的影响。有些节假日会使外出就餐人数增加，而有些节假日会使某些餐厅的销售量减少。另外，如果酒店举办重要活动，如展览会等，会影响住店客人在餐厅消费。餐厅附近翻修马路、酒店门前实施道路交通管制等情况，都会使餐厅产品的销售量受到不同程度的影响。

（3）每日的住店客人数及客源结构

对酒店中的餐厅来说，有必要记录每日的住店客人数及住店客人的客源结构，统计这些住店客人在店内餐厅的就餐比例，这一信息同样可用于餐饮销售预测。

10.1.2　餐饮产品的销售预测

预测是利用可得的相关数据来预计未来，是对未来的一种有根据的推测。如果能对未来的销售量做较精确的预测，就能更适当地做好餐饮生产和采购计划，能够正确地安排每日各种产品的生产份数，避免盲目采购和生产，降低食品、饮料积压和变质的概率，减少浪费。

1）菜肴销售的总量预测

对菜品销售总量进行预测需要用到销售记录的数据。企业若能按每个星期中的每天分别统计各种菜品的销售量，进行销售预测就比较容易了。假如企业要求预测下周一的销售量，就要先列出上个月每个星期一各种菜品的销售总数，然后采取简单的加权平均法求出预测值。例如，××餐厅6月份各星期一的有关菜肴的销售总数以及加权值见表10-6。

表10-6　　××餐厅6月份各星期一的有关菜肴的销售总数以及加权值

日期	菜肴销售总数（份）	各销售数据的权数	加权值	理论预测值
06.01	128	1	128	
06.08	124	1	124	
06.15	123	2	246	
06.22	131	2	262	
06.29	125	3	375	
合计	631	9	1 135	

赋予给予以往的销售数据以不同的权数，越晚的数据赋予的权数越大，然后将权值相加除以总权数，求出平均值。其计算公式如下：

$$\overline{N} = \frac{Q_1 W_1 + Q_2 W_2 + \cdots + Q_n W_n}{W_1 + W_2 + \cdots + W_n}$$

式中：$\overline{N}$ 为平均值；Q 为销售数据；W 为权数。

在上例中的理论预测值计算如下：

（128×1+124×1+123×2+131×2+125×3）÷（1+1+2+2+3）=126.11（份）

赋予新近的数据以较大的权数，能较容易地反映销售趋势，也能消除由于偶然事件引起数据变化的影响。尽管如此，按数学公式计算出来的预测值只能是理论预测值，在实际工作中还要考虑季节、天气等因素，若是酒店中的餐厅，则还要考虑客房出租率、是否有会议和团队用餐、宴会预订等因素。用按数学方法测得的数据均衡上述几种情况，再为保证菜品供应加上一定的保险值，就能得出菜品销售的预测值。其计算公式如下：

预测值=理论预测值±特殊情况增减值+保险值

在上例中，若根据气象预报下周一会下雨，但无其他特殊情况，管理人员根据经验，估计下雨大概销售量会减少50份，为保证供应，加上10%的保险值，这一天的预测值应为：

126×（1+10%）-50=89（份）

这种预测方法十分简单,也比较实用,适合需要每日制订生产量计划的餐厅使用。

2)各菜肴的销售份数预测

如果某预测日的菜单相对于以前的可比日的菜单无大变化并且该日没有特殊餐饮活动,则可使用前述"各菜肴销售百分比"的数据来预测各菜品的销售份数。

首先,查找出在一段较长时间统计的各菜肴销售数占总销售数的百分比,然后估计被预测日的各种菜品的销售总数。在上例中,被预测的7月6日的菜肴销售总数、各菜肴所占的百分比统计值以及各菜肴的理论预测值见表10-7。

表10-7 ××餐厅各菜肴的销售份数预测

品 名	占总销售数百分比统计值(%)	预测销售份数(份)
海蜇皮蛋	28.52	25
翡翠虾球	30.88	27
生炒乳鸽松	22.64	21
椒盐焗肉排	17.96	16
7月6日预测总数	100.00	89

显然,只要将该日销售总数预测值乘以各菜销售数占总销售数的百分比就可以得出各菜销售份数的理论预测值。当然,管理人员还应根据该日是否有大型宴会或特殊餐饮活动,对理论预测值进行调节。

上述预测方法以之前的销售统计数据作依据,再加上管理人员对经营情况的判断,具有一定的科学性。这种预测方法既简单,又具有很大的实用性,但是此法比较粗糙,在很大程度上要依赖于管理人员的经验判断。

销售预测对餐饮生产品种和数量的计划、人员的安排起着指导作用。厨师长可根据销售预测数据计划菜单上每项菜品的生产份数,要求采购员采购适当数量的原料,因此它又是生产与销售管理的一个重要环节。

业务链接10-1

什么是"加权平均法"?

"加权平均法"也称"加权平均"。在计算若干个数量的平均数时,考虑到每个数量在总数量中的重要性的不同,可分别赋予不同的权数。按不同的权数计算的各个数量的平均数就是加权平均数。

10.1.3 餐饮产品的生产与销售计划

餐饮生产与销售计划规定了各菜肴计划生产的份数,反映了各菜肴的预测销售数量,为制作人员和服务人员规定了生产和服务销售指标。餐饮生产与销售计划由餐饮部经理或相应的管理人员负责编制,见表10-8。

表10-8　　　　　　　××餐厅餐饮产品生产与销售计划表

日期：202×年7月6日	星期一	餐别：
菜肴名称	预测数（份）	调整后预测值（份）
海蜇皮蛋	25	27
翡翠虾球	27	29
生炒乳鸽松	21	24
椒盐焗肉排	16	19
总　　数	89	99

同步案例 10-1

天气状况对餐厅生意的影响

背景与情境：欧洲大部分国家的夏季，日光贵如金。一旦艳阳高照，城市的居民们便纷纷涌向郊外晒日光浴并就地进行烧烤、野炊等活动，或在附近的户外啤酒园、葡萄园用餐，而市中心的酒店只能眼巴巴地看着这些客人被抢走。

问题：中国的城市酒店餐饮经营情况为何与欧洲的情况相反？

分析提示：由于东西方居民物质生活条件的差异，天气对中国餐厅生意的影响恰好和西方国家相反。天气好，大家愿意出门消费，因为餐厅的用餐环境一般要胜过家中；而天气不好，由于不能以车代步，因此只能放弃外出用餐的打算。

10.2　餐饮产品价格制定

学习微平台

延伸阅读10-1

　　餐饮产品的价格制定是餐饮销售管理的核心内容。餐饮产品的价格体现了餐饮企业的档次、规格，反映了餐饮企业的市场定位和经营指导思想及经营策略。餐饮产品的价格合理与否，直接影响企业在社会上的形象和上座率，这些又反过来决定了企业的经营业绩与效益。

10.2.1　定价原理

　　价格的基本概念是：价格是商品价值的货币表现形式。价格的高低受商品所含价值量的大小及市场对其供求关系的制约。按照马克思的政治经济学理论，价格呈如下结构：

$$W = C + V + M$$

　　式中：W 为价格；C 为生产资料转移的价值；V 为劳动者的报酬；M 为积累（以税金和利润的形式体现）。

　　通常我们将餐饮产品的价格结构分解成如下形式：

$$餐饮产品价格 = 原料成本（含所制作产品的主料、辅料、调料）+ 费用（食品由原料变为成品过程中的所有支出）+ 税金 + 利润$$

习惯上，人们又将价格结构中的费用、税金、利润三者之和称为毛利，这样价格结构可以简化整理为：

餐饮产品价格=原料成本+毛利

产品定价时，应该做到：

① 以价值为基础，使价格尽可能接近价值。

② 考虑市场供求状况对价格的影响。

③ 使价格符合国家的价格法规与政策，形成合理的商品差价。

10.2.2 定价目标

餐饮定价目标应与企业经营的总体目标相协调，餐饮产品价格的制定必须以定价目标为指导思想。

1）以企业的经营利润作为定价目标

餐饮产品定价往往要以经营利润作为目标。管理人员根据利润目标，预测经营期内的经营成本和费用，然后计算出实现利润目标必须达到的收入指标。

要求达到的收入指标=目标利润+食品、饮料的原料成本+经营费用+税金

例如，某餐厅要求达到的年利润为 20 万元，根据以前的财务统计，餐饮原料成本占营业收入的 45% 左右，税金占 6%，部门经营费用占 30%，餐饮部分摊的企业管理费占 5%。预计明年这些项目占营业收入的比例与以前相比相差不会太大，那么明年餐饮营业的收入指标为：

$$TR=200\ 000+45\%TR+6\%TR+30\%TR+5\%TR$$

$$TR=200\ 000÷（1-45\%-6\%-30\%-5\%）$$

$$=1\ 428\ 571（元）$$

其中：TR 为餐厅要求达到的营收指标。

决定餐厅销售收入大小的关键指标有两个：一是座位周转率，二是客人平均消费额。通过预测餐厅的座位周转率，就能预测出客人的平均消费额指标：

$$客人平均消费额指标=\frac{计划期餐饮收入指标}{座位数 × 座位周转率 × 每日供应餐数 × 经营期天数}$$

如果上述餐厅有 100 个餐座，预计每餐座的周转率为 1.1，每天供应晚餐和午餐，则客人的平均消费额指标为：

$$客人平均消费额指标=1\ 428\ 571÷（100×1.1×2×365）$$

$$=17.79（元）$$

根据目标利润计算出的客人平均消费额指标，还应与客人的需求和客人愿意支付的价格水平相协调。在确定了目标客人的平均消费额指标后，就可以根据各类菜品收入占营业收入的比例来确定各类菜品的大概价格范围了。

2）注重销售的定价目标

在有些情况下，管理人员出于经营的需要，在定价时会追求增加客源和菜品的销售数量。例如，有些餐厅所处的地点过于僻静，或餐厅的知名度较低，管理人员为了吸引顾客、增强菜单的吸引力，往往在一段时间内将价格定得低些，使顾客喜欢光顾而使餐厅的知名度提高。有些餐厅在竞争激烈时，为了提高或保持

市场占有率，甚至控制市场，以低价来吸引客源。这些企业虽然会因低价而生意兴隆，但在短期内可能不会得到应得的利润，甚至完全没有利润。

3）刺激其他消费的定价目标

有些餐厅为实现企业的总体经营目标，以增加客房或其他产品的客源作为餐饮定价的目标。在我国许多酒店中，餐饮部在定价时往往考虑整个酒店企业的利润，以较低的餐饮价格来吸引会议客人、旅游团队以及商务客人，以此提高客房出租率，使企业的整体利润提高。

4）以生存为定价目标

在市场不景气或竞争激烈的情况下，有些餐饮企业为了生存，在定价时只求保本，待市场需求回升或餐厅出名后再提升价格。当餐饮收入与固定成本、变动成本和增值税之和相等时，企业能求得保本，保本点的餐饮收入等于固定成本除以贡献率（1–变动成本率–增值税税率）。保本点的客人平均消费额等于固定成本除以贡献率和客人数之乘积，即：

保本点客人平均消费额=固定成本÷［客人数×（1–变动成本率–增值税税率）］

例如，某餐厅每月固定成本预计为 120 000 元，餐饮变动成本率为 40%，增值税税率为 6%，该餐厅有 200 个座位，每天供应午、晚两餐，预计每餐座位周转率能达到 1.5，该餐厅若要保本生存，客人平均消费额要达到：

客人平均消费额=120 000÷［200×1.5×2×30×（1–40%–6%）］

=12.35（元）

10.2.3　定价策略

定价对于任何一个企业的经营来说都是十分重要的。企业如果没有定价依据，当顾客质疑某一价格时，销售人员就会不知所措，就会使企业失去信誉。确定的定价依据可使企业通过管制价格实现企业的经营目标。这样，企业的价格就不会被动地受市场竞争者或市场潮流牵制，而能主动地以确定的价格战胜竞争者。

定价策略表现在许多方面，如价格水平的高低、价格的灵活度、价格的优惠率等。灵活的定价策略可防止机械地采用竞争者的价格，或采用只计算成本、费用加利润的定价方法，从而使管理人员能有效地管理价格。

1）公开牌价

公开牌价（List Price）是印在菜单上或贴在招牌价目表上的公开销售价格。在餐饮市场，一些企业会采用相对不变的公开牌价，也有一些企业没有固定的公开牌价。相对不变的公开牌价是在一段时期内保持不变的公开销售价。企业对一般顾客按其基本价销售，但可根据不同的场合或不同的推销需要进行加价或折价销售。相对不变的公开牌价为管理提供了方便，为销售提供了准则，还可减少与顾客的矛盾，所以目前大多数餐饮企业都采用公开牌价。有些餐厅没有固定菜单，它们根据市场供应的品种，即时调整菜单，价格随原料市场价格的变动而变动，因而不采用固定公开牌价。大多数餐厅对一般菜品采用固定公开牌价，对随市场供应情况而变动的时令菜及根据顾客特殊需要而开设的套系菜不列公开牌价。有的特殊套餐，如宴会餐、团体餐、会议餐，还可与客户一起商定价格。

公开牌价上一般都标明确切的价格，有些企业为了迎合某些顾客追求优惠的心理，会在公开牌价上标明价格已经打了一定的折扣。表10-9是××餐厅酬宾优惠价目表。

表10-9 　　　　　　　　　　　　　××餐厅酬宾优惠价目表

项 目	原 价	优惠价
三人套餐	120元	100元
五人套餐	160元	130元

许多顾客不了解产品真正值多少钱，他们只关心价格折扣的大小，看到优惠价就会来购买，实际上有些优惠价还高于竞争者价。社会上对于这种假优惠有许多争议，对餐厅来说，尽量不要使用这种假优惠，否则会有损企业的形象。

2）价格水平

价格水平可根据客人的平均消费额计算出来。客人平均消费额的高低受定价目标的制约。在追求目标利润、注重销售、刺激消费和求生存的定价目标的指引下，企业会确定不同的价格水平。同时，企业还要根据本餐厅的产品质量和竞争状况决定其价格水平是高于、接近还是低于竞争者。

3）灵活定价

餐饮管理的另一种价格策略是价格的灵活定价策略。

（1）固定价格。固定价格是在相同销售条件下，对一定数量的产品采取相同的销售价格。

（2）灵活价格。灵活价格是相同产品在面对不同顾客和不同场合时采取不同的价格。

灵活价格的优点是：可以根据竞争状况和顾客需求调节价格，不会因为价格过高而失去客源。精明的管理人员对愿意支付高价的顾客收取高价，而对不愿支付高价的顾客收取较低的价格。灵活价格的缺点是：当顾客发现其他顾客比他支付的价格低时，会产生不满情绪，甚至会使更多的顾客前来协商价格，最终可能会给企业销售增加困难并使企业失去良好的声誉。

4）新产品价格

对于新开张的餐厅或新开发的菜系、菜品，往往要决定是采取市场暴利价格、市场渗透价格还是短期优惠价格。

（1）市场暴利价格。它是指当餐厅开发新产品时，将价格定得很高，以牟取暴利，当其他餐厅也推出同样产品而顾客开始拒绝高价购买时再降价。

（2）市场渗透价格。这一价格是指自新产品一开发就将其价格定得很低，目的是使新产品迅速地被消费者接受，使产品迅速地打开和占领市场，尽早在市场上取得领先地位；企业获利低也能有效地防止竞争者挤入市场，从而使自己长期占领市场。市场渗透策略适用于产品竞争性强、容易模仿而目标顾客需求价格弹性大的新产品。

（3）短期优惠价格。它是指餐厅在刚开业时或开发新产品时，暂时降低价格使餐厅或新产品迅速进入市场，为顾客所了解。短期优惠价格与市场渗透价格不同，它在产品的引进阶段完成后就提高价格。

5）价格折扣和优惠

价格折扣是餐饮产品推销的一种重要手段，对公开牌价给予一定折扣的优惠在餐饮行业运用甚广。

（1）团体用餐优惠。为促进销售，餐饮企业常常对大批量就餐的客人给予价格折扣。例如，会议就餐、旅游团队就餐等，其价格往往比较优惠。会议和旅游团队就餐通常以每人包价形式收费，在这个包价中提供各色菜肴。表 10-10 是××酒店根据会议的档次确定的三个等级的就餐价格；表 10-11 是××酒店根据旅游团队的档次和人数确定的就餐价格。

表10-10　　**××酒店根据会议的档次确定的就餐价格**　　　单位：元

项　　目	每人每天包价	早餐	午餐	晚餐
经济菜会议餐	60	8	24	28
标准菜会议餐	80	12	32	36
特别菜会议餐	100	20	36	44

表10-11　　**××酒店根据旅游团队的档次和人数确定的就餐价格**　　　单位：元

		标准菜			特别菜			
	项目	每人每天价格	早餐	午餐	晚餐	每人每天价格	早餐	午餐	晚餐
旅行社团队就餐价格	10人以上团队	70	14	28	28	100	20	40	40
	2~9人团队	80	16	32	32	128	28	50	50
	单人	100	20	40	40	148	38	55	55

（2）累积数量折扣。有的酒店为鼓励长住户和常客户经常在店内就餐，常给予其价格折扣。一般酒店中的长住户，其在店内就餐只是一种日常生存性需求，而不是享受性需求，因此他们不愿在餐厅中花费很多的钱和时间。酒店如能提供价格折扣，就能有效地吸引他们在店内就餐。例如，南京一家酒店长期以每天30元的折扣价向长住户提供简单、经济、实惠的饭菜。一些餐厅为鼓励常客户来餐厅举办宴会，也会对其宴会价格进行打折，折扣的大小通常取决于客户光顾餐厅的次数。

有的餐厅由于其营业时间在13：00—14：00达到最高峰，为使客人提前就餐以减少高峰时段的压力和增加总客源，对12：45前结账的客人给予价格折扣。

10.2.4 餐饮企业常用的定价方法

餐饮产品的定价方法同工业产品的定价方法既有相同、相似之处，也有自身的特征。这里主要就餐饮产品的定价方法进行介绍。

1）声望定价法

声望定价法指餐饮企业利用其在社会上的良好声誉或者本企业的某些著名厨师在社会上的威望和影响力而实施的定价方法。例如，北京的全聚德烤鸭、上海的小绍兴三黄鸡的售价显然比同地区的其他酒店的同名菜品的价格要高，这是以企业的良好社会形象为基础的，这些良好的社会形象又是以企业产品的优质和不懈宣传为依托的。因此，企业在利用本身的声誉进行定价的同时，还要注意通过不断的努力来维护、保持其良好的形象。

2）不同时间、季节定价法

不同时间、季节定价法是指餐饮企业依据餐饮产品生产原料生长的自然规律，在不同的节气使用不同的烹饪原料来制定不同的产品价格。例如，江南水乡的清水大闸蟹唯有在西北风渐起的金秋十月享用才最佳，此时的螃蟹身价百倍。不同时间、季节定价的另一层含义是指企业可以利用一年中的平时与周末、工作日和节假日之间的差异，制定不同的价格，也可以在一天之中的不同营业时段采用不同的价格，如酒吧可在每日18：00之前推出半价销售的"快乐时光"活动。

3）毛利率定价法

毛利率定价法是一种利用毛利在售价结构中所占比率计算价格的方法。这种方法在餐饮企业中使用最为广泛，餐饮产品的基本价格都是采用这种方法计算出来的。

业务链接10-2

其他常用的定价方法

常用的定价方法还有：①以成本为中心的定价法；②以需求为中心的定价法；③以竞争为中心的定价法。

10.2.5 毛利率定价法

1）毛利率的核定

需要说明的是，在进行餐饮经营状况核算时，国内习惯用毛利率作为核算的出发点，而西方国家在核算时，通常以餐饮成本率为起点。

（1）毛利率的基本概念

严格地讲，餐饮产品毛利率的基本概念共有两种：

① 餐饮产品的毛利率是产品毛利与产品销售价格之间的比率（相对于产品销售价格而言，产品毛利率一般称产品销售毛利率，亦称内扣毛利率）。

② 餐饮产品的毛利率是产品毛利与产品成本之间的比率（相对于产品成本而言，产品毛利率一般称产品成本毛利率，亦称外加毛利率）。

这两种毛利率的概念使用数学公式可分别表达如下：

产品销售毛利率（内扣毛利率）=产品毛利额÷产品销售价格×100%

产品成本毛利率（外加毛利率）=产品毛利额÷产品成本额×100%

毛利率不仅反映着餐饮产品的毛利水平，还直接决定着企业的收入高低，同时也关系着消费者的利益。在餐饮产品原料成本费用和相关费用不变的情况下，毛利率越高，销售价格就越高，利润也就越高；反之，毛利率越低，销售价格则越低，利润也越低。

因为毛利率有销售毛利率（内扣毛利率）和成本毛利率（外加毛利率）两种，所以在引用毛利率这个概念时，必须说清楚是内扣毛利率还是外加毛利率，以免引起误解。在行业中应用时，除了另有说明外，一般指的是销售毛利率。本书在谈到毛利率时，也是指销售毛利率。

（2）毛利率的核定

①毛利率的类别。

毛利率的大小是酒店综合平衡了企业的市场定位、经营范围和国家物价部门的有关法规之后确定的。在实际工作中，毛利率包括三类：一是某个具体的餐饮产品的毛利率，它反映的是某个产品的毛利率水平。二是分类毛利率，它反映的是餐饮企业各经营类别的毛利率水平，如按原料分，有海产品菜肴的毛利率、米面制品的毛利率；也可以按经营类别分类，如普通零点菜肴的毛利率、高档宴会菜肴的毛利率等。三是综合毛利率，又称平均毛利率，它反映的是整个酒店餐饮产品的毛利率水平。

②各个类别毛利率的核定。

A.单个产品毛利率的核定。对于单个产品，应根据酒店的经营政策和市场对产品的需求情况，经过核算来确定其具体的毛利率水平。

B.分类产品毛利率的核定。分类产品毛利率是按某一类经营业务或菜肴、点心的销售价格和毛利来计算的，是餐饮企业制定产品价格的依据。要进行分类产品毛利率的核定，先要对本企业经营的产品进行分类，下面以生产餐饮产品的原料为出发点进行分类。

第一，对经营的餐饮产品分类。

*米面制品：

主食（一般米面制品）

一般带馅制品

精制点心（油炸、油酥制品，精面、精米制品）

*菜肴：

普通菜肴（操作简单的一般炒菜和冷菜）

中档菜肴（用料较好、操作较繁的菜肴）

高档菜肴（用料精、制作要求高的菜肴）

*酒品及其他饮品：

普通饮品（汽水、果汁、矿泉水等）

普通酒品（啤酒、黄酒、葡萄酒、白酒等）

高档酒品（进口酒、国产名酒、鸡尾酒等）

第二，分类产品毛利率核定的原则。

*粮食主制品（米饭、馒头等）低于其他粮食制品（面条、包子、煎饼、油条等）；

*素菜低于串荤，串荤低于净荤，净荤低于名菜（但在实际工作中，素菜的毛利率要高于其他菜肴）；

*操作费工、产值较小的产品毛利率稍高些；

*耗用原料较贵、精工细作的产品毛利率高于大众化产品；

*酒席的毛利率高于一般菜肴；

*时菜、名菜、名点的毛利率高于酒席；

*涉外酒店餐饮产品的毛利率高于非涉外酒店餐饮产品；

*高星级酒店餐饮产品的毛利率高于低星级酒店餐饮产品。

C.综合毛利率的核定。综合毛利率是考核一家酒店餐饮经营方向和经营状况好坏的综合指标。它是按餐饮企业在一定时期内的销售总额和毛利总额来计算的。其计算公式如下：

综合毛利率＝毛利总额÷销售总额×100%

其中，毛利总额＝销售总额－原料成本总额

D.单位产品毛利率、分类毛利率、综合毛利率三者间的关系。相同类别的单个产品毛利率构成分类毛利率；各经营品种的毛利率（分类毛利率）构成综合毛利率，而综合毛利率是企业各经营品种毛利率的总反映。

某酒店餐饮部分类毛利率与综合毛利率的对应关系可通过表10-12反映出来。

表10-12　　　　**某酒店餐饮部分类毛利率与综合毛利率的对应关系**

经营类别	分类毛利率（%）	占餐饮总收入比例（%）	组成综合毛利率数（%）
经济等宴会	50	5	2.5
标准等宴会	55	10	5.5
特别等宴会	60	5	3.0
会议用餐	40	10	4.0
长住客用餐	40	5	2.0
零点用餐	50	40	20.0
就餐饮料	40	10	4.0
酒吧饮料	70	15	10.5
综合毛利率	—	—	51.5

综合毛利率=∑各类菜肴毛利率×各类菜肴收入占餐饮总收入的比例

2) 餐饮产品价格计算

由于毛利率有内扣毛利率和外加毛利率之分，所以计算餐饮产品价格时就有内扣毛利率法和外加毛利率法两种方法。

（1）内扣毛利率法

内扣毛利率法简称内扣法，是用餐饮企业规定的某道菜的内扣毛利率及该道菜的原料成本，通过公式来计算这道菜的价格的方法。其计算公式如下：

某菜售价=某菜的原料成本÷（1-某菜的内扣毛利率）

例如，一份清蒸鳜鱼的用料规格是：新鲜鳜鱼净料 0.5 千克，计 24.00 元，笋片、黑木耳等辅料共 2.00 元，调料 1.00 元，企业确定的该菜的内扣毛利率为50%，求该菜肴的售价。

解：用上述公式计算：

清蒸鳜鱼的售价=（24+2+1）÷（1-50%）

=54.00（元）

答：清蒸鳜鱼的售价为 54 元。

（2）外加毛利率法

外加毛利率法简称外加法，是以产品成本为基础，按规定的外加毛利率来计算价格的方法。其计算公式如下：

某菜售价=某菜原料成本×（1+外加毛利率）

例如，仍以上例的已知条件进行计算，该菜的原料成本数额不变，该菜肴的外加毛利率定为 100%，求该菜肴的售价。

解：代入计算公式：

清蒸鳜鱼的售价=（24+2+1）×（1+100%）

=54.00（元）

答：清蒸鳜鱼的售价为 54 元。

上面两种计算方法也说明，当内扣毛利率是 50% 时，其对应的外加毛利率恰好是 100%。

（3）内扣毛利率与外加毛利率的比较与换算

①内扣毛利率与外加毛利率的比较。

内扣毛利率是以售价为基础的，而外加毛利率则是以原料成本为基础的。如果同一售价、同一成本，则外加毛利率的绝对值大于内扣毛利率的绝对值，在这种情况下，用内扣毛利率和外加毛利率分别计算，其毛利额应相等。

内扣毛利率与外加毛利率各有其特点。从企业的经营管理和财务管理角度看，用内扣毛利率计算比使用外加毛利率计算方便。因为经营管理活动中的各项指标，如费用率、税金率、利润率，都是以售价为基础计算的，这与内扣毛利率的参照基础一致，便于比较、计算。内扣毛利率与费用率、税金率、利润率的关系可以用下式表示：

内扣毛利率=费用率+税金率+利润率

但如用外加毛利率计算，上式则不能成立，这对分析、检查或编制计划、报表都不方便。

此外，如单从计算上看，根据外加毛利率计算售价比依据内扣毛利率计算售价要简单些，因为外加法主要使用加法与乘法，而内扣法则使用减法与除法。厨师更喜欢用外加法计算菜肴的售价。

②内扣毛利率与外加毛利率的换算。

内扣毛利率与外加毛利率的换算公式如下：

内扣毛利率＝外加毛利率÷（1＋外加毛利率）

外加毛利率＝内扣毛利率÷（1－内扣毛利率）

同步思考10-1

背景与情境：十多年前，杭州菜风靡全国。进入遍布全国各地的杭州菜餐馆，你会产生一种错觉，以为这是一类高消费水准的餐馆：豪华的装修、高档的餐具、精美的菜肴、周到的服务，可菜单上的价格却便宜得难以想象。价格与环境之间极大的反差会使你大吃一惊。

问题：究竟以什么标准来衡量餐厅的经营定位，装修、服务，还是……

理解要点：餐厅的经营思想主要体现在毛利率水平上，而毛利率水平的高低，主要通过价格水平来体现。当时遍布全国的杭州菜馆，其毛利率水平一般在40%以下，是一种典型的大众平民化餐饮机构，但其在经营上没有忽略为用餐者提供良好的用餐环境的理念，这是它经营的高明之处。

学习微平台

延伸阅读10-2

10.3　餐饮营业场所的销售决策

餐厅在做销售和经营决策时，要以企业能获得目标经济效益为前提。这里主要介绍餐厅营业时间决策、清淡时间价格折扣决策及亏损先导推销决策的方法。

10.3.1　餐厅营业时间决策

1）确定最佳营业时段所需要的数据

餐厅在早上什么时间开业，晚上什么时间停业，要以餐厅获利最大为决策准则。确定最佳营业时间，必须以经营数据作为决策依据。在试开业时要统计下述数据：

（1）各时段销售额。一个进行科学化管理的餐厅需要统计各时段的销售额，以此作为经营决策的依据。各时段的销售额数据可用于营业时间决策、清淡时段推销活动决策和人工安排决策，既可由餐厅收银员来收集，也可由计算机软件统计。

（2）食品、饮料成本率。从月经营情况表汇总可得出食品、饮料平均成本率。

（3）营业需增加的固定开支。这部分固定开支不包括餐厅固定资产的折旧等，餐厅即使不开业，这种费用也已经存在，这种资本是固定资本。这里仅计算若在清淡时间营业需要增加的（不随销售数量变化而变化的）固定开支。例如，增加的劳动人工费用（营业需要员工数和每小时的工资）、电灯、空调、煤气等能源的费用及其他费用等。

（4）其他变动费用率。除食品、饮料成本外，还有些费用会随销售量的增加而增加，如桌布的洗涤费等，可通过对实际费用的统计计算其变动费用率。

根据上述数据能够算出餐厅营业要求达到的最低销售额。

2）营业要求的最低销售额求解方式

若餐厅在早上较早、晚上较晚时间内达到该销售额，则餐厅营业比不营业更为合理：

$$开业要求的最低销售额 = \frac{开业需增加的固定费用}{1 - 食品、饮料成本率 - 其他变动费用率 - 增值税税率}$$

例如，某餐厅在晚上 9：00—10：00 期间内开业需增加人工费 1 200 元，增加其他固定开支 800 元，食品、饮料成本率为 35%，其他变动费用率为 10%，增值税税率为 6%。求餐厅开业最低应达到的销售额。

餐厅开业最低应达到的销售额 =（1 200+800）÷（1-35%-10%-6%）

=4 082（元）

如果餐厅在该段时间内不能获得 4 082 元以上销售额的话，关门比营业更为合适些。

3）延长营业时间的其他原因

有些餐厅在早、晚清淡时间内虽然客源少，从经济角度考虑不适合营业，但考虑到下述因素应延长营业时间：

（1）延长营业时间是餐厅或酒店招徕客源的一种手段，为酒店及其附属餐厅树立一种经营时间长、能方便顾客的良好形象，使顾客愿意到酒店来住宿或到餐厅来就餐。

（2）为正式营业做准备工作。在清早和晚上客源很少时，可以做一些营业准备工作。例如，叠餐巾、摆台、整理账务，晚上晚一点停业，可以做一些清扫卫生工作。有些餐厅既要节约费用，又要为顾客留下关门晚的好印象，因而选择在正式停业前做停业准备和打扫工作，但是这些工作又不能给顾客留下可见的迹象，应选择在后台准备停业，因为在餐厅前台打扫等于催促客人，会引起客人的反感，并且如果餐厅 22：00 关门，21：45 在餐厅里打扫卫生，顾客会很快得出结论：该餐厅 21：45 关门，这样会造成 21：30 就开始无客光顾了。

（3）延长营业时间是应付竞争的一种措施。有许多餐厅为战胜竞争者，即使赔钱，也要让营业时间比竞争者更长一些或与他们一样长，以此来争夺客源。

（4）新餐厅早开业、晚停业可增强它的可见度，提高其知名度。

（5）有的咖啡厅或快餐厅在 14：00—18：00 之间生意清淡，也许达不到最低营业销售额，但不方便关门。在这段清淡时间，搞一些推销活动可以增加客源，可能会达到餐厅最低营业销售额。但是这种促销活动一定要有时间限制，促销时间过早或过晚都会影响盈利。

业务链接10-3

常见的餐饮费用项目

常见的餐饮费用项目有：工资、福利费、燃料费、折旧费、修理费、低值易耗品摊销、洗涤费、教育培训费、水电费、通信费、物料消耗、其他费用等等。

10.3.2 清淡时间价格折扣决策

根据价格的需求弹性理论，通常降低价格会提高销售数量，因此，许多企业试图利用价格折扣来提高利润。例如，有许多餐饮企业为了提高座位周转率，在生意清淡的时段内实行折扣价格。在做价格折扣决策时，必须研究价格折扣对盈利的影响。

1）短期价格折扣法

有的餐厅在生意清淡的时段中会推出"快乐时光"（Happy Hour）的推销活动，如推销鸡尾酒时采取"买一送一"的优惠政策，或者以发展就餐俱乐部的形式对会员采取"一份价格买两份"的政策。这种折扣政策是否有效，必须根据降价前后的毛利额比较来确定，算出降价后的销售量是折扣前的多少倍，以此评判这项折扣决策是否合理。

$$折价后销售量需达到折价前的倍数=\frac{折价前每份菜品(饮料)的毛利额}{折价后每份菜品(饮料)的毛利额}$$

例如，某酒店的酒吧考虑在生意清淡的时段利用"快乐时光"开展"买一送一"的鸡尾酒推销活动。鸡尾酒每杯原价为18.00元，饮料成本率是25%，问折价后销售量应该是降价前的多少倍？

折价后销售量需达到折价前的倍数＝（18.00-18.00×25%）÷（18.00×50%-18.00×25%）=3

如果折价后的销售量是折价前的3倍，也就是增加200%的话，这项推销政策就是有效的。

2）长期价格折扣法

在有限的经营时间内搞推销活动对增加销售量的计算只要考虑毛利额即可，但在较长的经营时间内搞推销活动，还要考虑偿付固定成本、企业获得的利润以及平均降价率。

例如，某餐厅在每周一到周五15：00—18：00的"快乐时光"中都会推出"买一送一"的折价活动，这项推销活动虽然在该段时间内折价50%，但对于整个经营时间来说，平均折扣率不是50%，而是20%。这项推销政策是否有效取决于折价后的销售额能否达到下述水平：

$$\underset{达到的销售额}{折价后需}=\left(\underset{获得的利润额}{企业要求}+\underset{成本}{固定}\right)÷\left[1-\underset{变动成本率}{折价前}×\left(1-\underset{折价率}{拟定的}\right)\right]$$

例如，某餐厅准备在每周一到周五下午的3：00—6：00推出"买一送一"的推销活动。餐厅每月的固定成本额是20万元，餐厅要求获得月利润为10万元，折价前的变动成本率是60%，由于每周只有5天，每天只有3小时折价，所以平均折扣率只有20%左右。在折价前企业要获得10万元的利润，需达到的月销售额为：

折价前要求达到的销售额=（100 000+200 000）÷（1-60%）

=750 000（元）

若要获得同样的利润，折价后需达到的月销售额为：

折价后需达到的销售额=（100 000+200 000）÷{1-［60%÷（1-20%）］}

=1 200 000（元）

顾客外出就餐享用的往往是享受性产品，而不是必需品，故价格下降通常会引起销售量的增加，但并不是每项折价政策都能获得经济效果。管理人员必须详细记录折价前后的就餐人数和销售额等数据，比较实际销售额能否达到上述应达到的水平。如果不能达到，就应立即采取措施改进或取消这项推销活动。

10.3.3 亏损先导推销决策

亏损先导（Loss Leader）产品，是指企业经过选择而将价格定得很低的，以此作为诱饵吸引客人光顾餐厅的产品。

1）次级推销效应

分析亏损先导产品折价推销的效果，不能只分析这类产品折价前后的盈利性，还必须分析它们的"次级推销效应"（Secondary Sales Effect）。

次级推销效应就是某产品的推销给其他产品的销售带来的影响。顾客利用诱饵产品折价的机会进入餐厅时，通常还会购买其他产品，特别是餐饮产品之间具有互补性，一种产品的销售往往会刺激另一种产品的销售。例如，西餐主菜菜品的折价，会增加葡萄酒、开胃品、甜品的销售量。前面提到的"快乐时光"或就餐俱乐部的饮料折价政策，就会使餐厅的顾客增加并使其他产品的销售量增加。

假如某餐厅为增加客源向前来就餐的客人免费提供一杯葡萄酒。这项推销活动会使餐厅的食品收入提高，预计它对餐厅会产生下述影响：①由于免费推销葡萄酒，这部分葡萄酒的销售不产生收入。②预计客人会增加一倍，从原先的200位客人增至400位。每位客人的平均消费额为55元，则销售额将从11 000元增加到22 000元。③由于客人增加一倍，所以饮料的成本总额也增加一倍，即从800元增至1 600元；食品成本总额也增加一倍，即从4 070元增至8 140元。④服务人数需增加，人工费增加400元。

这项推销活动对餐厅的收入和利润产生的总体影响见表10-13。

综上所述，一种产品的推销对其他产品销售所产生的影响（收益），必须减去本产品损失的利益，它的纯利益可用下面的公式来表示：

$$纯利益=\begin{matrix}其他产品\\增加的客人数\end{matrix}\times\begin{matrix}客人平均\\消费额\end{matrix}\times(1-\begin{matrix}其他产品\\变动成本率\end{matrix})-\begin{matrix}增加的人工费\\及其他费用\end{matrix}-\begin{matrix}亏损先导\\损失的收入\end{matrix}-\begin{matrix}亏损先导\\增加的成本\end{matrix}$$

以表10-13的数据计算，葡萄酒推销所增加的净收益如下：

增加的净收益=（400-200）×55×（1-37%）-（2 900-2 500）-2 000-2 000×40%

=3 730（元）

可见，亏损先导推销虽然减少了饮料收入，但使餐饮纯收益增加了3 730元。进行亏损先导推销必须做好销售预测和可行性研究，有可能的话先做试推销。

表10-13   某餐厅葡萄酒的次级推销效应

项 目	食 品		饮 料		总 计	
	推销前	推销后	推销前	推销后	推销前	推销后
销售额	200位客人，人均消费额为55元，共得销售额11 000元	400位客人，人均消费额为55元，共得销售额22 000元	2 000元	0元	13 000元	22 000元
变动成本（指食品饮料成本）	成本率37%，成本额4 070元	成本率37%，成本额8 140元	成本率40%，成本额800元	成本额1 600元	4 870元	9 740元
毛利	6 930元	13 860元	1 200元	-1 600元	8 130元	12 260元
工资费用	—	—	—	—	2 500元	2 900元
净收益	—	—	—	—	5 630元	9 360元

2）做"亏损先导推销"活动时需收集的数据

在推销过程中要注意收集信息，为后续活动的开展提供帮助。在做亏损先导推销时要收集下列数据：

（1）亏损先导推销给其他产品增加的顾客数和销售额。

（2）亏损先导推销所增加的成本（包括亏损先导产品增加的成本及其他产品所增加的成本）。

（3）亏损先导推销所损失的收入。

（4）亏损先导推销所增加的其他费用（如人工费、燃料费等）。

（5）亏损先导推销所获得的净收益。

> **教学互动10-1**
>
> **由定性到定量的决策**
>
> **背景资料：**王经理了解到毗邻的某餐厅正在举行一项促销活动，凡是来餐厅用餐的顾客都可免费获得佐餐红葡萄酒。活动开始后，该餐厅生意异常红火。王经理想在自己的餐厅也照搬这种模式，于是其酒店门口也挂出了推销优惠的大广告。没想到一周过去后，一算账，就餐人数上去了，但销售额下来了，人均消费额并未因促销活动而上升，获利率和总利润额也下降了。显然，王经理的促销活动是失败的。
>
> **互动问题：**王经理促销活动失败的原因是什么？
>
> **要求：**同"教学互动1-1"的"要求"。

学习微平台

延伸阅读10-3

10.4 餐饮销售控制

餐饮销售控制是从控制角度保证餐饮产品最终变为餐饮商品的过程。这一过程的圆满实现，需要餐厅经营管理人员建立一个完整的餐饮销售控制体系，这个体系包括对点菜单的控制、对出菜检查过程的控制、对收银员的控制、对酒吧销售的控制以及相应的销售控制指标与销售报表的建立与考核。

10.4.1　餐饮销售控制的意义

销售控制的目的是要保证厨房生产的菜品和餐厅向客人提供的菜品都能产生收入。成本控制固然重要，但销售的产品若不能得到预期的收入，则成本控制的目标就不能实现。假如餐厅售出 1 000 元的食品，耗用原料的价值为 350 元，食品成本率为 35%。如果餐厅销售控制不力，只得到 900 元的收入，则成本率会提高至 38.9%，这样毛利额就减少了 100 元，成本率提高了 3.9%。

由此可见，对销售过程要严格控制。如果缺乏这个控制环节，就有可能出现内外勾结、钻制度空子、企业利润流失等问题。销售控制不力通常会有以下表现：

（1）吞没现款。对客人消费的食品和饮料不记账单，将向客人收取的现金全部吞没。

（2）少计品种。对客人消费的食品和饮料少记品种或数量，而向客人收取全部价款，二者的差额装入自己腰包。

（3）不收费或少收费。服务员对前来就餐的亲朋好友不记账、不收费，或者少记账、少收费，使餐厅蒙受损失。

（4）重复收款。对某位客人消费的菜不记账单，用另一位客人的账单重复向两位客人收款，私吞一位客人的款额。在营业高峰期往往容易出现这种投机取巧的现象。

（5）偷窃现金。收银员（或服务员）将现金柜里的现金拿走并抽走账单，使账、款核对时查不出短缺。

（6）欺骗顾客。在酒吧中，将烈性酒冲淡或售给顾客的酒水分量不足，将每瓶酒超额的收入私吞。

上述现象说明，如果餐厅销售控制不严，会使餐厅蒙受损失，管理人员若忽视销售控制这一环节也会造成很大漏洞。

10.4.2　出菜检查员控制

具有一定规模的餐厅，需要在厨房中设置一名出菜检查员。在西方国家的酒店，出菜检查工作通常由厨师长亲自承担。出菜检查员必须熟悉餐厅的菜品品种与价格，了解各种菜的质量标准。其工作地点设在厨房通向餐厅的出口处。出菜检查员是食品生产与餐厅服务之间的协调员，也是厨房生产的控制员。他的责任是：

（1）保证每张点菜单上的菜都能得到及时生产并保证服务员取菜正确和送菜到合适的餐桌。

（2）保证厨房只根据点菜单副联所列的菜名生产菜品，每份送出厨房的菜都应在点菜单副联上有记载。这样可防止服务员或厨师无点菜单私自生产并擅自免费把菜品送给客人。

（3）有的餐厅要求出菜检查员检查客人账单上填的价格是否正确，防止服务员因个人私利或粗心将价格写错或写低。

（4）大致检查每份生产好的菜品的份额和质量是否符合标准。

（5）注意防止客人账单副联丢失。

10.4.3 酒吧销售控制

有些小型酒吧为节省人力，让调酒师兼任服务员，负责为客人订饮料，向客人提供酒水服务，填写销售记录，收取客人交付的现金并让客人在账单上签字。这些工作由一个人承担，往往会因缺乏控制而引发一系列经营问题。因此，管理人员对酒吧的销售控制要采取严格的措施。

如果酒吧使用收银机，服务员或调酒师可以将向客人售出的饮料数量和金额输入收银机，但如果无其他控制手段，就可能造成输入不正确或不足量、将差额装入自己的腰包的漏洞，所以，酒吧也应该使用书面账单。对于使用收银机的酒吧，服务员收到现金后应立即放入收银机内并打出账单给顾客，这样如果现金数额不对，顾客会及时发现。在单纯使用纸制账单的酒吧，调酒师为客人调制的酒水要记载在账单上，这样便于每日审查收入。大型酒店中的酒吧有专职收银员，由于有职责分工，舞弊较困难。

客房小吧是为方便客人取用饮料而设置的。为加强对客房小吧酒水销售的控制，在小冰箱上要设小吧的饮料订单，小吧内配备的饮料应有规定的品种和数量，客人饮用后，应填写在饮料订单上。每日由客房服务员检查小吧的饮料消耗数并补充至额定量，服务员还要检查客人是否填写饮料单，如没有写，应帮助填写并请客人签字。在客人退房结账时，前台收银员要问客人是否饮用了小吧饮料，而客房部也要及时将客人饮料账单转至前台。

10.4.4 餐饮销售指标控制

所谓餐饮销售额，是指餐饮产品和服务的销售总收入。此收入的表现形式可以是现金，也可以是支票、信用卡等。销售额一般是以货币形式来表示的。影响餐饮销售总额高低的控制指标主要有以下几种：

1）就餐者平均消费额

餐厅管理人员一般都十分重视平均消费额。平均消费额是指平均每位客人每餐支付的费用。这个数据之所以重要，是因为它能反映餐厅的销售效果，同时也能反映餐饮销售工作的成绩，能帮助管理人员了解菜品的定价是过高还是过低，了解服务员和销售员是否努力推销高价菜和饮料。通常，餐厅每天都要求分别计算食品的平均消费额和饮料的平均消费额。其计算公式是：

平均消费额=餐饮总销售额÷就餐客人总数

管理人员应经常注意平均消费额的高低，如果连续一段时间平均消费额都过低，就必须检查食品、饮料的生产、服务、推销或定价有何问题。

2）每餐座销售额

每餐座销售额是以平均每个餐座产生的销售金额来表示的。平均每餐座销售额由总销售额除以餐座数而得，其计算公式如下：

每餐座销售额=餐饮总销售额÷餐座数

每餐座销售额这一数据可用于比较相同档次不同酒店的经营好坏。例如，A餐厅的年销售额为458万元，有200个餐座；而B餐厅的年销售额为250万元，有100个餐座；则A餐厅的每餐座年销售额为22 900元，而B餐厅的每餐座年销售额为25 000元，可见B餐厅的经营效益要好一些。

每餐座销售额也常用于评估和预测酒吧的销售情况。在酒吧中，一位客人也许喝一杯饮料就匆匆而去，也许整个下午都在那里商谈公务，要订十几次饮料。这样就难以统计座位周转率和平均消费额，所以往往用每餐座销售额来统计一段时间内的销售状况。

3）平均每座位服务的客人数

平均每座位服务的客人数也称为座位周转率，它由一段时间的就餐人数除以座位数而得，其计算公式如下：

座位周转率=某段时间的就餐人数÷（座位数×每天开餐次数×企业经营天数）

以上述两家餐厅为例，如果A餐厅的年就餐人数为24万，而B餐厅的年就餐人数为11万，这两个餐厅每天都供应两餐，则这两家餐厅的年座位周转率分别为：

A餐厅座位周转率=240 000÷（200×2×365）=1.64（次）
B餐厅座位周转率=110 000÷（100×2×365）=1.51（次）

由于餐厅早、午、晚餐客源的特点不同，座位周转率往往要分餐统计。座位周转率反映了餐厅吸引客源的能力。上例中，A餐厅吸引客源的能力高于B餐厅，但每座位产生的收入却低于B餐厅，说明A餐厅的菜单价格较低或销售低价菜的比例较高。

4）每位服务员销售量

每位服务员销售量也有两种衡量指标：一是以每位服务员服务的顾客人数来表示。这个数据反映了服务员的工作效率，为管理人员配备员工、安排工作班次提供了依据，也是员工成绩评估的依据。当然，该数据要有一定的时间范围才有意义，因为服务员每天、每餐、每小时服务的客人数是不同的。此外，不同餐别的服务员服务的客人数也不同，服务员在早餐服务的客人数可能多于晚餐；不同餐厅的服务员服务的客人数也不同，高档餐厅的服务员可能就不如快餐厅服务员服务的人数多。二是以销售额来表示。每位服务员服务的客人平均消费额由服务员在某段时间中产生的总销售额除以他（她）服务的客人数而得。例如，某餐厅在月终对服务员工作成绩进行比较时，应用下列销售数据：

	服务员甲	服务员乙
服务客人数（人）	1 950	2 008
产生销售额（元）	51 675	51 832.20
客人平均消费额（元）	26.50	25.80

上述数据明显反映了服务员乙无论在服务客人数方面还是在产生的销售额方面都超过了服务员甲，说明他在积极主动接待客人方面以及完成工作量方面都比

服务员甲更为出色。但是他服务的客人平均消费额比服务员甲少0.70（26.50-25.80）元。

这说明服务员乙在推销高价菜、劝诱客人追加点菜和点饮料方面不如服务员甲。管理人员可向服务员乙指明努力方向，指出如果他在上述方面努力，则他在提高餐饮销售额方面还有潜力，还能增加的销售额的潜力为：

0.7×2 008=1 405.60（元）

服务员的销售数据可由收银员对账单的销售数据进行汇总而得，也可由餐厅经理对账单存根的销售数据进行汇总而得，现在也可由计算机自动生成数据。

5）时段销售量

某时段（各月份、各天、每天不同的钟点）的销售量数据对于计划人员的配备、餐饮推销和计划餐厅最佳的开始营业和打烊时间是特别重要的。

时段销售量可以用两种形式表示：一段时间内所服务的客人数和一段时间内产生的销售额。例如，某咖啡厅下午3：00—6：00所服务的客人数为40位，产生的销售额为900元；在晚间6：00—9：00所服务的客人数为250位，产生的销售额为7 000元。很明显，在这两个不同时段应配备不同数量的员工。又如，某餐厅原定于午夜12：00停业，但在晚间10：00—12：00期间只产生60元的销售额，管理人员经过计算发现这两个小时营业的费用和成本超过了收入，因此决定提前停业。

6）销售额指标

销售额是显示餐厅经营好坏的重要指标。一段时间的销售额指标可以通过下式来计算：

$$一段时间的销售额指标 = 餐厅座位数 \times 预计平均每餐座周转率 \times 平均每位客人消费额指标 \times 每天供餐数 \times 经营天数$$

由于各餐每位客人的平均消费额相差较大，故销售额的计划往往要分餐进行。例如，A餐厅计划明年晚餐每位客人的平均消费额指标为30元，晚餐平均座位周转率指标为1.6，则A餐厅计划明年晚餐的销售额指标为：

A餐厅计划明年晚餐的销售额指标=30×200×1.6×365=3 504 000（元）

业务链接10-4

还有哪些餐饮产品销售管理方法

餐饮产品销售管理方法还有：①销售弹性系数分析法；②价格弹性系数分析法；③产品销售额ABC分析法；④产品受欢迎程度与毛利分析法等。

10.4.5　餐饮销售日报表

为了及时反映餐厅的经营情况，餐厅每日都需编制营业日报表。营业日报表一般能反映各餐厅各餐的就餐人数、销售额和客人的平均消费额等数据。为便于比较，报表上还要列出本月的累积值、上年本月的累积值等数据，这样可清楚地反映本月经营的情况，有利于管理人员做出正确决策。为了综合反映酒店的经营情况，许多企业都将销售日报表与成本报表合在一起（见表10-14）。

表10-14　　　　　　　　　　　　　　**餐饮营业日报表**

星期四

日期：202×年 10 月 30 日

天气：晴

金额单位：元

项目		总　额		餐厅		咖啡厅		宴会厅	
食品成本	直拨原料采购额	5 296.50		1 087.41		1 420.29		2 788.80	
	库房领料成本额	2 159.93		482.67		473.47		1 203.79	
	转食品的饮料成本	153.20		23.10		101.10		29	
	转饮料的食品成本	87.80		15.20		32.40		40.20	
	员工用餐成本额	3 644.24		—		—		—	
	其他杂项扣除额	888.27		128.10		547.44		212.73	
	本日净额成本合计	12 229.94		1 736.48		2 574.70		4 274.52	
	本月累计成本额	321 432.52		191 883.72		62 208.62		67 340.63	
食品销售		今日	本月累计	今日	本月累计	今日	本月累计	今日	本月累计
	销售额	37 901.55	950 871.00	17 450.05	586 761.23	13 552.00	192 740.52	6 899.50	171 369.25
	早餐	4 950.50	142 234.25	4 950.50	142 234.25	—	—	—	—
	午餐	11 468.60	265 681.39	3 331.60	93 534.89	6 174.00	105 782.77	1 963.00	66 363.73
	晚餐	21 482.45	542 955.36	9 167.95	350 992.09	7 378.00	86 957.75	4 936.50	105 005.52
	就餐人数（人）	679	18 372	415	14 166	162	2 125	102	2 081
	早餐	151	4 216	151	4 216	—	—	—	—
	午餐	182	4 337	70	2 231	68	1 171	44	935
	晚餐	346	9 819	194	7 719	94	954	58	1 146
	平均消费额	55.82	51.76	42.04	41.42	83.65	90.76	67.64	82.35
	早餐	32.78	33.74	32.78	33.74	—	—	—	—
	午餐	63.01	61.26	47.59	41.93	90.79	90.34	44.61	70.98
	晚餐	62.09	55.03	47.26	45.47	78.50	91.15	85.11	91.63
食品成本率		32.27%	33.80%	9.95%	32.70%	19.00%	32.28%	61.95%	39.30%

本章概要

□ 内容提要

本章首先介绍了如何才能做好餐饮销售计划，然后说明了餐饮产品销售时的各种定价方法、餐饮营业场所的销售决策，最后强调了如何做好餐饮销售控制。

□ 主要概念和观念

▲ 主要概念

加权平均法　毛利率定价法　内扣毛利率　外加毛利率　综合毛利率　亏损先导产品

▲ 主要观念

餐饮销售统计方法　定价原理　定价策略

学习微平台

延伸阅读10-4

□ 重点实务

餐饮产品价格制定的方法　餐饮场所的销售决策

基本训练

□ 知识训练

▲ 复习题

1）对餐饮统计数据汇总时，通常采用哪些方法？它们各自的重点是什么？

2）常用的餐饮定价策略有哪些？

3）在进行餐厅营业时间决策时，需要收集哪些数据？

4）常用的餐饮销售控制指标有哪些？

▲ 讨论题

1）餐饮销售数据信息的汇总方法有哪些？可分别用于哪些地方？

2）比较销售毛利率（内扣毛利率）与成本毛利率（外加毛利率）间的异同。

3）除了利润外，延长餐厅营业时间的原因还有哪些？

4）除了本教材提及的，餐饮销售指标还有哪些？

□ 能力训练

▲ 理解与评价

点评中国人注重毛利率指标，西方人注重成本率。

▲ 案例分析

训练项目

案例分析-X

相关案例

一笔微利生意

背景与情境：为进一步拓展餐饮市场，江苏无锡大酒店把宴会销售从公关营销部划分出来，成立了宴会销售部。

1995 年 5 月某日，正是阳光明媚的好日子，无锡游人如织，宴会销售部翟经理桌上的电话铃响起来，电话是从大酒店的一家常客——某著名棉纺织品公司打来的。

"翟经理，后天，也就是星期三上午，我们有个大型合资项目签字仪式，参加者有 665 人，我们打算把仪式和宴会安排在贵店……"对方是该公司总经理办公室的一位副主任，他的话音翟经理再熟悉不过了。

有这么大一笔生意上门，翟经理自然很高兴，但后来谈到宴会包价时，翟经理觉得不太好办，因为这个包价已经快接近成本了，她的头脑里飞快闪过一笔账：如果婉言谢绝，最近大酒店生意兴隆，不会损失多少，接别的生意也许利润会更大些；如果接下来，再有其他客人要预订就困难了……但她想到，这两年来该棉纺织品公司几乎每月都给大酒店介绍一两笔很可观的生意。再往前想，原来该公司一直与另一家酒店进行业务往来，后来偶尔有一次在无锡大酒店用餐，发现这儿的环境、菜肴与服务都明显优于那家酒店，于是就与无锡大酒店建立了业务关系。今天这笔生意固然获利不多，但考虑到双方已经建立起来的良好关系以及日后长期合作的前景，翟经理最后还是答应下来了。

电话挂上后，翟经理立即着手安排宴会接待事宜。由于该副主任一再强调这次宴请关系到该公司明年的业务发展前景，非同小可，遂要求较高的接待服务规格，所以翟经理要求部内员工全力以赴。

下午，翟经理桌上的电话又响了，还是那位副主任打来的。"很不好意思，让你们接了这么一笔利润不大的业务，我们心里有数……"对方十分客气地表示歉意，但他似乎还有话要说，却欲言又止。

翟经理热情地向他表示无锡大酒店愿意真诚地为他们服务，有要求尽管提。对方这才告诉她，由于公司一直忙于这次签字仪式，人手不够，连胸花、签到笔、签到本都无暇购置，希望无锡大酒店能协助代购，另外还希望在宴会过程中安排一场时装表演。尽管宴会销售部也是忙得不可开交，但翟经理咬咬牙还是答应下来了。不仅如此，她还考虑到这次签字仪式邀请的客人身份较高，涉及面较广，为使客人就餐时井然有序，翟经理要求对方把用餐客人的就座安排传真给她。第二天上午，宴会销售部的两位年轻人工工整整地写了665张座位卡，另派一位员工专门为该公司采购了有关物品并联系了时装表演事宜。

资料来源　蒋一飒，等. 酒店营销 180 例［M］. 上海：东方出版中心，1998.

问题：该案例给了我们什么启示？

训练要求：同第 1 章"基本训练"中本题型的"训练要求"。

▲ 实训操练

训练项目：数据分析

训练任务：运用销售统计数据，分析服务员绩效。

甲餐厅两位值台服务员某时段的销售统计数据如下：

	服务员 A	服务员 B
服务客人数（人）	1 418	1 645
产生销售额（元）	37 452.40	36 683.50

训练要求：请以个人为单位，用上列数据分析这两位服务员工作上的成绩和问题。

训练步骤：

1）以个人为单位完成数据处理。

2）在全班推选若干同学交流各自的结论。

□ 课程思政

训练项目

课程思政-X

相关案例

餐饮业"明示收费"的思政问题

背景与情境：继餐饮业的"开瓶费""开间费"之争后，时下普遍存在餐饮经营者对餐饮消费者单独加收"餐具消毒费"的现象，又引起了人们对其是合理收费还是巧立名目的乱收费的广泛争议，针对这一争议的焦点问题展开探讨，对其合理性提出质疑。专家认为：所谓餐饮业的"明示收费"并不能改变"餐具消毒费"的性质。其在性质上属于典型的价格违法行为，违背了国家的价格管理法规。进一步对此纠纷产生的原因进行伦理分析，得出该问题的症结在于餐饮业经营者没有树立正当的利益观念及诚信经营理念，对消费者进行价格欺诈，缺乏良好的价格诚信及行业自律意识。

资料来源　王敏，王吉中. 质疑"餐具消毒费"的合理性及伦理思考［J］. 中国医学伦理学，2008，21（6）.

问题：

1）本案例中的企业存在什么思政问题？

2）试对餐饮业"明示收费"现象做出思政研判。

3）说明所做研判的规范依据。

训练要求：同第1章"基本训练"中本题型的"训练要求"。

第11章　餐饮服务管理

学习微平台

思维导图11-1

- **学习目标**
- 11.1　餐饮服务环境的布置与安排
- 11.2　餐饮服务质量控制
- 11.3　餐饮服务中零点餐厅的收银控制
- **本章概要**
- **基本训练**

● 学习目标

通过本章的学习，应当达到以下目标：

职业知识： 学习和把握"餐饮服务管理"的相关概念，影响餐饮服务环境布置与安排的因素，餐饮服务场所的设计与布局，餐饮服务质量的控制基础、特点、内容、控制方法和监督检查，酒店餐饮收银控制的基本出发点与程序，点菜单的控制，以及"业务链接"等知识；能用其指导本章"同步思考""教学互动"和"基本训练"中"知识训练"各题型的认知活动，正确解答相关问题。

职业能力： 点评"餐饮服务应包括的管理内容"，训练专业理解力与评价力；运用本章知识研究相关案例，培养在"餐饮服务管理"的特定情境中分析问题与多元表征的能力；参加"西餐营业服务环境要求方案设计"实训，训练相应的专业技能。

课程思政： 结合本章教学内容，依照相关规范或标准，对章后"课程思政-XI"等案例情境中的企业及其从业人员服务行为进行思政研判，培养高尚的道德情操，树立社会主义核心价值观。

引例：餐饮营业款的监管

背景与情境： 20世纪90年代，笔者介绍了一位自己的学生去上海某区房产局下属的一家三星级酒店任财务部总出纳员，小伙子的工作没有让接收他的酒店领导失望，但三年后的某一天，酒店的老总打电话跟我说："你的学生出事了。"我忙问究竟是怎么回事。这位老总说："你的学生居然连续一周未将每日的营业款存入酒店的开户银行，几十万元的营业款全被他在麻将桌上输光了！"

资料来源　根据作者的专业社会实践撰写。

营业款的监收、监管非常重要，仅仅有严密的监控系统、运行程序是远远不够的，执行与落实才是最为重要的。

11.1　餐饮服务环境的布置与安排

餐饮服务环境是指就餐者在餐厅等消费场所用餐时所处区域的周边境况。从专业角度看，这些境况大致包括餐厅的面积、空间、档次、风格、光线与色调、温度、湿度、声音等方面。就餐者到酒店就餐，在享用酒店提供的美味佳肴和优良服务的同时，还从周围的环境获得相应的感受。因此，搞好服务管理的第一步，就是向就餐者提供一个舒适、美好的就餐环境。

11.1.1　影响餐饮服务环境布置与安排的因素

1）餐饮机构的市场定位

不同的客人对就餐环境的要求是不一样的。餐厅首先应该了解顾客并给自己的顾客定位，然后根据他们的要求来布置餐厅，确定环境的基调和主题。

2）营业场所的建筑结构

餐厅等营业场所在建筑结构方面有各种形状，布置、安排时必须因地制宜。服务设施的安排、服务路线的设计都要考虑到与现有建筑结构的协调。

3）餐饮机构所提供的服务类型

不同的餐别、服务方式对环境布置、安排的要求是不一样的。例如，不同的餐别（如中餐和西餐）对装潢、气氛、家具、餐具都有不同的要求。又如，不同的服务方式，无论是美式服务、法式服务还是俄式服务等，其餐厅布置和餐具选择都各不相同。

4）餐饮机构的档次和规格

尽管餐厅的档次和规格由很多因素决定，但经营者的心目中必定有自己在市场上的位置，即目标市场定位，如从消费水平看，是吸引一般消费者还是中等水平消费者或是高水平消费者。这种目标市场定位将有利于做出投资决策，也从某种程度上决定了餐厅的布置与安排。

5）餐饮机构所处的地点和位置

不同类型的餐饮机构对位置的选择是不一样的，布置与安排也不相同。例如，咖啡厅通常要靠近酒店的大厅，可自然采光，在布置上要求简洁、明快、色彩明快；餐具简单实用，家具轻巧。

6）企业的资金充裕程度

毫无疑问，这是决定餐饮机构环境布置、设备选择的主要因素之一。资金不充裕，则会束缚餐厅应有能力的发挥。

在上述六条影响服务环境布置与安排的因素中，资金充裕程度、营业场所的建筑结构与餐饮机构的市场定位三项因素最为重要。餐饮经营与管理人员应根据具体情况，分清主次，把握好餐饮服务环境的布置与安排。

11.1.2　餐饮服务场所的设计与布局

餐饮服务场所的设计与布局，应有利于餐饮产品的服务与销售，能长期让顾客流连忘返，吸引客人再次光顾，能在与同行的竞争中保持不败之地。餐饮行业的激烈竞争，要求餐饮经营与管理人员在设计工作上对营业方式、经营格调、空间规划、设备配置、照明及色调变化、适应顾客心理等面面俱到，树立与别家不同的独特风格。

餐饮服务场所的设计与布局要能使就餐者回味无穷，给其留下深刻的印象，所以理想的设计应具有以下四种作用：

第一，吸引并招徕顾客来餐厅用餐。

第二，留给顾客一个深刻的印象。

第三，能体现本餐厅产品的特色。

第四，吸引顾客在本餐厅多消费。

无论采用哪一种经营形式，设计安排如能具有以上作用，必能提高对客人的吸引力，使客人产生好感与信任感。在设备配置上，应讲究实用性；在格调上，应力求美观脱俗，表现出个性与特色。最佳的创意效果，应该做到"只此一家，别无分店"。

任何一家餐饮服务场所的设计与布局，都有许多规范可循，本书现就一般的规范进行重点介绍。

1）餐饮服务场所的店面、外表设计

餐厅店面的设计，应显示出餐厅这个"特殊商品"包装的格调。店面设计同样是室内设计的一部分，二者在实质上均追求美观与实用，但店面更注重招徕、吸引客人，要让店外的大众感觉到本餐厅的存在并能使其决定来本餐厅用餐。因此，餐厅的店面不仅要具有"辨认"的功能，同时也要有美观的外表，两者缺一不可。餐厅的大门口、展示窗、霓虹灯、招牌等要力争让人过目不忘。除独到的外表外，还要充分烘托出餐厅的"商品"特征，使路人一望即知本餐厅经营的是什么产品。目前的餐厅早已脱离了"守株待兔"式的经营方式，除普遍将咖啡厅等设在楼下底层方便客人接近外，还有将店面设计成开放式的，临街的一面使用大型落地玻璃窗，通明剔透、一览无遗，将餐厅内的用餐情调展现给过往的行人。在风格处理上，尽量采用自然鲜明的色彩，减少过分的装饰堆砌，注重和谐的气氛，强调协调，追求人性化的餐饮空间。

另外，餐厅门面的设计要显示出卫生与清洁的格调。这从颜色的运用、设备的风格、空间的安排及其本身具有的清洁程度等方面均能反映出来。

　　同时，餐厅门面的设计也要配合街景，食品展示柜内要有餐饮产品的陈列，注意突出重点；霓虹灯、招牌的文字要简明，图案新颖而醒目，要与建筑的造型相协调，展示其独特的形象，易于让匆忙路过的行人注意与记住。此外，名称同样很重要，好的名称朗朗上口，便于认记。

　　总之，餐厅外表的设计应能激发起人们对餐饮产品的想象，使人们在远处一望便知这是哪一类型的餐厅，甚至能估计出消费水平，这些均是餐厅外表设计的作用。

2）餐饮服务场所内部空间、座位等的安排与布局

　　由于现代城市人口密集、地价高昂，故酒店餐饮设施应有效地利用好空间。餐厅容量太大或太小均不可取，应依餐厅设定的接待客人数量来决定营业面积的大小。厅大客少，不但企业赔钱，客人也感觉没有气氛，生意必定趋于清淡；有些餐厅因为生意兴隆扩大营业面积，生意反倒一落千丈，可能是由于火爆气氛消失所致。在中国经营餐饮业，应注意适应中国人喜欢热闹的习惯，国内外许多餐饮企业均注意到了这方面的特点，每日高朋满座的肯德基炸鸡店在上海等地区大获成功就是这个原因。

　　餐厅的空间无论大小，均应有其特点，空间各部分的组合应具有内在的比例关系，这种比例关系具体表现在：一度空间的"点"；二度空间的"线"；三度空间的"面"；四度空间的"立体效应"，点、线、面、立体效应综合而给人以美感。

　　在设计餐厅时，应将营业面积按使用功能划分为如下三个部分：

　　（1）顾客空间

　　这一空间内有客人通道、电话、餐桌、餐椅等。

　　（2）管理服务空间

　　这一空间内有服务台、办公室、服务人员休息室、仓库等。

　　（3）公用空间

　　这一空间内有洗手间、衣帽间、贵宾室等。

　　餐饮服务场所中餐桌、餐椅的配置、安排，应由餐厅的档次、面积及经营性质来确定。餐桌、餐椅的布置应考虑适用、协调、统一的原则，构成一个系统。在布置时要注意以下因素：

　　第一，餐桌、餐椅的外表形式，如立式、柜台式、卡座式等。

　　第二，餐桌、餐椅的功用形式，如茶座用、零点就餐用、宴会用等，均应体现各自的功能。

　　第三，餐桌、餐椅的布置形式，如集中式、分散式、纵式、横式、纵横交错式等。

　　第四，餐桌、餐椅的餐别形式，如中餐、西餐之分。

　　第五，餐桌、餐椅的大小形式，如一人式、二人式、三人式、四人式、多人式等。

　　这里需要着重介绍的是如何确定二人桌、四人桌或多人桌之间的数量比例，

它不仅涉及餐厅的整体布置效果，还涉及餐座的利用率。四人餐桌，同时供四位客人使用时，其利用率是 100%，然而当只有两位客人使用时，其使用率就下降一半。如果餐厅的餐桌大多是这种情况，乍一看是满座，其实餐座使用率却不高。因此，各种大小不同的餐桌的配置就很值得研究了。据调查，一般进入餐厅就餐的客人中，成双成对者约占 50%；独自一人就餐者占 30% 左右；三人或三人以上者占 20% 左右。一般零点餐厅的餐桌应以两人桌为主，这种两人桌最好采用标准尺寸的方形桌，它也能随时转变为三人桌、四人桌，拉开翻板又可成为五人桌或六人桌。此外，应在可坐多人的大圆桌上摆放"留座"牌，以免少数人占用一个大圆桌。

3）餐饮服务场所的人员流动线路安排

客人、服务人员在餐厅中的行走路线就是人员的通道。在安排人员通道时，首先应考虑尽可能选取直线，避免迂回的曲线，使客人与服务人员能在第一时间到达想要到达的位置；其次是主要通道与次要通道之分，主要通道的宽度要明显大于次要通道；最后是主要通道和次要通道均应考虑服务人员工作手推车的通行宽度。

4）餐饮服务场所的光线与色调

（1）餐饮服务场所的光线

餐饮服务场所的光线首先应考虑光源的形式。在餐厅中，大致有三种光源：自然光源（阳光）、人工光源、自然光源与人工光源的混合形式。人工光源可分为电灯光源和烛光光源。餐厅采用何种形式的光源，受餐厅档次、风格、经营形式与建筑结构的制约。酒店中的餐厅多用混合光源照明；在咖啡厅、快餐厅中，自然光源的比重大些；而在高档宴会厅和法式餐厅中，人工光源的比重会大些。为此，餐饮场所要利用不同的光源形式，营造不同的就餐氛围。

餐厅光线方面需要引起重视的是餐厅受光的强度。光的强、弱、明、暗，将会产生不同的效果，利用各种光线的强弱并配以色彩变化，可以展示各种菜肴的特色与美观，给就餐者留下深刻的印象并使其产生食欲；同时，光线强弱的变化还可引起餐厅色彩的无穷变化。一般而言，越是高档的餐厅，光线的强度相对越弱；反之，餐座周转率较高的餐厅普遍使用光照度较强的配置。一般来说，餐厅中任何一张餐桌的光照度都应保持在 100 烛光为宜。当然，现在许多餐厅已普遍使用调光开关来调节灯光亮度。

餐厅光线方面需考虑的另一个因素是灯的类型。餐厅中使用较多的灯是白炽灯和日光灯，从使用效果看，日光灯宜用在快餐厅等大众消费场合；而豪华餐厅基本上都使用白炽灯，因为日光灯极易使菜肴颜色产生偏差。这种偏差会使就餐者的食欲大打折扣。

（2）餐饮服务场所的色调

不同的色彩给人以不同的感受。通常，人们将色彩分为冷、暖两大类别。冷色调可使空间显得比实际要大并产生凉爽之感；暖色调使人觉得紧凑、温暖。因此，餐厅在用色时，应根据其风格、档次、空间大小，合理地运用好色调，墙壁、天花板、地面等的颜色要注意合理搭配，以产生预期的效果。以下是有关餐厅用色的建议：

① 豪华餐厅。豪华餐厅宜使用较暖或明亮的颜色，夜晚当灯光在50烛光时，建议使用暗红色或橙色，地毯使用红色，能给人以富丽堂皇的感觉。

② 正餐厅。正餐厅需要有"增进食欲"的色彩，如橙黄色、水红色、青莲色等。

③ 快餐厅。快餐厅的设计应以明快为基调，因此，灯光、墙壁等应以乳白色、黄色等暖色调为宜，给人一种清新、舒畅的感觉。

以上几种餐厅的基本色调只是一般规律而已。另外，餐厅中的装饰物如盆景、艺术画、窗帘、花卉等的合理运用，也能增加餐厅的情趣。餐桌的形状、色调，同样也是餐厅布置的一部分，其基本色调不宜与餐厅基色太接近，不然颜色会相互"同化"；也不能太突出，以中间色调为宜，加上白色的台布会显得明亮并能衬托桌面上的菜肴。因此，餐厅的基调、灯光的强弱以及图画和其他饰品都必须协调，要使光线、色彩安排得恰到好处，与餐厅的经营主题相映生辉。选择颜色时，墨绿色、暗紫色、灰色及黑色应避免使用。

同步思考11-1

问题：布置餐厅时，就餐者最不喜欢哪些基色？

理解要点：黑色与紫色。

5）餐饮服务场所的温度调节

餐厅中如能四季如春，则不仅客人愿意停留其间用餐，而且也给员工提供了一个良好的工作环境。春秋两季时，餐厅内外温度相差不大；夏冬季节时，餐厅内外温度反差很大。中国幅员辽阔，同在冬季，南北方温度相差很大；夏季时，南北方的最高气温相差不大，这里不作详述。表11-1可作为全国大部分地区餐厅夏季经营时室内外温度、湿度对比调节的参考。

表11-1　　餐厅夏季经营时室外环境温度与建议的室内温度、湿度的对比

室外环境温度（℃）	建议餐厅内的温度（℃）	建议餐厅内的相对湿度（%）
25	23	65
26	24	65
28	24	65
30	25	60
32	26	60
35或以上	28～29	60

6）餐饮服务场所的音响调节

餐饮服务场所内一般均配置音乐播放系统，在客人用餐过程中播放音乐，可增进客人的食欲。音响系统调节、控制得当，能使客人在生理上获得满足的同时，得到精神上的享受。餐厅音响系统的调节与控制要注意如下几个方面的因素：

（1）音量的大小

餐厅就餐音乐属典型的背景音乐，音量以不影响面对面的两个人轻声讲话为宜。

（2）主题的选择

餐厅背景音乐的主题，应以欢快、轻松为宜，这样能使就餐者在较放松的状态下用餐；过于严肃的主题，不宜作餐厅背景音乐，试想如果在餐厅中播放贝多芬的《命运交响曲》或柴科夫斯基的《悲怆交响曲》，后果会怎样呢？

（3）节奏的快慢

餐厅背景音乐的节奏尤其是高档餐厅的背景音乐节奏，应选用缓慢、舒适、抒情的音乐，而忌用节奏较快且又较强烈的音乐。试想如果在餐厅中播放进行曲或者迪斯科音乐，后果会如何呢？

同步案例 11-1

一流的产品，一流的环境，为何没有理想的生意

背景与情境： 20 世纪 90 年代中期，沪上一家著名的五星级酒店在宁波市中心、号称"宁波外滩"的地段，接管了一家旋转餐厅，接管方按星级酒店的思路对就餐环境进行了设计，产品也定位为高档星级酒店的产品，开门营业了一段时间之后却门可罗雀，令人大失所望。经过仔细的调研，接管方发现宁波与上海的市场环境不同，宁波人钟情于中低档的餐饮消费，消费者心目中的旋转餐厅就应该是这个档次的定位。

问题： 餐厅如何定位才能有理想的生意？

分析提示：（1）分析餐厅营业地的社会大环境。

（2）同行餐厅的经营状况，提倡错位经营。

（3）在内部装修、产品定位上尽可能适应所在地的消费需求。

11.2　餐饮服务质量控制

促使餐厅的每一项工作都围绕着给宾客提供满意的服务来展开，是进行餐饮服务质量控制的目的。

11.2.1　餐饮服务质量控制的基础

要进行有效的餐饮服务质量控制，必须具备以下三个基本条件：

学习微平台

延伸阅读 11-1

1）必须建立服务规程

服务规程，即餐饮服务所应达到的规格、程序和标准。为了提高和保证服务质量，应把服务规程视为工作人员应该遵守的准则，视为内部服务工作的法规。

酒店的餐饮服务规程，必须根据住店客人和来店用餐者的生活水平及对服务要求的特点来制定。西餐厅的服务规程更应适应欧美宾客的生活习惯。另外，还要考虑到市场需求、酒店等级、国内外先进服务水平等因素的影响，结合具体服务项目的目的、内容和服务过程，制定适合本酒店的标准服务规格和程序。

餐厅的工种很多，各岗位的服务内容和操作要求都不相同。为了检查和控制服务质量，餐厅必须分别针对零点餐、团队餐和宴会餐以及咖啡厅、酒吧等的整个服务过程制定出迎宾、引座、点菜、走菜、酒水服务等全套服务程序。

制定服务规程时，首先要确定服务的环节程序，再确定每个环节服务人员的动作、语言、姿态、时间要求、用具、意外情况处理要求、临时要求等。每套规程在首尾处要有和上套服务规程及下套服务规程相联系、相衔接的规定。

在制定服务规程时，不要照搬其他酒店的服务程序，而应在广泛吸取国内外先进管理经验、接待方式的基础上，紧密结合本酒店大多数顾客的饮食习惯和本地的风味特点，推出全新的服务规范和程序。

管理人员的任务，主要是执行和控制规程，特别是要注意抓好各套规程之间的薄弱环节，一定要用服务规程来统一各项服务工作，使之达到服务质量标准化、服务岗位规范化和服务工作程序化、系列化。

2）必须收集质量信息

餐厅管理人员应该知道服务的效果如何，即宾客是否满意，从而采取改进服务、提高质量的措施；应该根据餐饮服务的目标和服务规程，通过巡视、定量抽查、统计报表、听取顾客意见等方式来收集服务质量信息。

3）必须抓好员工培训

企业之间服务质量的竞争主要是人才的竞争、员工素质的竞争。很难想象，没有经过良好训练的员工能有较高的服务质量。因此，新员工上岗前，必须进行严格的基本功训练和业务知识培训，不允许未经职业技术培训、没有取得一定资格的人上岗操作。在职员工也必须利用淡季和空闲时间进行培训，以提高业务技能，丰富业务知识。

11.2.2 餐饮服务质量的特点和内容

酒店出售的商品有别于一般市场上的商品。它是由固定的有形设施和服务员热情周到的无形服务相结合来体现其价值的。

在有形设施方面，餐厅要为顾客提供优美、舒适的就餐环境，质价相符的精美膳食；在无形服务上，应在"情"字上下功夫，做到热情、友好、好客、相助。有形设施虽然是为顾客提供基本物质的基础，然而餐厅要提供一流水平的服务，则只有通过服务员的精心工作和熟练的服务技术、技巧去体现和完成。

1）餐饮服务质量的特点

服务是无形的，无法像有形产品那样定出一系列数量化的标准，但我们可以根据顾客对酒店服务的共同的、普遍的要求对服务质量的特点进行分析，进而有针对性地采取相应措施，加强管理，实现优质服务。一般认为，服务质量有下述四个显著特性：

（1）综合性

餐饮服务是一个精细复杂的过程，而服务质量则是餐饮管理水平的综合反映。它的实现有赖于餐饮计划、餐饮业务控制、设备、物资、劳动组合、餐饮服务人员的素质、财务等多方面的保证。

（2）短暂性

餐饮产品现生产、现销售，生产与消费几乎同时进行。短暂的时间限制对餐饮管理及餐饮工作人员的素质是一个考验。能否在短暂的时限内很好地完成一系列工作任务，也是对服务质量的一种检验。

（3）关联性

从餐饮产品生产的后台服务到为宾客提供餐饮产品的前台服务有众多的环节，而每个环节的好坏都关系到服务质量的优劣，只有服务人员通力合作、协调配合，发挥集体的才智与力量，才能够保证提供优质服务。

（4）一致性

这里所说的一致性是指餐饮服务与餐饮产品的一致性。质量标准是通过制定服务规程来表现的，因此服务标准和服务质量是一致的，即产品质量、规格标准、产品价格与服务态度应保持一致。

2）餐饮服务质量的内容

餐饮服务质量包含两方面的内容，即餐厅的设施条件和服务水平。这里着重讨论服务水平方面的内容。

根据宾客需要配齐和增添新的设备、改善就餐条件、美化就餐环境和渲染就餐气氛是提供餐饮服务和提高餐饮服务质量的物质基础，而服务水平则是检验服务质量的重要内容。餐饮服务水平主要包括礼节礼貌、服务态度、清洁卫生、服务技能技巧、服务效率等方面。

（1）礼节礼貌

礼节礼貌在整个服务工作中是很重要的。礼貌是人与人在接触交往中，相互表示敬重和友好的行为规范，它体现了时代的风格与道德品质。礼节是人们在日常生活和交际场合中，相互问候、致意、祝愿、慰问以及给予必要的协助与照料的惯用形式。礼节是礼貌的具体表现。

酒店中的礼节礼貌，则是通过服务人员的语言、行动或仪式来表示对宾客的尊重、欢迎、感谢和表现出谦逊、和气、崇敬的态度和意愿。

餐厅服务员要注重仪容仪表、服装发型，使用敬语，讲究形体动作，举止合乎规范，要时时、事事、处处表现出彬彬有礼、和蔼可亲、热情好客的态度，给宾客一种宾至如归之感。

（2）服务态度

整个餐饮销售过程，从迎宾到服务宾客就餐直至送走宾客，自始至终伴随着服务员的服务性劳动。服务员不仅要担负出售食品的技术性劳动职责，还要把服务性劳动作为自身的主要职责。

服务员为顾客服务的过程，是从接待开始的。通常，顾客对服务员的印象先来自服务员的外表，再来自服务员的语言、手势、举止等。服务员要用良好的服务态度去赢得顾客的信任与好感，使双方从开始接触时就能建立起良好的关系。因此，我们说良好的服务态度是进一步做好服务工作的基础，是贯彻"宾客第一"和员工服务意识的具体表现。

在酒店管理中，要特别注重处处体现出服务意识，并且不断地灌输给所有员工，使之形成一种思想、一种意识，并融入职业习惯中，作为工作中的指南；要遵循顾客的心理规律，采取相应的服务措施，从而保证服务质量不断提高。

在餐厅工作中，要体现良好的服务态度，服务员应做到以下几点：

① 微笑问好，最好能重复宾客的名字。

② 主动接近宾客，但要保持适当距离。

③ 含蓄、冷静，在任何情况下都不急躁。

④ 遇到宾客投诉时，要虚心听取其意见，最好是请其填写宾客意见书；如果事实证明是服务员错了，应立即向宾客道歉并改正错误。

⑤ 遇有宾客提出无理要求或宾客错了，只需向宾客解释明白，不得要求宾客认错，应坚持体现"宾客总是对的"的思想。

⑥ 了解各国各阶层人士的不同心理特征，提供针对性服务。

⑦ 在时间、方式上处处方便宾客，并在细节上下功夫，让宾客感到服务周到。

希尔顿酒店在其创始人希尔顿先生治业三训——勤奋、自信、微笑的引导下，对服务态度是十分重视的。而驰名世界的麦当劳的总裁克拉克先生，也一直把"微笑、热情、干净"看作"实现企业繁荣的诀窍"。这些成功者的经验，应该给我们以深刻的启迪。

（3）清洁卫生

餐饮部门的清洁卫生工作要求高，体现着其经营管理水平，是服务质量的重要内容，必须认真对待。

首先，要制定严格的清洁卫生标准。这些卫生标准包括：

① 保证厨房所有工艺流程符合法定要求的卫生标准。

② 餐厅及整个就餐环境的卫生标准。

③ 各工作岗位的卫生标准。

④ 餐饮工作人员的个人卫生标准。

其次，要制定明确的清洁卫生规程和检查保证制度。清洁卫生规程要具体规定设施、用品、服务人员、膳食饮料等在整个生产、服务操作的各个环节上为达到清洁卫生标准而在方法、时间上的具体要求。

在执行清洁卫生制度方面，要坚持经常和突击相结合的原则，做到清洁卫生工作制度化、标准化、经常化。

（4）服务技能技巧与服务效率

服务员的服务技能技巧是服务水平的基本保证和重要标志。如果服务员没有过硬的基本功，服务技能技巧不高，那么，即使服务态度再好，笑容再甜美，宾客也只会热情而有礼貌地拒绝。因为，宾客对这种没有服务质量和实际内容的空洞服务是不需要的。

服务效率是服务工作的时间概念，是提供某种服务的时限。它不但反映了服务水平，而且反映了管理水平和服务员的素质。它是服务技能的体现与必然结果。

研究表明，等候是就餐顾客最感到头痛的事情。等候会抵消服务员在其他服务方面所做出的努力，稍长时间的等候，甚至会使服务员的服务努力前功尽弃。

为此，在服务中一定要讲究效率，尽量缩短就餐宾客的等候时间。缩短候餐时间，是客我两便的事情，宾客能高兴而来、满意而去，餐厅也能提高餐位利用率，增加营业收入。

餐饮部门有必要对菜食烹制时间、翻台作业时间、顾客候餐时间做出明确的规定，并将其纳入服务规程中。在服务人员达到一定的时限标准后，再规定新的、先进合理的时限要求来确定效率标准。餐厅应该把尽量减少甚至消灭等候现象作为提高服务质量的一个目标。

11.2.3　餐饮服务质量控制方法

根据餐饮服务的三个阶段（准备阶段、执行阶段和结果阶段），餐饮服务质量控制可以相应地分为预先控制、现场控制和反馈控制。

1）餐饮服务质量的预先控制

所谓预先控制，就是为使服务结果达到预定的目标在开餐前所做的一切管理上的努力。预先控制的目的是防止开餐服务中所使用的各种资源在质量上产生偏差。

预先控制的主要内容包括：

（1）人力资源的预先控制

餐厅应根据自己的特点，灵活安排人员班次，以保证有足够的人力资源。那种"闲时无事干，忙时疲劳战"或者餐厅中顾客多而服务员少、顾客少而服务员多的现象，都是人力资源使用不当的表现。

在开餐前，必须对员工的仪容仪表做一次检查。开餐前数分钟所有员工必须进入指定的岗位，姿势端正地站在最有利于服务的位置上。女服务员双手自然叠放于腹前或自然下垂于身体两侧，男服务员双手放背后或贴近裤缝线。全体服务员应面向餐厅入口等候宾客的到来，给宾客留下良好的第一印象。

（2）物资的预先控制

开餐前，必须按规格摆好餐台，准备好餐车、托盘、菜单、订单、开瓶工具及工作台小物件等。另外，还必须备足相当数量的"翻台"用品，如桌布、口布、餐纸、刀叉、调料、火柴、牙签、烟灰缸等。

（3）卫生质量的预先控制

开餐前半小时对餐厅卫生从墙、天花板、灯具、通风口、地毯到餐具、转台、台布、台料、餐椅等都要做最后一遍检查。一旦发现不符合要求的情况，要迅速安排返工。

（4）事故的预先控制

开餐前，餐厅主管必须与厨师长联系，核对前后台所接到的客情预报或宴会指令单是否一致，以避免因信息的传递失误而引起事故。另外，还要了解当天的菜肴供应情况，如个别菜肴缺货，应让全体服务员知道。这样，一旦宾客点到该菜，服务员就可以及时向宾客道歉，避免事后引起宾客的不满。

2）餐饮服务质量的现场控制

所谓现场控制，是指现场监督正在进行的餐饮服务，使其规范化、程序化，并迅速妥善地处理意外事件。这是餐厅主管的主要职责之一。餐饮部经理也应将现场控制作为管理工作的重要内容。现场控制的主要内容包括：

（1）服务程序的控制

开餐期间，餐厅主管应始终站在第一线，亲身观察、判断、监督、指挥服务员按标准程序服务，发现偏差要及时纠正。

（2）上菜时机的控制

上菜时间要根据宾客用餐的速度、菜肴的烹制时间等，做到恰到好处，既不要让宾客等待太久，也不应将所有菜肴一下全端上去。餐厅主管应时常注意并提醒服务员掌握好上菜时间，尤其是大型宴会，上菜时机应由餐厅主管甚至餐饮部经理掌握。

（3）意外事件的控制

餐饮服务是面对面的直接服务，容易引起宾客的投诉。一旦引起投诉，主管一定要迅速采取弥补措施，以防止事态扩大，影响其他宾客的用餐情绪。如果是由服务态度引起的投诉，主管除向宾客道歉外，还应为宾客换一道菜。发现有醉酒或将要醉酒的宾客，应告诫服务员停止添加酒精性饮料。对于已经醉酒的宾客，要设法让其早点离开，以保持餐厅的气氛。

（4）人员控制

开餐期间，服务员虽然实行分区看台负责制，在固定区域服务（一般按照每个服务员每小时能接待20名散客的工作量来安排服务区域），但是，主管应根据宾客变化，进行第二次分工、第三次分工……如果某个区域的宾客突然来得太多，就应从另外区域抽调员工支援，等情况正常后再将其调回原服务区域。

当用餐高潮过去后，应让一部分员工先休息一下，留下一部分员工工作，到了一定的时间再交换，以提高工作效率。这种方法对营业时间长的餐厅如咖啡厅等特别重要。

3）餐饮服务质量的反馈控制

所谓反馈控制，就是通过质量信息的反馈，找出服务工作在准备阶段和执行阶段的不足，采取措施加强预先控制和现场控制，提高服务质量，使宾客更加满意。

信息反馈系统由内部系统和外部系统构成。内部系统是指信息来自服务员和经理等有关人员。因此，每餐结束后，应召开简短的总结会，以不断改进服务质量。外部系统是指信息来自宾客。为了及时得到宾客的意见，餐桌上可放置宾客意见表，也可在宾客用餐后主动征求宾客的意见。通过大堂、旅行社等渠道获得的宾客反馈，属于强反馈，应予以高度重视，保证以后不再发生类似的质量偏差。

只有建立健全两个信息反馈系统，餐厅服务质量才能不断提高，才能更好地满足宾客的需求。

11.2.4　餐饮服务质量的监督检查

1）餐饮服务质量监督的内容

（1）制定并负责执行各项管理制度和岗位规范。抓好礼貌待客、优质服务教育工作，实现服务质量标准化、规范化和程序化。

（2）通过反馈系统了解服务质量情况，及时发现工作中的正反典型事例并及时处理投诉。

（3）组织调查研究，提出改进和提高服务质量的方案、措施和建议，促进餐饮服务质量和经营管理水平的提高。

（4）分析管理工作中的薄弱环节，改革规章制度，整顿纪律，纠正不正之风。

（5）组织定期或不定期的现场检查，开展评比和优质服务竞赛活动。

2）餐饮服务质量检查的主要项目

根据餐饮服务质量内容中的礼节礼貌、仪表仪容、服务态度、清洁卫生、服务技能技巧和服务效率等方面的要求，可将餐饮服务质量检查的主要项目归纳为服务规格、就餐环境、仪表仪容和工作纪律四项，见表11-2。这个检查表既可作为常规管理的细则，又可将其数量化，作为餐厅与餐厅之间、员工与员工之间竞赛评比或员工考核的标准。

这个餐厅服务质量检查表在使用的时候，可视酒店本身的等级和本餐厅的具体情况增加或减少检查细则项目，还可将四大类检查项目分为四个检查表分别使用。在"等级"栏中，也可将"优、良、中、差"分别改为得分标准，如将"优"改为得4分、"良"得3分、"中"为2分、"差"为1分，最后将四大项90个细则的得分加总进行评比。

表11-2　　　　　　　　　　　　**餐厅服务质量检查表**

检查项目	检查细则	等级			
		优	良	中	差
一、服务规格	1.对进入餐厅的宾客是否问候、表示欢迎				
	2.迎接宾客的时候是否使用敬语				
	3.使用敬语时是否点头致意				
	4.在通道上行走是否妨碍了宾客				
	5.是否协助宾客入座				
	6.对入席来宾是否端茶送水				
	7.是否让宾客等候过久				
	8.回答宾客的提问时声音是否清脆、悦耳				
	9.要跟宾客讲话时，是否先说"对不起，麻烦您了"				
	10.疏忽或不妥时，是否向宾客道歉				
	11.告别结账离座的宾客时，是否说"谢谢"				
	12.接受点菜时，是否仔细聆听并复述				
	13.能否正确地解释菜单				
	14.能否向宾客提建议，进行适时推销				
	15.能否根据点菜准备好必要的餐具				
	16.斟酒是否按操作规程进行				
	17.递送物品时是否使用托盘				
	18.上菜时，是否介绍菜名				
	19.宾客招呼时，能否迅速到达餐桌旁				
	20.撤换餐具时，是否发出过大声响				
	21.是否及时、正确地更换烟灰缸				
	22.结账是否迅速、准确无误				
	23.是否检查餐桌、餐椅及地面有无宾客失落的物件				
	24.是否在送客后马上翻台				
	25.翻台时是否影响了周围宾客				
	26.翻台时是否按操作规程作业				
	27.与宾客谈话是否点头行礼				
	28.是否能根据菜单预先备好餐具及佐料				
	29.拿玻璃杯时是否叠放，是否握下半部				
	30.领位、值台、上菜、斟酒时的站立、行走、操作　等服务姿态是否合乎规程				

续表

检查项目	检查细则	等级			
		优	良	中	差
二、就餐环境	1.玻璃门窗及镜面是否清洁、无灰尘、无裂痕 2.窗框、工作台、桌椅有无灰尘和污斑 3.地板有无碎屑及污痕 4.墙面有无污痕或破损处 5.盆景花卉有无枯萎、带灰尘现象 6.墙面装饰物有无破损 7.天花板有无破损、漏水痕迹 8.天花板是否清洁、有无污迹 9.通风口是否清洁，通风是否正常 10.灯泡、灯管、灯罩有无脱落、破损、污痕 11.吊灯照明是否正常、是否完整无损 12.餐厅内温度和通风是否正常 13.餐厅通道有无障碍物 14.桌椅是否无破损、无灰尘、无污痕 15.广告宣传品有无破损、灰尘及污痕 16.菜单是否清洁，有无缺页、破损 17.台面是否清洁卫生 18.背景音乐是否适合就餐气氛 19.背景音乐音量是否过大或过小 20.总的环境是否能吸引宾客				
三、仪表仪容	1.服务员是否按规定着装并穿戴整齐 2.制服是否干净、清洁、无破损、无油污 3.标志牌是否端正地挂于左胸前 4.服务人员打扮是否过分 5.服务员是否留有怪异发型 6.男服务员是否蓄胡须、留大鬓角 7.女服务员头发是否清洁、清爽 8.外衣是否烫平挺括、无污边皱褶 9.指甲是否修剪整齐 10.牙齿是否清洁 11.口中是否发出异味 12.衣裤口袋中是否放有杂物 13.女服务员是否涂有彩色指甲油 14.女服务员发夹式样是否过于花哨 15.除手表、戒指外，是否还戴有其他首饰 16.是否有浓妆艳抹的现象 17.使用香水是否过分 18.衬衫领口、袖口是否清洁并扣好 19.男服务员是否穿深色鞋袜 20.女服务员着裙时是否穿肉色长筒袜				

续表

检查项目	检查细则	等级			
		优	良	中	差
四、工作纪律	1.工作时间是否闲谈或窃窃私语 2.工作时间是否大声喧哗 3.是否有人放下手中工作 4.是否有人上班时打私人电话 5.有无在柜台内或值班区域随意走动的现象 6.有无抄手抱臂或将手插入衣袋的现象 7.有无在前台吸烟、喝水、吃东西的现象 8.有无上班时间看书、干私事的行为 9.有无在宾客面前打呵欠、伸懒腰等行为 10.值班时是否倚、靠、趴在柜台上 11.有无随背景音乐哼唱的现象 12.有无对宾客指指点点的动作 13.有无嘲笑宾客失慎的现象 14.有无在宾客投诉时作辩解的现象 15.有无不理会宾客询问的现象 16.有无在态度、动作上对宾客粗鲁的现象 17.有无对宾客过分亲热的现象 18.有无对熟客过分随便的现象 19.对宾客能否做到既一视同仁，又个别服务 20.能否为老、幼、残宾客提供方便服务，对特殊情况提供针对性服务				

同步思考11-2

问题：餐饮服务质量检查的主要内容分为哪几个方面？

理解要点：检查的主要内容分为如下四个方面：①服务规格；②就餐环境；③仪容仪表；④工作纪律。

同步案例11-2

长小辫子的酒店门童

背景与情境：上海某酒店的总经理是笔者的朋友，笔者第一次去该酒店时，进酒店的第一关就让笔者吃惊不小，给我开门的门童，身高一米八，一表人才，看上去理了个平头，很是精神。可当我进了酒店，再仔细一看，这个小伙子后脑勺下竟然留着一个小辫子。

问题：酒店应从哪些方面抓好员工的仪容仪表工作？

分析提示：（1）穿着、打扮、发型；

（2）有无首饰（包括男性）；

（3）口腔、手指是否清洁、干净。

11.3　餐饮服务中零点餐厅的收银控制

学习微平台

延伸阅读 11-2

酒店餐饮收银工作的内部控制是个比较复杂的系统工程。如何卓有成效地对餐饮收银工作进行控制，是酒店及社会餐饮业普遍关注的问题。

本节将就酒店餐饮收银控制的基本出发点与程序、点菜单的控制等专题分别进行阐述。

11.3.1　酒店餐饮收银控制的基本出发点与程序

餐饮和客房是酒店营收的两大支柱。经营餐饮远比经营客房潜力大、效益好，因为餐饮不但面向酒店的住客，还面向当地的企业、机关、居民等。一家餐饮经营比较好的酒店，其餐饮收入往往能赶上甚至超过客房收入。可见，加强餐饮收入的内部控制，对酒店有着极为重要的意义。

1）餐饮收银控制的特点

（1）餐厅种类多，相应的收银点多

同一家酒店可能有几个甚至十几个风格、主题、服务方式、服务时间不同的餐厅、酒吧，每个餐厅都需要设置相应的收银点。

（2）餐厅服务项目繁多，价格差异较大

餐厅提供的服务项目既有食品、菜肴，又有酒水、饮料，还有香烟及其他服务项目。各种服务项目价格各异，因此，计价的工作量较大。即使是同一种服务项目，在不同的餐厅或不同的时间，收费标准亦出入很大，有的要设最低消费，有的要给折扣，名目繁多不一。

（3）餐厅空间大，人员流动性大

餐饮经销活动是在一个较大的空间内进行的，服务及管理需要较多的人手，劳动密集型特点比较明显，客人及服务人员都处于流动之中。凡此种种，都给餐饮收入的计算及最后取得带来了一定的困难。

总之，餐饮收入的内部控制既重要又有难度，需要我们从实际出发，调查研究，根据上述特点进行管理和控制。

2）常见的与收银有关的舞弊和差错

在酒店餐饮工作中，常见的舞弊和差错主要有以下几种：

（1）舞弊

① 走单。走单指故意使整张账单走失，以达到私吞餐饮收入的目的。其作弊方法是：有意丢弃或毁掉账单，私吞相应的收入或不开账单，私吞货款或一单重复收款。通常，一张账单只能用于一个对象、收一次钱，但收银员或其他人取出已收过钱的账单向另一桌客人收款。由于同一张账单被收了两次款，因此可把其中一次账款装入自己的口袋。

② 走数。走数指账单上某一项目的数额走失或者该项目数额中的一部分走

失。其作弊方法是：（a）擅改菜价。在结算时把价格高的项目金额擅自改小，或者开账单时，把实际消费价格高的项目换为价格低的项目，使实际收取的餐饮费用大大小于应该收取的费用。（b）漏计收入。在结算时故意漏计几个项目，以减少账单上的餐饮费用总额。

③ 走餐。走餐指不开账单，也不收钱，白白走失餐饮收入。其手段是：餐厅服务人员与客人串通一气，客人用餐后，让其从容离去，而不向其结算餐费，或者客人实际消费的菜品式样多，而送到收银台结账的菜品少，使客人少付款。在餐饮服务人员的亲朋好友用餐时，这类作弊尤其容易发生。

（2）差错

酒店餐饮收银工作繁杂，计算、汇总环节多，即使完全杜绝了舞弊问题，也不能绝对保证营业收入的数额永远正确，差错时有发生。常见的差错主要表现在以下方面：

① 账单遗漏内容或计算错误；

② 外汇折算不正确；

③ 给予客人的优惠或折扣错误；

④ 账单汇总计算发生错误等。

凡此种种，充分说明没有一套完整、有效的内部控制系统是不行的。

3）餐饮收银控制的主要手段——单据控制

餐饮收银的日常控制手段主要是单据控制。为此，必须设计和运用适当种类及数量的单据来控制餐饮收入的发生、取得和入库。这里需要特别强调的是：单单相扣，环环相连。任何一单或一环短缺，整个控制就有可能脱节，差错和舞弊可能随之而来，从而损害酒店的利益和形象。因此，餐饮收入内部控制主要是针对餐饮收入过程中可能发生的差错和舞弊而设计和组织的。

4）餐饮收银控制的基本程序

餐饮收银活动涉及钱、单、物三个方面。三者的关系是，物品消费掉，账单开出去，货币收进来，从而完成餐饮收银活动的全过程。在钱、单、物三者之间，物品是前提，因为物品不消费，其余二者都是空的；货币是中心，因为所有控制都是紧紧围绕款项收进而进行的，保证准确无误地收进货币是内部控制的基本任务；单据是关键，因为物品是根据单据制作和发出的，货币是根据单据计算和收取的，失去了单据，控制就失去了依据。因此，设计餐饮收银内部控制的基本程序时，既要把握三者的有机联系以进行综合考虑，又要把三者分开单独进行考察和控制，而"三线两点"正是这一原则的具体体现。

所谓三线两点，是指把钱、单、物分离成三条互相独立的线进行传递，在三条传递线的终端设置两个核对点，以联络三线进行控制。经手物品的人不经手账单和货币，而仅仅从事物品传递，形成一线；经手账单和货币的人又将账单和货币分开进行传递，形成另外两条线，从而形成餐饮收银的三条传递线进行运作。而每一条传递线又由许多紧密相连、缺一不可的传递链条或传递环节组成。每向前传递一步，就对上一步的传递核查、总结一次，以保证每条传递线传递结果的正确性，最后再将三个传递结果互相核对、比较，从而进一步提高整个控制系统的可靠程度。现将三线两点的运作程序简述如下：

（1）物品传递线

一般来说，餐饮物品的传递自厨房取出开始，送至餐桌到客人消费掉为止。但从内部控制的角度看，客人消费掉餐饮物品，仍不能看作物品传递的结束，直到把这部分物品传到财会成本部门计算出成本，物品传递才算结束。这一传递线主要由代表实物的单据的传递构成。这个单据即点菜单，或称取菜单、出品单。酒店对物品（或称出品）的控制就是通过点菜单进行的。其具体步骤如下：

①餐厅服务员根据入座客人的要求开出点菜单。点菜单一式三联，其格式见表11-3。

表11-3　　　　　　　　　　　　　　　点菜单

酒店标志 及餐厅名称	No.
点菜单 CAPTAIN'S ORDER	
台号 Table No.:＿＿＿＿　　人数 Persons:＿＿＿＿　　账单号码 Check No.:＿＿＿＿	

项目 Item	数量 Quantity

日期　　　　　　　　　　服务员
Date:＿＿＿＿　　　　　　Waiter:＿＿＿＿

②餐厅服务员把一式三联的点菜单交给收银员盖章，收银员留下一联，用于开立或打印账单，其他两联退还给服务员。

③服务员自己留存一联点菜单，把第三联点菜单送到厨房或酒吧。

④厨房或酒吧根据点菜单制作菜品或配制酒水。

⑤送菜员将菜品或酒水送到餐台上（不专设送菜员的餐厅由服务员送菜）。

⑥每班结束后，厨师或调酒师把取菜单按餐厅名称及编号顺序整理好交给主管。

⑦厨房或酒吧主管将各厨师或调酒师交来的取菜单进一步汇总整理，交送会计部。

（2）账单传递线

账单是餐费账单的简称，表11-4是账单的具体格式。

表11-4　　　　　　　　　　　　　**餐费账单**

（酒店标志及餐厅名称）		账单号码 Check No.：	
台号 Table No.：_____ 人数 Persons：_____ 日期：Date：_____			
项目 Item	单价 Price	数量 Quantity	金额 Amount
合计 Total			
序号 Serial No.：_____ 签名 Signature：_____			

①收银员将取菜单的内容键入收银机（没有收银机的则开立账单）中，打印出账单，并把点菜单附在其后，按餐台号码的顺序排放好，等待客人结账。如果服务员又送来的点菜单属于已打印出账单的餐台，即该餐台的客人又要增加菜品或酒水，收银员应按照服务员开来的点菜单上的餐台号，将点菜单的内容再键入收银机中，接前面的项目打印账单。

②客人结账时，根据打印账单的下角即计结账单的总金额向客人收款，并把结完账的账单按餐单的编号顺序放好。

③每班结束时，根据账单编制本班收银员报告，并在收银机上打印出本班的收入情况记录纸带，将此纸带与收银员报告核对后，连同账单一起交到夜间稽核处。

收银员报告的具体格式见表11-5。收银员报告主要由两大部分组成：收入项目和结算项目。收入项目的合计数额必须与结算项目的合计数额相等。收银员报告中的更正栏目用于修改已输进收银机中但在结账后发现计错的项目，如把应属酒店开支的应酬费账单误作挂账结算账款；或应计入食品项目的，误计到饮料项目里等，这就需要更改。更改时用正数表示调增、负数表示调减。无论调增还是调减，需更正的账单号码一律在"账单号码"栏里填写清楚，有几个账单就填几个账单号码。最后一栏"总计"是更改后的金额。

表11-5

收银员报告
CASHIER STATEMENT

餐厅名称　　　　　　班次　　　　　　　日期
Name:　　　　　　　Shift:　　　　　　　Date:

项目 Item	金额 Amount	更正 Adjustment		总计 Total
		金额 +Amount–	账单号码 Check No.	
食品 Food				
饮料 Beverage				
服务费 Service Charge				
杂项 Other				
⋮				
⋮				
⋮				
⋮				
总计 Total				
人民币 Cash–RMB				
房客 Hotel Guest				
挂账 City Ledger				
信用卡 Credit Card				
移动支付（微信、支付宝等）Mobile Payment				
应酬费用 Entertainment Expenses				
总计 Total				

账单使用情况 Checks Consumption

发给 数目	使用数目						
	总数 Total	现金 Cash	房客 H.G.	挂账 C.L.	信用卡 C/R	应酬 ENT.	取消 CXL.
编号　至							
数目							

本地客人数（No. of Local Guests）:＿＿＿＿房客人数（No. of Hotel Guests）:＿＿＿＿

总食客人数（No. of Total Covers）:＿＿＿＿取消价目总数（Void Total）:＿＿＿＿

稽核员（Income Auditor）＿＿＿＿夜审（Night Auditor）＿＿＿＿收银员（Cashier）＿＿＿＿

收银员报告下面的"账单使用情况"用来统计该收银员使用账单的情况。夜审把一天的账单及收银员报告全部审核一遍，做出当日的"餐饮收益日报表"，然后把账单、收银员报告、当日餐饮收益报告表一起交日间稽核人员，由日间稽核人员再进一步稽核。

（3）货币传递线

①收银员根据账单向客人结算收款。有些酒店餐厅的结账收款采用柜台方式，即让客人自己到收银台付款。而正规的方式是餐台付款，即服务员从收银台拿来账单，把账单放在托盘上，送到餐台递给客人。在我国，许多客人匆匆看过总数就付款，而欧美人一般比较认真，不但看总数，也看明细项目，所以付账的英语称为"Check"。客人检查后，把款项放在托盘上，由服务员交到收银台并负责传递找零。这种结账方式，一方面可避免收银员直接接触客人，减少发生舞弊的机会；另一方面餐厅提供了全套服务，方便了客人。

在结算时，如属信用卡、支票等非现金结算，收银员应严格按照有关程序办理结算业务。

②收银员下班时，按币种、票面清点现金，填写交款信封，将现金装进信封封妥后，投进指定的保险箱内。

③总出纳员与监点人一起打开保险箱，点收当日全部收银员投交的现金并将现金送存银行。

④根据现金送存银行的回单，编制"总出纳员收款报告"（见表11-6），并把银行存款回单附在此报告上，送交日间稽核员审核。

表11-6　　　　　　　　　　　　**总出纳员收款报告**

日期：＿＿＿＿＿＿

收银员姓名		交款金额（元）	备注
大堂			
中餐厅			
⋮			

交出纳员：＿＿＿＿＿＿

　　上述三条传递线，最后形成三个终端。在三条传递线的终端设置两个核对点，从而将三条传递线对接起来控制。

　　（4）点菜单与账单核对点

　　收入稽核人员将厨房交来的点菜单与收银员交来的账单进行核对，以检查或测试账单上的项目是否与点菜单上的项目相符，即账单是否完全根据点菜单的内容开立，有无遗漏。如有不符，应追查原因并写出处理报告或建议。有关点菜单与账单的核对方法，参见本节后面的内容。

　　（5）账单与货币核对点

　　收入稽核人员将根据账单编制的"餐饮收益日报表"中的各币种现金结算数（有的酒店把银行支票收入数也包括在现金里边）与总出纳员交来的"总出纳员收款报告"及银行存款回单等有关单据的数额进行核对，根据核对结果，编制现金收入控制表（见表11-7），并针对现金溢缺写出追查结果的报告。

表11-7　　　　　　　　　　　　现 金 收 入 控 制 表　　　　　　　　日期＿＿＿＿＿＿

收银员姓名		成交金额（元）	实交金额（元）	溢/缺（元）
大堂				
中餐厅				
⋮				
合计				

编表人：＿＿＿＿＿＿＿

　　上述两个核对点是整个收入程序的关键控制点。核对点菜单与账单是保证单单相符、揭露走单和走数的关键；核对账单与货币是保证账款相符、揭露现金短缺的重要环节，两者缺一不可。如果缺少点菜单与账单的核对点，就难以搞清应计入账单的账目是否完全，亦无法发现有无跑、漏的账项，一些诸如一单重复收款、私送客人餐饮产品等舞弊行为亦难以及时揭露；如果缺少账单与货币核对点，就难以发现和控制应收进的款项未全部收入以及现款短缺等现象。

　　上述控制程序如图11-1所示。

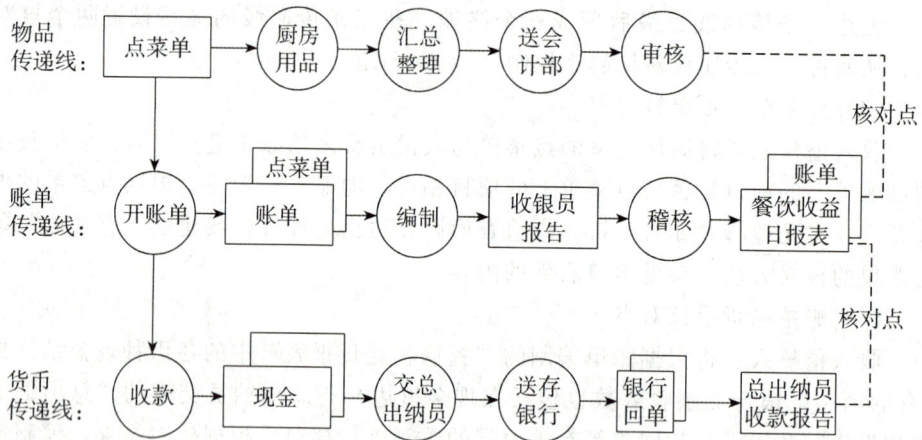

图11-1 "三线两点"控制程序示意图

同步思考11-3

背景资料： 某酒店因规模不大，酒吧没有设专职收银员，而由调酒员兼收营业款。经抽查，发现调酒员经常克扣营业款。例如，明明给了五份龙井茶，也收了五份营业款，可在发票上却没有这五份龙井茶的收款记录（许多客人不要发票），或只有一份龙井茶的收款记录。

问题： 如何堵塞这方面的漏洞？

理解要点：（1）应设专职收银员；（2）如酒吧属大堂酒吧，可由总台收银员兼收款项；（3）配置电子监控装置；（4）进行职业道德教育。

11.3.2 点菜单的控制

点菜单也称取菜单或出品单，是餐厅服务员根据客人点菜的内容和要求开立的用于到厨房、酒吧拿取菜肴、酒水等食品的书面凭证，同时也是餐饮营业点收银员开具账单、收取餐饮账款的依据，是餐饮收入发生过程中所需的第一张单据。

1）点菜单的作用与基本内容

（1）点菜单的作用

做好销售控制的第一个环节是将客人点订的菜品及其价格清楚而正确地记载在客人的点菜单上。如果销售的菜品不记载在点菜单上，营业收入就会遗漏，现金短缺就难以追查。点菜单具有以下作用：

① 使用点菜单能帮助服务员记忆客人订的菜品，以便向厨房下达生产指令，厨房必须凭点菜单制作菜品。

② 点菜单上记载了客人订的菜品的价格，是向客人收费的凭证之一。

③ 点菜单书面记载了各菜品销售的份数和就餐人数，便于进行生产计划、人员控制、菜单设计等。

④ 用点菜单可以核实收银员收款的准确性，核实各项菜品的出售是否都产生了收入，账与款的核实可控制现金收入的短缺。

⑤ 点菜单可作为餐厅收入的原始凭证，将点菜单上的销售金额汇总，可统计出餐厅各餐次的营业收入，而且它也是收取税金的基础。

（2）点菜单的基本内容

为使点菜单能发挥以上作用，点菜单应包括以下内容：

① 基本信息。客人点菜单上要有日期、桌号、服务员姓名（或工号）、客人数等信息。这些信息便于服务员向客人服务，以免将菜送错餐桌，并帮助辨别点菜单和餐台服务由哪个服务员负责。这样，在服务过程和收入核算过程中如果发现问题，便于追查责任。基本信息还可用于管理决策，汇总这些信息能统计出每天餐厅服务的客人数、各时段服务的客人数以及每个服务员服务的客人数。

② 订菜信息。客人点菜单要包括客人订的菜品和价格。点菜单上的菜品是客人要求订的菜，是对厨房生产下达的指令，其金额是向客人收费的凭证。订菜信息也是产品销售信息，汇总产品销售额可统计出餐厅每日的营业收入，并在销售过程中起着核算和控制营业收入及现金收入的作用。在做经营管理决策时，可利用点菜单上各菜品销售量的汇总信息，帮助确定菜品的生产计划和人员的配备安排。

③ 存根。有的餐厅客人点菜单的下方有一联是存根，存根上有点菜单的编号、日期、服务员姓名（或工号）、点菜单总金额、收银员签字。服务员向收银员送交点菜单和客人的账款后，收银员在点菜单和存根上盖上"现金收讫"字样，并将存根撕下交服务员保存，此存根可证明服务员已将点菜单和收取的钱款交给收银员，如再有单据和现金的短缺，应由收银员负责（见表11-8）。

表11-8　　　　　　　　**餐厅客人点菜单（样本）**

台号	客人数		服务员	日期		编号	
						No.0054651	
序号	品名			数量		金额	
1							
2							
3							
4							
5							
6							
7							
8							
食品				房号或账号			
饮料							
				签名			
总计							

台号	客人数	服务员	收银员签字	金额	日期	编号
						No.0054651

有的餐厅客人点菜单上还印有餐厅的名称和店徽、电话号码，有的还注明需加服务费等。这样的点菜单必须专门定制。使用定制点菜单可以防止有人在市场上购买普通点菜单以充当餐厅点菜单，用这种假点菜单向客人收款从而私吞现金。

如果企业有多个餐厅和酒吧，应使用不同颜色的点菜单，以免相互混淆。服务员填写点菜单时必须使用圆珠笔或其他不易擦掉字迹的笔。

教学互动 11-1

背景资料： 餐厅中，服务员在接受客人点菜时所开具的点菜单英文叫"Captain's Order"。

互动问题： 为何叫"Captain's Order"？

要求： 同"教学互动 1-1"的"要求"。

2) 点菜单的制作和检查核对

（1）点菜单的制作

① 点菜单必须统一印制，不得用便笺、小纸条来代替。因为用便笺、小纸条来代替点菜单，势必难以整齐划一，失去凭证的正规性和严肃性，不利于分类整理，不利于核对检查，也不利于对点菜单采取比较严格的管理和控制措施。

② 各个餐厅及营业点使用的点菜单，需用不同颜色的纸张印刷，以便于分辨、归类、管理。

③ 点菜单须用无法擦去字迹的纸张印刷，并用不易擦去字迹的笔填写，以防被涂改。

④ 点菜单如果写错或需更改，应划去重写，不得涂改或挖补。

⑤ 点菜单须实行编号控制，作废的点菜单须交回，编号控制的方法与餐厅账单的控制方法相同。

（2）点菜单的检查核对

点菜单通常一式三联，第一联交收银处用于开立或打印账单，并附在账单后，作为账单的根据或原始凭证；第二联厨房留存，作为厨房发菜的依据；第三联由开单人（指餐厅服务员）留存备查。

对点菜单最严密、最有效的控制方法是将厨房留存的一联与餐饮账单逐项核对检查。这是堵塞餐饮收入漏洞、防止舞弊行为的一个关键环节。但在现实工作中，实施这种控制难度较大，这是因为一方面点菜单数量多，核对起来工作量大，所用的人力、物力较多；另一方面点菜单比较分散，一个餐厅的点菜单往往分散到几个厨房。例如，中餐厅的点菜单可能散布在中餐厨房、西餐厨房、酒吧等出品点，因为中餐厅客人所消费的，不仅仅局限于中餐厨房的出品，有时还要消费西点、酒水等。因此，在现实工作中通常采用一些比较简便的办法。

①印章审核法，即只审核厨房交来的点菜单上有无收银员印章的方法。其程序是：

A.点菜单在送厨房之前，先交收银员，由收银员检查点菜单上的内容后盖章或签字，收银员留下一联，制作账单，把其余两联交由服务员送往厨房（如果采用收银机强化控制的方法，收银员则将点菜单的内容输入收银机内并打印出一份点菜单送往厨房）。

B.各个厨房根据收银员盖章或签字的点菜单发菜。如果没有收银员的盖章或签字，则不能发菜。这就有效防止了餐厅服务员私自送餐给亲朋好友而不收银入账的舞弊现象。

C.营业结束之后，各个厨房把点菜单整理好送交稽核部，由收入稽核员审核。审核时，稽核员只需逐张检查点菜单上有无收银员的印章即可，无须烦琐地对账单后面的点菜单逐张逐项核对。在检查中如发现个别点菜单上没有收银员的印章，除找出相应的收银账单，检查其点菜单是否已计入收银账单外，还应追究厨房接受不盖章的点菜单就发菜的责任，以确保认真执行凭收银员盖章取菜的制度。

②页数审核法，即只核对点菜单的页数，不核对每页内容的方法。其程序是：

A.每班结束后，厨房主管把当班的点菜单收集起来，按所属餐厅分类整理，送交主管全部厨房事务的行政总厨。行政总厨指定专人对各个厨房交来的点菜单作进一步整理，编制"点菜单收交表"（见表11-9）。

表11-9　　　　　　　　　　**点菜单收交表**　　　日期：＿＿＿＿＿＿　单位：张

餐厅 ＼ 厨房	中厨	西厨	酒吧	其他	合计
中餐厅					
早餐					
中餐					
晚餐					
西餐厅					
早餐					
中餐					
晚餐					
酒吧					
客房用餐部					
宴会部					
合计					

制表人：＿＿＿＿＿　接收人：＿＿＿＿＿

在表11-9中，所有餐厅点菜单的张数合计数必须与全部厨房、酒吧点菜单的张数合计数相等。"点菜单收交表"编好后，与点菜单捆扎在一起，送交日间稽核人员。

B.日间稽核人员对厨房交来的点菜单的数目进行复核后，填在"点菜单核对表"（见表11-10）的"厨房交来张数"栏里，并把从账单后面拆下的点菜单数目填在"收银员交来张数"栏里。然后两栏进行比较，如果张数相等，则不必再作详细检查，如果张数不等，则要将不相等的餐厅、班次收银员交来的点菜单和厨房交来的点菜单找出来，逐张进行核对，检查不符的原因。两栏张数不相等，一般有如下两种情况：

表11-10 　　　　　　　　　　　点菜单核对表　　　　　　　　　　　　日期：

餐 厅	收银员交来张数	厨房交来张数	差异数	备注
中餐厅				
早餐				
中餐				
晚餐				
西餐厅				
早餐				
中餐				
晚餐				
酒吧				
日班				
夜班				
客房用餐部				
宴会部				
合计				

制表人：_____

第一，收银员交来的点菜单数量多于厨房交来的点菜单。此种情况有两种可能：一种可能是厨房发菜后遗失了点菜单；另一种可能是服务员没把点菜单送到厨房，厨房没发此单的菜，而收银员则把点菜单的内容计入了账单中，多收了客人费用。

　　第二，厨房交来的点菜单数量多于收银员交来的点菜单。此种情况也有两种可能：一种可能是收银员把该点菜单计入账单后遗失了；另一种可能是收银员未收到该点菜单或者是收到了但在计入账单之前遗失了点菜单。前一种可能未给酒店造成损失；后一种可能直接给酒店造成损失。

　　对于厨房交来的点菜单多于收银员交来的点菜单的问题，一定要根据点菜单的编号和餐台号把多出的那张或那几张点菜单找出来，首先要查明有无计入收银账单，如果没计入收银账单，则要追究造成损失的人员的责任。其次要查明有无收银员的印章，如果厨房那联点菜单有收银员的印章，则说明收银员把点菜单弄丢了；如果没有收银员的印章，则要追究开单服务员及厨房发菜人的责任。

　　核对点菜单页数也比较烦琐。为此，有的酒店餐厅在打印账单时，把点菜单的号码输进收银机里，根据收银机打出的报表统计出点菜单的数目，以便与厨房交来的点菜单核对。

　　③抽查法，即对各厨房、酒吧交来的点菜单只抽出其中一部分，与相关的餐饮账单核对。其程序是：

　　A.点菜单在送厨房之前，交由收银员在一式三联点菜单的"账单号码"栏里填上即将制作的账单号码，然后退给服务员两联，由服务员送到厨房据此制作菜品。这里有一点需要注意：收银员在既定号码的账单上如果打印错或由于其他原因需要将此账单作废，另开新的账单时，则应在作废的账单上注明"此账单数额转入××××编号账单"字样，以便于抽到此张账单时追踪审核。

　　B.厨房及酒吧汇总整理点菜单时，应按点菜单"账单号码"栏所填的账单号码顺序排放（而不是按照点菜单自己的号码顺序排放），并将相同"账单号码"的点菜单订起来，以便与餐单核对。

　　C.稽核人员抽查时，可抽查一个餐厅的点菜单和账单，也可抽查某几个收银员的点菜单和账单。方法是从厨房、酒吧交来的点菜单中，按照账单号码取出所属的全部点菜单，与相关号码的账单逐项进行核对：核对点菜单的项目、数量是否与账单相符，是否有漏入账单的消费项目，即厨房、酒吧的出品是否正确、完整地打进餐费账单中。经过抽查没有发现问题，当天的抽查工作就告一段落；相反，抽查中如果发现问题，则应根据具体情况增加抽查的数量，扩大抽查的范围；如果发现问题较多或较严重，则应对该餐厅或该收银员改用详查法，即全面审查厨房的点菜单与账单的相符情况，不但要详查当天的，也要检查当月的，甚至要追溯到前几个月的，以便彻底查清问题。

本章概要

延伸阅读 11-3

　　□ 内容提要

　　餐饮服务是酒店餐饮部全体人员为就餐客人提供餐饮产品时的一系列行为的总和。餐饮服务管理是本书的第 11 章，也是最后一章。本章首先介绍了餐饮服务环境的布置与安排，然后强调了餐饮服务质量的控制，最后叙述了餐饮服务中零点餐厅的收银控制等内容。

□ 主要概念和观念

▲ 主要概念

光线　照度　色调　温度　湿度　"三线两点"

▲ 主要观念

服务环境的组成　服务质量的特点　服务质量的内容

□ 重点实务

餐饮服务环境的构建　餐饮服务质量的管理　餐饮收银的管控

基本训练

□ 知识训练

▲ 复习题

1）餐饮服务环境包括哪些方面？

2）餐饮服务质量控制的基础有哪些？

3）餐饮收银控制的基本程序与要点有哪些？

▲ 讨论题

1）餐饮经营场所前后台各营业区域（如就餐区、迎宾区、洗涤区、初加工区、切配区、炉灶区、点心房、冷菜间等）的照明形式和照度（亮度）要求是怎样的？

2）餐饮服务质量各种控制方法的利弊有哪些？

3）你对"移动支付"的结账形式是怎么看的？

□ 能力训练

▲ 理解与评价

点评餐饮服务应包括的管理内容。

▲ 案例分析

训练项目

案例分析-XI

相关案例

笔迹不符

背景与情境： 1995年3月上旬，宁波市最繁华地段的中山东路因市政建设封路，明都大酒店的营业受到了一定程度的影响。

这天中餐将结束时，整个餐厅只剩下一位客人，早已喝得半醉了。此刻，他回头喊服务员结账，并慢慢地从西装口袋中抽出长城卡。只见他在签购单上大笔一挥，签上名字便交给了服务员。后者将签购单送到收银台上一检验，发现签购单上的签名与长城卡上的签名不一样，且有多个明显不符之处。服务员又回到餐厅，请客人重新签名。

　　不知这位客人是真的醉了还是无理取闹，他大声呵斥酒店工作人员不懂得与国际接轨，连信用卡付款都不敢收。他拒绝重签，还气势汹汹地走到收银台，说他身上有的是钱，100多元不过是"毛毛雨"，酒店若不收长城卡，就应在账台前放块牌子：明都大酒店拒收长城卡。

　　账台收银员和服务员耐心地向客人解释酒店的财务制度，并诚恳地说明，即使他们收下了，到了银行还是会有麻烦的。客人一听这话，犹如火上浇油，扔下卡，拎起包就朝门口走去，一边走还一边嚷道："你们马上到银行去，看他们是不是和你们一样没见过世面？哼！你们明天早上9点以前必须给我把卡送回到××公司！"

　　酒店会计接到这张卡后，旋即赶往银行。不出所料，因笔迹不符，银行拒收，于是会计请银行查明长城卡主人的家庭地址和电话。原来，此卡是这位客人的朋友借给他的。晚上，酒店便与客人联系上了，客人恰好没在家，酒店便向其家属讲明了原因并希望客人本人有空到酒店餐厅收银台补办手续。

　　第二天上午8：40，客人给明都大酒店的陈总来电，态度强硬地要求酒店9点以前把卡送到他的公司。当时外面正下着瓢泼大雨，从酒店到该公司有好几公里路。尽管如此，陈总考虑到酒店的声誉和客人的利益，还是决定由餐厅派人冒雨把卡送到客人手里。9点整，客人收到长城卡，其强硬的态度终于软下来了，不无羞愧地用现金支付了前一日的餐费。

　　问题：该案例给了我们什么启示？

　　训练要求：同第1章"基本训练"中本题型的"训练要求"。

　　▲ 实训操练

　　训练项目：西餐营业服务环境要求方案设计

　　训练任务：为一家西餐厅设计一份营业服务环境要求方案（包括餐厅前台的温度、湿度、光线、色调、音响等方面）。

　　训练要求：结合教材内容要求，走访若干家餐厅，进行设计。

　　训练步骤：

1）每5位同学为一个小组。

2）走访3家以上餐厅。

3）根据教材内容，结合西餐厅的实际要求，设计出小组方案。

4）小组间进行方案交流，并评选出最佳方案。

　　□ 课程思政

　　训练项目

　　课程思政-Ⅺ

　　相关案例

消过毒的"毒"餐具

　　背景与情境：据媒体报道，消毒餐具行业的监管缺失、知识欠缺，让很多地下作坊浑水摸鱼，导致整个行业陷入了消费冰点。有关部门调查显示，整个市场的消毒餐具合格率不到45%，每天都有成千上万不合格的号称消过毒的"毒"餐具被餐厅服务员送上消费者餐桌。近段时间以来，被清查、责令整改餐厅的不计其数。"现在，很多食客拆开消毒碗包装后，总习惯倒进一点开水涮一涮，可能觉得消毒还不够彻底，自己再涮一下心里才踏实。"一位餐馆老板如是说。这说明消费者对消毒餐具已经存在严重的不信任感。

资料来源　佚名. 洁康带来全新一次性餐具新体验［EB/OL］.［2017-12-01］. https：//zhidao.baidu.com/question/227736246.htm.（引文有删改）

问题：

1）在餐饮服务中，明知消毒餐具不合格，仍将其送上消费者餐桌是否有违职业道德？为什么？

2）如何加强餐饮服务这方面的质量控制？

训练要求：同第1章"基本训练"中本题型的"训练要求"。

主要参考书目与网站

[1] 施涵蕴. 餐饮管理［M］. 天津：南开大学出版社，1993.

[2] 傅启鹏. 餐饮服务与管理［M］. 北京：高等教育出版社，1991.

[3] 文志平. 旅馆餐饮服务与运转［M］. 北京：科学技术文献出版社，1991.

[4] 马开良. 餐饮生产管理［M］. 北京：科学技术文献出版社，1996.

[5] 国家旅游局人教司. 酒店餐饮部的运行与管理［M］. 北京：旅游教育出版社，1991.

[6] 孙勇涛. 酒店财会内部控制策略与技巧［M］. 北京：中信出版社，1994.

[7] 汪纯孝. 酒店食品和饮料成本控制［M］. 北京：旅游教育出版社，1990.

[8] 张永宁. 酒店服务教学案例［M］. 北京：中国旅游出版社，1999.

[9] 李勇平. 餐饮企业人力资源管理［M］. 北京：高等教育出版社，2003.

[10] 杨柳. 中国餐饮产业发展报告［M］. 北京：社会科学文献出版社，2009.

[11] 李勇平. 餐饮企业流程管理［M］. 北京：高等教育出版社，2010.

[12] 李勇平. 酒店餐饮业务管理［M］. 北京：旅游教育出版社，2011.

[13] 李勇平. 酒店餐饮运行管理实务［M］. 北京：中国旅游出版社，2013.

[14] 汪京强，匡家庆. 餐饮服务与管理［M］. 南京：南京师范大学出版社，2015.

[15] 国家旅游局人事劳动教育司. 餐饮服务与管理［M］. 北京：旅游教育出版社，2016.

[16] 李晓冬. 餐饮服务与管理［M］. 北京：中国人民大学出版社，2017.

[17] 邢颖，黎素梅，于千千. 中国餐饮产业发展报告［M］. 北京：社会科学文献出版社，2019.

[18] 中国烹饪协会网，http：//www.ccas.com.cn.

[19] 中国酒店协会网，http：//www.chinahotel.org.cn.

[20] 职业餐饮网，http：//www.canyin168.com.

[21] 中国旅游酒店业协会网，http：//www.ctha.com.cn.